本书受安徽省哲学社会科学规划一般项目"当代中国乡村干部'微腐败'的防治研究"（AHSKY2017D54）、安徽医科大学2021年马克思主义理论学科建设经费项目以及安徽医科大学博士科研基金资助项目"国家治理现代化目标下马克思权力观及其现实意义研究"（XJ201636）资助。

·马克思主义研究文库·

马克思主义权力观
与农村"微腐败"治理研究

周　师｜著

光明日报出版社

图书在版编目（CIP）数据

马克思主义权力观与农村"微腐败"治理研究 ／ 周
师著 . -- 北京：光明日报出版社，2023.5
ISBN 978 - 7 - 5194 - 7277 - 1

Ⅰ. ①马… Ⅱ. ①周… Ⅲ. ①反腐倡廉—研究—中国
Ⅳ. ①D630.9

中国国家版本馆 CIP 数据核字（2023）第 096214 号

马克思主义权力观与农村"微腐败"治理研究
MAKESI ZHUYI QUANLIGUAN YU NONGCUN "WEIFUBAI" ZHILI YANJIU

著　　者：周　师

责任编辑：李壬杰　　　　　　责任校对：李　倩　李佳莹
封面设计：中联华文　　　　　　责任印制：曹　净

出版发行：光明日报出版社
地　　址：北京市西城区永安路 106 号，100050
电　　话：010-63169890（咨询），010-63131930（邮购）
传　　真：010-63131930
网　　址：http：//book.gmw.cn
E - mail：gmrbcbs@ gmw.cn
法律顾问：北京市兰台律师事务所龚柳方律师

印　　刷：三河市华东印刷有限公司
装　　订：三河市华东印刷有限公司

本书如有破损、缺页、装订错误，请与本社联系调换，电话：010-63131930

开　　本：170mm×240mm
字　　数：208 千字　　　　　　印　　张：14
版　　次：2024 年 1 月第 1 版　　印　　次：2024 年 1 月第 1 次印刷
书　　号：ISBN 978 - 7 - 5194 - 7277 - 1
定　　价：89.00 元

自　序

　　权力观问题是政治伦理、公共伦理或者政治哲学中的一个重要问题，权力的本质、价值和道德基础乃其核心论域。它不但在现实层面是一个敏感的话题，而且在理论层面也引发学者们的探讨与关注。他们普遍认为，在马克思看来，权力本质上是"阶级压迫的暴力"，这其实是一种片面的认识。"阶级压迫的暴力"与其笼统地说是权力的本质，不如准确地说是政治权力抑或国家权力的本质。权力的本质同政治权力或者国家权力的本质毕竟是两个不同的概念，后者是前者的重要组成部分，但前者的内涵与外延远大于后者。马克思的权力本质观至少是对政治权力或者国家权力、财产权力或者所有者的权力、公共权力乃至家庭中家长的权力等权力形式的二次抽象。

　　马克思从人类社会的存在方式、共同生活的组织形式和人类共同体共同利益等维度对权力进行了全面的考察，使用过诸如政治权力、国家权力、政府权力、社会权力、财产权力、资本权力、家长的权力、行政权力、执行权力、司法权力、人民的权力、贵族的权力等一系列概念，认为权力本质上涉及人与人之间的关系和人与物之间的关系，它是人类所创造出来的一种支配力量，并且以实现所有人的共同利益为旨归。所以，马克思的权力本质观是基于实现公共利益的特定力量支配关系。

　　异化理论贯穿于马克思的一生，决不仅限于青年时期。马克思也明确使用过"异化的权力""权力异化"等概念和用法。马克思的权力异化观是马克思权力观的有机组成部分。马克思认为,异化,实质上是主体与客体之间的一种特殊关系,一种被主体创造出来的客体反过来统治、压制、压迫主体的关系。所谓权力异化,就是权力发展到一定社会历史时期,权力的主体、权力的本质、权力的活动等权力的全面属性丧失了本真意义和本来面目,变成了奴役人和实现特殊利益的有组织的镇压性力量的现象。与流行的将权力异化视为权力的私人化或者私利化的见解不同,马克思从社会群体和个人及社会制度和道德品质相结合的角度对权力异化提出了总的看法,认为权力异化是人的异化的一个重要方面,是权力发展到一定社会历史时期产生出自己的对立面,变为控制、奴役人的异己力量的现象,它虽然与权力行使者的道德品质有关,但更与社会制度有关。就其表现而言,权力异化包含着权力主体异化、权力本质异化和权力活动异化三个层面。权力主体的异化具体表现在权力所有者与权力行使者之间的异化以及权力的掌握者和行使者自身的异化。权力本质的异化表现在权力被用来谋取个人利益和权力被用来谋取阶级利益。权力活动异化表现在服务异化为奴役以及保护异化为施暴。

马克思认为异化的权力必将向其本来意义或者本真状态复归。这种复归主要表现在:权力将"失去政治性质"并向无政治性质的权力复归;权力主体由特殊阶级向人民群众复归;本质上将由实现特殊阶级私利的工具向实现社会中所有成员共同利益的工具转变。同时,异化权力的复归不可能凭空实现,而是需要条件的,具体包括:无产阶级是实现异化权力复归的"物质武器";革命是实现异化权力复归的现实手段。在复归的步骤上,马克思的思路是:异化权力的复归将会沿着"开始复归—部分复归—完全复归"的大体步骤进行,即"从资本主义向社会主义过渡的特别时期""开始复归",经历"共产主义第一阶段"的"部分复归",最终在"共产主义的高级阶段""完全复归"。

客观上,马克思的权力观存在着某些局限,它对阶级社会的权力批判较多而对未来社会权力建构较少,重对西方资本主义权力的考察而轻对东方社会权力的考察。但是，决不能就此全盘否定马克思权力观所具有的时代价值。它的价值主要表现在：有助于抵制和批判各种新的资产阶级权力思想；有助于避免走西方三权分立的改旗易帜的邪路；有助于警惕社会主义社会的人民权力背弃人民的危险；为中国共产党的权力观教育提供理论参考和思想启迪；为从制度上确保权力的正确运行奠定思想基础；为弱化国家权力的统治功能和推进国家治理能力现代化提供理论支撑。

习近平以人民为中心的权力观是在继承与发展马克思主义权力观和中国古代"民本"思想的基础上，在推进全面从严治党和反腐倡廉的实践中，在习近平长期基层从政的习惯养成中形成的。权力为人民所有、权力由人民赋予、权力为人民所用、权力为人民谋利、权力由人民监督、权力命运由人民决定构成习近平以人民为中心权力观内涵的多重维度。实现以人民为中心的权力观，必须全面从严治党，始终不忘党执政为民的初心和使命；有效防治侵害人民利益的权力腐败行为；健全人民当家作主制度体系，巩固人民权力主体地位。

作为马克思主义权力观研究的逻辑延伸，本人对"微腐败"问题渐生兴趣，于2017年下半年顺利获批安徽省哲学社会科学规划项目，并取得了一系列成果。

国内学术界从内涵、特点、表现、后果、成因和防治路径等方面对涉农领域"微腐败"进行的研究，拓宽了涉农领域"微腐败"问题的研究空间，推进了马克思主义反腐败理论体系的中国化，为全面从严治党向基层延伸提供了有益参考和理论支撑，但总体而言还远未深入。国内学术界应该重点从习近平总书记关于涉农领域"微腐败"的重要论述、涉农领域"微腐败"的相关基础性概念、涉农领域"微腐败"的对策建议等方面进一步深化研究。

"微腐败"歧义丛生，在理论和实践层面均有害处。"微腐败"是指基层干部利用体制赋予的小微权力为自己抑或他人谋取涉及财务数额比较少的私利进而损害基层群众切身利益的不正之风和腐化堕落行为，具有底层性、小微性、直接性和渐蚀性等基本特征。"微腐败"概念的外延是古今中外一切的"微腐败"行为。小官巨腐、亚腐败、灰色腐败等概念均是与"微腐败"相近但又极易混淆的概念，事实上它们各自与"微腐败"概念之间存在着较大差异，将它们同"微腐败"辨析开来，意义颇大。

精准扶贫中农村基层干部"微腐败"，后果不"微"：它侵害贫困农民的切身利益，啃食贫困农民的获得感，诱发贫困农民对党的信任危机。导致农村基层干部"微腐败"的原因主要有：农村基层干部纪律意识淡薄，农村基层干部权力过分集中，对农村基层干部有效监督的缺失。治理农村基层干部"微腐败"就要增强农村基层干部的纪律意识，完善农村基层干部管理制度，强化对农村基层干部的执纪监督。治理农村基层干部"微腐败"不是为了惩治几个"微腐败"分子，其终极目的是把精准扶贫落到实处，最大限度地实现和维护农民的切身利益。

农村"一把手"腐败是亟待解决的重大现实问题，从大数据的典型案例看，以权牟钱、以钱谋权和作风腐化是其现实表现。农村"一把手"权力过于集中且权责利不对等，综合素质偏低，其腐败行为所需要付出的代价小以及对其监督的弱化、虚化、淡化，是其腐败生成的根源。必须适当分解农村"一把手"的权力且建构权责利的对等关系，建立健全权力制约监督制度，多管齐下提升其综合素质以及加大腐败惩处力度。

党的十八大以来，以习近平同志为核心的党中央为防范和治理"微腐败"，从全面从严治党的战略高度提出了一系列的新范畴、新思想、新观点，形成的新时代"微腐败"观是习近平新时代中国特色社会主义思想的重要组成部分。新时代"微腐败"观具有丰富的哲学意蕴，集中显现了辩证唯物主义和历史唯物主义的世界观和方法论："微腐败"的本质观体现了哲学本体论；"微腐败"防治的价值取向观及治理效果的评价主体观体现了哲学价值论；"微腐败"后果、成因及系统治理观体现了哲学方法论；"微腐败"观源自实践、指导实践并随实践发展体现了哲学认识论。新时代"微腐败"观为深刻认识和有效防治"微腐败"提供了哲学智慧与方法论指导。

　　该书是本人近年来持续研究马克思主义权力观和农村"微腐败"防治问题先后发表论文集结出版的一本学术专著。对于本人来说，该书是一个界碑，是对本人从事学术研究前二十年理论成果的一个总结。"路漫漫其修远兮，吾将上下而求索。"实践探索永无止境，真理探求永无止境。下一个二十年，本人将继续发扬孺子牛、拓荒牛、老黄牛精神，不断进行学术创新，力争取得更多更有分量的学术研究成果。

周　师

2022 年 7 月 31 日

目　录
CONTENTS

现状与图景：国内马克思权力观研究

权力观是政治哲学的一个重要论题，其核心涉及权力的本质、价值及道德基础等。马克思权力观是马克思主义政治哲学的重要组成部分。早在20世纪90年代初，国内学者王沪宁、江道源等人就已对马克思的权力观进行过研究。近年来，随着国内强力反腐，"老虎""苍蝇"一起打、将权力关进制度的笼子等政治实践的推进，国内掀起了一场研究马克思权力观的热潮，也涌现出了一批有分量的研究成果。同时，西方学者对马克思权力观的质疑、诘难与批判对马克思主义权力观提出了挑战，比如米歇尔·福柯（Michel Foucault）建构的"微观权力"理论就在相当程度上解构了马克思的权力观。中国如何捍卫由马克思创立的马克思主义权力观在我国主流意识形态中的主导作用，成为国内学术界思考的重大问题。① 本文拟在回顾国内关于马克思权力观既有研究的基础上，重点对其得失进行反思与评价，以期将马克思权力观的研究引向深入，为我国权力的正确运行以及正确权力观的树立提供有益的借鉴。

一、关于马克思权力观思想渊源的研究

任何思想、观念和学说都不能凭空产生，都是有其思想渊源的。马克

---

① 郗戈. 资本、权力与现代性：马克思与福柯的思想对话［J］. 哲学动态，2010 （12）：13-20；刘军. 从宏观统治权力到微观规训权力：马克思与福柯权力理论的 当代对话［J］. 江海学刊，2013（1）：67-71.

思权力观也不例外，马克思是站在"巨人"的肩膀上建构自己的权力观的。学界尽管对马克思权力观思想渊源的研究不乏真知灼见，但总体上看还是具有研究不够全面的特点，既有研究也只是散见在少数几本硕士论文中。孙洁认为，马克思关于一切权力属于人民的看法是在-雅克·卢梭（Jean-Jacques Rousseau）的"人民主权"学说的基础上形成的。① 王川较为系统地梳理了马克思恩格斯公共权力思想的历史渊源，认为"古希腊哲学权力思想""古典自由主义资产阶级思想家权力观"和"黑格尔法哲学权力思想"三者都对马克思恩格斯公共权力思想的形成产生过"深刻的影响"。② 从既有成果可以看出，马克思权力观的思想渊源是多元的。笔者认为，除了上面提到的这些外，中世纪神学家奥古斯丁（Augustine of Hippo）和托马斯·阿奎那（Thomas Aquinas）的权力思想、空想社会主义者的权力思想，乃至人类史前史学家的权力思想，也都是马克思权力观不可忽略的思想渊源。所以，对这方面思想渊源的研究有待加强。

二、关于马克思权力含义观的研究

明确马克思对权力概念的界定是研究马克思权力观的逻辑起点。正如黑格尔（Georg Wilhelm Friedrich Hegel）所说："真正的思想和科学的洞见，只有通过概念所作的劳动才能获得。"③ 绝大多数人根据马克思在《共产党宣言》中对政治权力的界定④，认为在马克思那里，所谓权力，就是"阶级压迫的有组织的暴力"。国内较早研究马克思权力观的学者王沪宁在1994 年就曾提出，政治权力是"占统治地位的阶级为了维护自身的利益，运用政治的、军事的、法律的或意识形态的手段控制和支配被统治阶级的

① 孙洁. 卢梭和马克思人民主权学说之比较研究［D］. 广西大学，2012.
② 王川. 马克思恩格斯公共权力思想探析［D］. 华东师范大学，2011.
③ ［德］黑格尔. 精神现象学：上［M］. 贺麟，王玖兴，译. 北京：商务印书馆，1979：48.
④ 中共中央马克思恩格斯列宁斯大林著作编译局. 马克思恩格斯文集：第2卷［M］. 北京：人民出版社，2009：53.

政治力量"。① 孟祥馨、楚建义、孟庆云认为，马克思是从社会关系的角度
将权力界定为"一方支配另一方的力量"。② 戴木才认为，依据马克思的论
述，权力就是"一种在国家政权、国家管理和国家政治关系中依据一定的
机构、管理、制度和法律所具有的强制力，为实现一定的利益而作用于权
力客体的政治力量"③。张其学在对几种典型的权力观进行评析时涉及了马
克思对权力的界定，认为马克思语境中的权力就是一种"力量或能力"④。
王建新认为在马克思看来，公共权力就是"人类社会和群众组织有序运转
的指挥、决策和管理的力量"，本质上体现为社会的公共意志。⑤ 从这些具
体的关于马克思权力含义观的代表性观点中可知，所有的人都认为，马克
思所理解的权力是一种力量，本质上是一种"特定的力量制约关系"。⑥ 笔
者认为，这从实然维度上理解当然无可厚非，但马克思权力含义观的应然
维度却有意无意地被忽略了。马克思对资本主义政治权力鲜明的批判态度
说明了什么？说明权力还有另一种意义上的含义：马克思心目中"应然层
面"的权力含义，即权力是社会全体成员实现共同利益的力量。所以，笔
者认为，马克思是应然权力观和实然权力观的统一论者。

三、关于马克思权力价值取向观的研究

国内比较一致的观点是，在马克思那里，权力的价值取向在于为人民
的根本利益服务。李海新的下列表述代表了这种普遍性的观点："权力应

① 王沪宁．政治的逻辑：马克思主义政治学原理［M］．上海：上海人民出版社，
1994：118.
② 孟祥馨，楚建义，孟庆云．权力授予和权力制约［M］．北京：中央文献出版社，
2004：203.
③ 戴木才，杨明．权力观、地位观、利益观：党员干部教育读本［M］．北京：中共
中央党校出版社，2003：2-3.
④ 张其学．对几种典型权力观的评析：兼论马克思主义的权力观［J］．广州大学学
报：社会科学版，2008（8）：13-18.
⑤ 王建新．马克思主义权力文明思想论纲［J］．社会科学家，2008（10）：18-22.
⑥ 王浦劬．政治学基础［M］．北京：北京大学出版社，2006：67.

当是为人民服务的。"① 当然也有人认为，在马克思的语境中，权力与其说是为人民根本利益服务的工具，倒不如说是为特定阶级（通常是统治阶级）的特殊利益服务的工具。正如张其学所说："马克思将权力视为阶级斗争的工具，权力在本质上是实现阶级经济利益的一种工具。"② 之所以会形成关于马克思权力价值取向观上的不同甚至对立的观点，笔者认为，关键原因在于马克思所使用的权力概念有着不同的指称和意义。马克思所使用的权力概念有应然与实然之分、本真状态和异化状态之别。应然层面或本真状态的权力是人民赋予的公共权力，理应为人民服务；但实然层面或异化状态的权力却被特定阶级所垄断和独享，成为服务于他们特殊利益的工具。不同的人从马克思权力概念的不同意义或指称上进行研究得出的结论当然会千差万别。这方面的研究当然是值得肯定的，但缺乏的却是能将二者统一起来的整体性研究。所以，厘清上述不同权力概念的来龙去脉、内在联系和基本趋向，将是马克思权力观中一个值得深入研究的方向。

四、关于马克思权力异化观的研究

这主要体现在对马克思权力异化的含义、表现、原因和消亡等方面问题的探讨。

关于马克思权力异化的含义，贾秀兰提出，按马克思的理解，权力异化是"权力本体上产生了与自身相矛盾的对立力量，丧失了原来的质的规定性而异于本来意义上的权力"③。笔者认为，权力异化是人的异化的一个重要方面，是权力发展到一定社会历史时期产生出自己的对立面，变为控制、奴役人的异己力量的现象。

---

① 李海新. 权力观比较与马克思主义权力观的构建［J］. 江汉论坛，2005（12）：42-44.
② 张其学. 对几种典型权力观的评析：兼论马克思主义的权力观［J］. 广州大学学报：社会科学版，2008（8）：13-18.
③ 贾秀兰. 从劳动异化到权力异化：再读马克思《1844年经济学哲学手稿》［J］. 西南民族大学学报：人文社会科学版，2010，31（11）：239-242.

关于马克思权力异化的表现，人们较为一致地认为，马克思语境中权力异化的表现主要有三：（1）权力与其本意相异化，即原本意在实现并维护社会全体成员公共利益或共同利益的权力却演变成少数掌权者实现其特殊私利的工具；（2）权力与其来源相异化，即原本来源于人民理应为人民服务的权力却成了奴役、压迫人民的工具；（3）权力与其隶属关系相异化，即原本归全体人民共同所有的权力却变异为少数掌权者的私有物，权力的公共性被垄断性所淹没。此外，朱哲从本体的角度强调权力异化还体现为"权力与人本身的异化"①。只是，他这里强调的"人"指的是"掌权者"。实际上，这里的人有着更为丰富的内涵，笔者认为，作为权力客体的人也应包含其中。这是因为，在权力异化下，无论是掌权者还是受权者都将成为权力的奴隶。崔浩从形式和监督的角度强调权力异化不仅体现为"形式上缓和对立面的冲突，实际上是在某些方面压迫对立面"，还表现为本应受公众监督制约的权力却"游离于社会与公众的监督制约之外"。②曹峰旗、曹文君认为，在马克思看来，"以普遍权利代表之名行保护统治阶级权利之实"③也是权力异化的表现形式。这些积极的探讨对深化马克思权力异化概念的理解无疑具有重大意义。结合以上观点，笔者认为，马克思的权力异化表现观主要包含着权力主体异化、权力本质异化和权力活动异化三个层面。④

关于马克思权力异化的原因观。一种较为普遍的观点是，马克思认为，"生产力发展水平"是导致权力发生异化的总根源。黄百炼认为，在马克思看来，陈旧的社会政治文化是导致权力异化的重要原因，必须通过

---

① 朱哲，张波. 马克思主义视阈中的公共权力异化问题初探［J］. 学习与探索，2010（2）：86-88.

② 崔浩. 马克思主义公共权力道德约束思想及其现实意义［J］. 马克思主义研究，2008（4）：91-95.

③ 曹峰旗，曹文君. 马克思恩格斯对国家权力神秘化的批判及意义［J］. 天津行政学院学报，2010（2）：11-16，99.

④ 彭定光，周师. 论马克思的权力异化观［J］. 伦理学研究，2015（4）：125-130.

教育与实践克服它。① 郝贵生认为，在马克思那里，"私有制"是导致权力异化的重要原因。② 吕艳红认为，在马克思看来，市场经济负面效应与权力至上的结合，政府职能错位，公民社会建设滞后，思想政治教育和廉政文化建设不足等是经济、政治、文化因素共同作用的结果。③ 周仲秋认为，"国家与社会的严重对立"是马克思关于权力异化原因的看法。权力拜物教是权力异化的直接体现，在马克思看来，"产生权力拜物教的根源，在于国家和社会的严重对立"。④

关于马克思权力异化的消亡观。蒙丹、张清学认为，在马克思看来，权力异化的消亡是需要条件的，最为根本的条件是生产力的高度发展和社会产品的极大丰富。⑤ 王平认为，在马克思那里，"社会经济和文化发展"和"社会主义民主的发展"是权力异化消亡的条件。⑥ 刘军说："马克思认为，消除国家权力的异化，必须以政治公开性原则，打破国家权力的神秘性。"⑦ 至于"消亡"的时间表，韦建平认为，马克思说它是"未来的共产主义社会"⑧；王平则认为，"消亡"有一个从马克思所谓的"从资本主义向社会主义过渡的特别时期"以后开始，经由"共产主义第一阶段"

---

① 黄百炼."一把手"的权力与权力制约监督［M］.北京：中共中央党校出版社，2006：44.

② 郝贵生.运用马克思主义实践观认识货币和权力的本质［J］.天津师范大学学报（社会科学版），2012（2）：7-11.

③ 吕艳红.政治哲学视野中的公共权力异化成因探析［J］.社会科学辑刊，2009（1）：15-18.

④ 周仲秋.马克思的社会主义观［M］.长沙：湖南师范大学出版社，2002：137.

⑤ 蒙丹，张清学.马克思主义公共权力发展理论：公共权力的萌芽、异化与回归［J］.攀枝花学院学报，2009（2）：16-20.

⑥ 王平.马克思主义公共权力理论与现阶段党员干部的权力观教育［J］.高校理论战线，2004（7）：19-23.

⑦ 刘军.国家起源新论：马克思国家起源理论及当代发展［M］.北京：中央编译出版社，2008：219.

⑧ 韦建平.马克思主义的国家本质观论略：兼批国家本质观问题上的"过明"论和"公共权力"论［J］.理论月刊，2000（9）：16-19.

的"部分消亡"，最终到"共产主义高级阶段""完全消亡"的过程。① 上述这些研究成果无疑是积极且具有启发意义的。笔者认为，在马克思看来，权力异化的消亡乃是生产力与生产关系、经济基础与上层建筑矛盾运动发展的必然，但这绝不意味着它会自然而然地发生，主体作用也是不可或缺的环节。事实上，在马克思那里，实现权力异化消亡的"物质武器"是无产阶级，而"精神武器"则是马克思主义哲学；现实途径是共产主义革命，即"现实地改变现实世界的运动"。

不可否认，国内对马克思权力异化观的探讨是符合马克思本意的，其中不乏真知灼见。然而，所有的论者都认为马克思的"权力异化"或"异化权力"概念是不言自明的，因而无须论证。笔者认为，这是值得商榷的。马克思是否用过"权力异化"的概念，假如用过，是在什么意义上用的，又是否是终其一生的基本概念？这是决定上述探讨是否成立的逻辑前提和基本铺垫。国内还鲜有这方面的研究，不能不说是一种遗憾。

五、关于马克思权力制约与监督观的研究

这是国内马克思权力观研究的重点、焦点和热点。学者们给予了高度关注，所形成的观点和争论也最多。汪太理认为，在马克思看来，对权力进行制约和监督是十分必要的，实行普选制、随时罢免制、取消高薪制等都是行之有效的制约和监督权力的措施。② 这种观点具有普遍代表性，国内在这个方面的观点比较一致。这方面研究的分歧在于：

1. 巴黎公社的权力制约和监督措施是否具有普适性的问题。虽然大多数学者默认马克思所提出的权力制约和监督措施具有普适性，对所有的无产阶级政权的国家都普遍有效，但任雪丽则认为，马克思没有、也不可能

---

① 王平. 马克思主义公共权力理论与现阶段党员干部的权力观教育 [J]. 高校理论战线，2004（7）：19-23.

② 汪太理. 权力秘经：关于权力的哲学思考 [M]. 北京：当代中国出版社，2002：68.

为每个无产阶级政权开出统一的权力制约药方，而"需要后人依据人民主权的原则来设计权力制约的具体制度"。① 换言之，她认为，马克思只是提供了一些关于权力制约与监督的大的原则，具体到每一个国家都有一个"具体化"和转化的过程，比如到了中国，就必须经过马克思权力监督与制约观的"中国化"，转化为具体的适合中国国情的权力制约的制度与体制。

2. 马克思提出的权力监督和制约措施是否需要协调配套的问题。学者更多研究的是马克思的权力制约和监督措施，可并未深入思考这些措施的协调性和配套性的问题。任雪丽认为"如果实践中缺乏普选制、随时罢免制等配套措施"，监督原则则无从实现，故"必须有辅助性措施加以保障"。② 这一探索无疑是极具启迪意义的。权力的监督与制约毋宁是一套系统工程，需要各个方面和各个环节的协调配套。

3. 马克思如何看待"三权分立"式的分权制衡的问题。绝大多数学者基于马克思在《法兰西内战》中的相关论述认为马克思强调集权，主张"议行合一"而坚决反对分权，但也有学者持异议。邬思源就认为，巴黎公社实行的"议行合一"只是"当时特定的历史环境的产物"，是军事斗争"决策快、效率高"的要求，不能据此认为马克思就是集权的倡导者、分权的反对者。事实上，马克思"对资产阶级分权制衡学说不是采取简单的彻底的否定的态度"。他一方面肯定了分权"有着历史进步性"，肯定它是"民主政治形式"，"有利于监督国家机构和防止独裁专制"，另一方面也对资产阶级分权的虚假性给予了批判。③ 翁祖彪认为，马克思辩证考察

---

① 任雪丽. 马克思恩格斯权力制约思想解读 [J]. 东岳论丛，2009，30（12）：167-170.

② 任雪丽. 马克思恩格斯权力制约思想解读 [J]. 东岳论丛，2009，30（12）：167-170.

③ 邬思源. 论马克思恩格斯权力监督与制约思想 [J]. 求实，2008（6）：22-25.

了集权和分权的关系。① 任雪丽认为，"马克思曾谈道，'分权和权力互相监督'是'为了自由的利益所十分必需的'"。②

毋庸置疑，马克思确实有着比较丰富的权力制约和监督观。马克思警示人们，在阶级和阶级差别尚未完全消失前，即使是社会主义的国家政权也会存在公权私用、以权谋私和权钱交易的可能性，"官僚作为公仆的对立物还会长期存在，因此公仆变成官僚（社会主人）的可能性仍然存在"③，因此对其进行监督和制约是必要的。马克思还根据巴黎公社政权建设的实践提出了一系列制约和监督权力的措施。然而，这些措施是针对巴黎公社这一特殊对象提出来的，是否每一条措施对于任何社会主义国家都可以奉行"拿来主义"还值得商榷。马克思的学说不是僵化的教条，它所提供的更多的是方法，一切都应以特定的社会历史条件为转移。所以，马克思所提供的这些措施具体到某一个国家还存在一个"转化"的过程，就是说，要把马克思主义的权力制约和监督原理与特定国家实际、文化传统、风俗习惯等方面结合，产生出来的具体措施才是最适合它的。

六、对马克思权力观既有研究的评价与反思

国内对马克思权力观的研究，无论在深化马克思主义权力观研究、拓宽马克思政治哲学的研究视域还是在为我国权力正确运行及正确权力观的树立提供思想借鉴等方面无疑都做出了突出的学术贡献。这是积极的，难能可贵的，是值得充分肯定的。但问题与缺陷同样存在，这主要表现在：

第一，国内欠缺关于马克思权力观的系统性研究。迄今为止，国内还没有一部专门研究马克思权力观的专著，甚至也没有一篇以"马克思权力

---

① 翁祖彪. 马克思恩格斯权力思想及其对当前我国公共行政实践的启示 [J]. 中共贵州省委党校学报，2010（1）：108-112.

② 任雪丽. 马克思恩格斯权力制约思想解读 [J]. 东岳论丛，2009，30（12）：167-170.

③ 周作翰. 求真思录 [M]. 长沙：湖南教育出版社，2000：16.

观"为题的博士论文。为数不多的论著也只是在研究权力的一般问题时提到马克思关于权力的基本观点。

第二，国内既有研究视域的重合度较大，热点在权力的制约与监督、权力的异化、政治权力的消亡等论题上，立论的文本也主要集中在《黑格尔法哲学批判》《共产党宣言》《法兰西内战》和《路易·波拿巴的雾月十八日》上，而《博士论文》《论犹太人问题》《1844 年经济学哲学手稿》《德意志意识形态》《道德化的批评和批评化的道德》《不列颠在印度的统治》《1857—1858 经济学手稿》《哥达纲领批判》《资本论》《路易·亨·摩尔根〈古代社会〉一书摘要》和《莱茵报》等却较少有人问津，或研究深度不够。

第三，国内的既有研究尽管提出了不少值得反思的问题和较有价值的观点，但是，也不乏有一些浅层次的描述、对学术增长毫无益处的低水平的重复探讨的问题。仔细阅读既有成果后，笔者发现，用不同的表达方式阐述同一观点的问题比较严重，这种"换汤不换药"的低水平重复问题对学术研究毫无增益。

基于以上分析，笔者认为，今后至少应从以下三个方面深化对马克思权力观的研究。

首先，要加强对马克思权力观整体性的研究。整体性研究对考察马克思权力观意义重大。它指的是将马克思在不同时期所提到的不同形式的权力问题作为一个整体来加以把握，绝不能断章取义、道听途说，绝不能把马克思针对某个特定权力问题的论述当成马克思权力观的本义，否则就会犯以偏概全的逻辑错误。具体来说，这种整体性研究又分为两种不同的思想进路：一是对马克思一生中不同时期关于权力问题的思想进行整体性考察和反思，即考察和反思马克思有关权力思想的演变逻辑和发展脉络，分析不同时期马克思对权力的看法存在差异性抑或同一性的深层原因，进而发现其内部固有的规律性；二是对马克思提到的所有有关权力的提法和思想进行整体性审视，厘清他所使用的"权力""财产权力""国家权力"

"社会权力""资本权力""公共权力"等权力概念各自的内涵及其内在的逻辑关系，从整体上加以思考，弄清楚马克思权力观的"权力"到底是什么这一根本性的论题。

其次，要加强对马克思权力观文本的再研究。加强对马克思权力观相关文本的再研究需要注意以下问题：一、全面研读马克思的所有文本。不少学者将对马克思权力观的论述只建立在他具有代表性的诸如《共产党宣言》《黑格尔法哲学批判》《德意志意识形态》《路易·波拿巴的雾月十八日》《法兰西内战》等名篇上。诚然，这些著名文本比较集中地探讨了权力问题，能在一定程度上理解马克思的权力观，但这绝不是全部。事实上，马克思在其他文本（如《资本论》）甚至一些鲜有名气的文本（包括其书信）中却蕴藏着关于权力问题的重要思想，它们甚至代表了马克思权力观的一个重要侧面。二、防止混淆文本。不少学者将恩格斯涉及权力问题的文本当作是马克思的。众所周知，恩格斯同样高度关注权力问题，他关于权力问题独撰的著作不仅量多而且影响也大。有些学者不加区分地把恩格斯关于权力问题的论述不假思索、不加区分地当作马克思的，这种张冠李戴的做法显然是不严谨也是不负责任的。三、要尤为关注最新文本。随着 MEGA2 的陆续出版，马克思鲜为人知的著述也陆续问世，这给马克思权力观的创新性研究带来了新的契机。

最后，要加强对马克思权力观适用性问题的研究。任何理论都存在着适用性的问题，马克思权力理论同样如此。理所当然而不加分析地把马克思有关权力的一切论述都当成是"放之四海而皆准"的具有普适性的真理未免过于武断。笔者认为，就适用性而言，马克思权力观应当分为三个不同的层次：第一层，马克思从人类社会发展的一般规律出发所形成的对权力存在及其发展的具有规律性的认识。这些认识具有真理性和普适性，各国社会主义政党应该普遍将其作为指导思想。如由非政治性的权力发展到政治性的权力再到非政治性的权力的演变的一般规律的认识；关于权力的政治性消亡的一般规律及其实现条件的认识；等等。第二层，马克思针对某一特定时期某个特定国度涉及权力问题所形成的认识。这对于特定国家具有较强的适用性，但对其他国家就并非适用了，如马克思针对当时滞后于其他资本主义发展一般水平的德国所作出的认识便属此类。第三层，马克思在某种特定场合下针对某个特殊问题所作出的个别判断，就不具有普适性，绝不能将其生搬硬套地拿来作为某个政党或国家的指导性原则。事实上，就中国而言，这也就提出了一个"马克思权力观中国化"的宏大论题。马克思的哪些权力观值得"化"？笔者认为，越是那些关于权力的"一般原理"就越值得"化"，越是"个别观点"越没有"化"的必要。这就是说，一定要具体分析马克思有关权力相关论述的具体语境来判断其是否具有普适性。一般地，越是具有普遍规律性的认识越具有普适性，反之则相反。

综上，本文对国内学术界马克思权力观进行了述评，可以发现，国内马克思权力观研究尽管已取得了颇丰的成果，可也存在着值得拓展和深入研究的巨大空间。抛砖引玉，将国内学术界马克思权力观研究引向深入，是本文的根本目的所在。

（原载《科学社会主义》2016 年第 1 期）

论马克思的权力异化观

　　权力异化问题是公共伦理或者政治伦理中的一个重要问题，它关涉权力行使者的道德品质和政府的道德责任。在民主社会里，这一问题不仅是人们敏感的现实生活问题，而且在理论上也引起了学者们的高度关注。国内外学者普遍认为，权力异化问题主要是甚至只是权力的私人化或者私有化的问题，是权力行使者的个人道德品质问题，有人甚至认为它只是官员腐败问题。马克思对此问题则有更为宏大、更为深刻、更为全面的看法，既从社会群体（主要是统治阶级）和个人相结合的角度进行探究，又从社会制度和个人道德品质相结合的角度予以揭示，认为权力异化是人的异化的一个重要方面，是权力发展到一定社会历史时期产生出自己的对立面，变为控制、奴役人的异己力量的现象。迄今为止，虽然有学者在其研究中涉及了马克思的权力异化思想，但是，他们往往是从权力行使者及其道德品质角度而非从剥削阶级社会的社会制度角度进行研究的，他们没有发现马克思的权力异化思想主要是从特定社会制度角度来予以阐发的，也没有勾勒出马克思权力异化思想的全貌。在我们看来，马克思的权力异化思想是其异化思想及公共伦理思想的一个重要方面，其内容丰富，仅就马克思对权力异化的表现的看法而言，权力异化就包含着权力主体（"谁的权力"）异化、权力本质（"权力为了什么"）异化和权力活动（"权力如何行使"）异化三个层面。

一、权力主体的异化

权力是什么？以往人们有多种多样的理解，在当代社会里，人们基本上是从政治关系上来说明，准确地说，是从权力关系的角度来予以理解的。当代人普遍认为权力是一个人所拥有的为实现自己的意志而影响、支配和控制他人意志和行为的能力；也有人认为，权力只有在其行使中才会存在。人们对权力的这种理解是有问题的，至少是过于简单、片面的。正如有的西方学者所指出的那样："很少有比权力更复杂的事物，也很少有像权力那样经常被粗劣地简单化了的事物。"① 在马克思看来，只从政治关系或者权力关系的角度来理解权力在理论上是很肤浅的，即使是存在着阶级和阶级对立的社会中统治者的权力也需要联系经济基础才会得到准确的理解。事实上，权力是一种社会历史现象，它既是人类所创造的，又是人类社会生活中必不可少的东西，并且随着人类社会历史的发展而变化。

在马克思和恩格斯看来，权力最早出现于原始社会。它之所以必然会在原始社会里出现，是因为：其一，社会是由人所组成的，是人的关系共同体和生活共同体。作为人的存在方式，共同体总是有公共事务必须处理，总要进行共同的活动，于是，它必定会产生处理公共事务和组织共同活动的权力。这就是说，"产生权力的唯一必不可少的物质条件是人们共同生活于一处"②。其二，在人类社会历史的早期，人们首先要解决"一切历史的第一个前提"的问题，这是人类的生存问题。由于受当时生产力水平低下或者说资源极为有限的限制，人们必定会产生对生产和生活资料进行合理调节和分配的需要。要进行这样的调节和分配，社会就必定会需要某种手段或者工具，这样的工具就是权力。马克思和恩格斯经过研究后得

---

① [美] 罗伯特·达尔. 现代政治分析 [M]. 王沪宁，陈峰，译. 上海：上海译文出版社，1987：30.

② [美] 汉娜·阿伦特. 人的条件 [M]. 竺乾威，等译. 上海：上海人民出版社，1999：201.

出，人类早期的权力主体是由特定部落（或者氏族组织）的全体成员推选出来的，而且他的权力是受部落全体成员监督和制约的。此时的权力主体与部落其他成员几乎没有什么两样，与其他成员一样参加社会实践活动，共同享用部落全体成员们共同劳动的成果，没有任何特权。就此而言，他就是部落全体成员的"公仆"或者"勤务员"。可见，权力的出现是有其必然性的，权力的道德使命是为了维持人的关系共同体和生活共同体的生存发展的，是为了用来调节生活资料的分配的。在此意义上，权力是属于所有人的，是具有公共性的，可以称之为"公共权力"。

　　然而，到了原始社会末期，随着生产工具的改进，社会生产力有了进一步的发展，整个社会生产的物质产品不断增多，除了满足人们的基本需要之外，这时的生活资料开始有了剩余。这一方面为社会分工即生产活动和管理活动的分离奠定了物质基础，人类社会出现了专门的管理者阶层，他们脱离生产而成为专事管理的权力主体；另一方面，它也造成了剩余的生活资料被部分人占为己有，贫富分化和私有意识开始出现。在此情况下，人们为了获取其生活资料或者攫取更多的私有财产而相互争斗，为了缓和人与人之间的冲突，不让社会矛盾影响社会秩序，国家权力（或者称为政治权力）便应运而生。掌握国家政权的阶级因而便成了权力主体，它凭借着国家的各种资源和强制力量迫使被统治阶级服从自己。

　　权力从公共权力演变为国家权力或者政治权力，其道德使命由维持人类的生存发展变成了通过控制整个社会来实现统治阶级的利益。虽然国家权力或者政治权力在外观上仍然具有公共性，但是，它却变成了"从社会中产生但又自居于社会之上并且日益同社会相异化的力量"①。可见，权力异化是阶级社会特有的现象，与权力具有"政治性质"有着内在联系。

　　权力异化表现在各个方面，首先表现在权力主体的异化上。权力主体的异化，按照马克思的说法，就是从社会中产生并服务于社会、"随时可

---

①　中共中央马克思恩格斯列宁斯大林著作编译局．马克思恩格斯文集：第4卷［M］．北京：人民出版社，2009：189．

以罢免的勤务员"畸变为"骑在人民头上作威作福的老爷们"①，它具体表现在以下两个方面。

（一）权力所有者与权力行使者之间的异化

权力主体可以区分为权力所有者与权力行使者两种，前者涉及权力的来源问题，后者涉及权力的运行问题，两者应该是内在一致的，事实上，在阶级社会出现之前，它们的确如此。然而，在权力的来源问题上却存在着权力"神授"论、"君授"论、"民授"论、"抗争"论等不同观点，这些观点不仅表明各自考察权力的视角不同，而且意味着它们对权力的性质，尤其是其道德性质作出了有所区别的甚至根本对立的规定。毋庸置疑，马克思是一个彻底的"民授"论者或者人民主权论者。在他看来，权力是属于人民的，掌握和行使权力的主体手中的权力是人民所赋予的。"权力属于人民建立了一条有关权力来源和权力合法性的原则"②，既肯定了权力"民授"的道德合理性（它不同于社会契约论者所主张的权力"民授"的道德合理性），这种具有道德合理性的权力在原始社会里就存在着，正如恩格斯所指出的那样："酋长在氏族内部的权力，是父亲般的、纯粹道义性质的；他手里没有强制的手段，"③ 又否定了权力的其他来源的合法性和道德合理性。然而，自从进入阶级社会以后，权力的来源和运行在道德上的内在一致性被无情地消解，权力的所有者和行使者在人格和地位上的平等性遭到破坏，他们在利益上的对立被突显出来。此时的权力虽然仍然有可能被人民所赋予，但是，权力的行使者却在社会地位上变成了超出普通民众的上层人物，倒过来变成了人民的统治者、奴役者和压迫者，由原来的服务社会的"勤务员"变成了骑在人民头上作威作福的"老爷们"，

---

① 中共中央马克思恩格斯列宁斯大林著作编译局．马克思恩格斯文集：第3卷［M］．北京：人民出版社，2009：196.
② ［美］乔·萨托利．民主新论［M］．冯克利，阎克文，译．北京：东方出版社，1998：37.
③ 中共中央马克思恩格斯列宁斯大林著作编译局．马克思恩格斯文集：第4卷［M］．北京：人民出版社，2009：100.

由人民的"公仆"变成了人民的"主人",具有公共性的权力被统治阶级及其成员私有化了。正如恩格斯所说:"国家中所设立的由氏族组织的公共权力发展而来的公共权力已经不再直接就是自己组织为武装力量的居民了。这个特殊的公共权力之所以需要,是因为自从社会分裂为阶级以后,居民的自动的武装组织已经成为不可能了。"① 在马克思看来,权力的私有化或者私人化,并非只有当今学者们所关注的官员(或者官员群体)将权力私有化,更为重要的是权力被统治阶级私有化。权力被统治阶级私有化,一方面,在其实质上就是权力主体异化的制度化。这意味着统治阶级一定且必须通过制定制度来确保自己的权力主体地位,维护自己的利益。马克思认为,这种制度化表现为不同的历史形态。他在《德意志意识形态》中分析了权力主体异化的制度化的演变过程,指出"所有制形式"先后经历了"部落所有制""古典古代的公社所有制和国家所有制""封建的或等级的所有制"几个阶段,与此同步,权力主体异化经历了"父权制的部落首领""管辖""部落成员"的权力、公民支配奴隶的权力和"贵族"控制"农奴"的制度形态。虽然在权力主体异化的范围及程度等方面存在着某些不同,但是后两种权力主体异化的制度化形态却具有相同之处,即"封建结构同古典古代的公社所有制一样,是一种联合,其目的在于对付被统治的生产者阶级"②。另一方面,它使官员将权力私有化成为可能。这就是说,正是因为权力被统治阶级私有化,官员才会变成人民的异己力量和奴役者。

在将巴黎公社政权与资产阶级国家政权进行比较时,马克思揭露了权力在资产阶级手中的异化及由此而必然造成其官员将权力私有化:"公社能使农民免除血税,能给他们一个廉价政府,能把现今吸吮着他们鲜血的

---

① 中共中央马克思恩格斯列宁斯大林著作编译局. 马克思恩格斯文集:第4卷[M]. 北京:人民出版社,2009:190.
② 中共中央马克思恩格斯列宁斯大林著作编译局. 马克思恩格斯文集:第1卷[M]. 北京:人民出版社,2009:522.

公证人、律师、法警和其他法庭吸血鬼，换成由他们自己选出并对他们负责的领工资的公社勤务员。公社能使他们免除乡警、宪兵和省长的残暴压迫，能用启发他们智慧的学校教师去代替麻痹他们头脑的教士。"①

（二）权力行使者自身的异化

在马克思的公共伦理视野中，被人民赋予权力的权力主体应该通过合理地行使权力来全心全意地为人民的幸福和根本利益服务，并在此过程中实现人的自我价值，体现人生的真正意义。然而，在阶级社会里，权力行使主体一旦掌握了权力，往往就成了"权奴"。这就是说，权力本来是服务于人民利益的工具，可是，它一旦被权力行使者所掌握和使用，就在事实上与权力的所有者相分离，变成了权力行使者手中可以随意支配的玩物，权力行使者摇身一变，似乎只有自己才是权力的真正主体，就可以随心所欲地控制、奴役他人，并因此而实现自己的愿望和利益。正是因为不能正视权力，不能正确行使权力，权力行使者才会以追求权力为目的，最终被权力所奴役，成为权力的奴隶。权力的掌握和行使者自身之所以会异化，是因为他借助权力就可以得到诸如金钱、地位、美色、权势、尊敬甚至是个人崇拜等被人们普遍认为有价值的所有东西。由于权力具有巨大的魔力，因此，"拥有令人倾心的官职、金钱和权势"就"变成了统治阶级中各不相让的党派和冒险家们彼此争夺的对象"。② 权力的掌握和行使者对权力的这种态度，在马克思看来，就是权力拜物教。而拜物教正是异化的代名词，权力拜物教本身就意味着权力的掌握和行使者自身的异化。这种异化导致权力的掌握和行使者终其一生追求权力，追求更高的权力，为了权力可以不择手段，深陷于权力欲望的泥淖中而不能自拔；更有甚者，因为滥用或者误用权力而身败名裂，失去自由，被权力所害。

---

① 中共中央马克思恩格斯列宁斯大林著作编译局. 马克思恩格斯文集：第3卷［M］. 北京：人民出版社，2009：161.

② 中共中央马克思恩格斯列宁斯大林著作编译局. 马克思恩格斯文集：第3卷［M］. 北京：人民出版社，2009：152.

二、权力本质的异化

权力的本质，也可以称之为权力的实质，它涉及的是权力"为了什么"或者"用来做什么"的问题。在很多人看来，权力就是一个人对他人的意志和行为予以影响、支配和控制，强迫他人服从自己的命令。马克思并不简单地认同这种看法。他认为，权力只是一种工具，它是社会中的所有人实现其共同利益的工具，其目的或者本质是为了实现共同利益。随着权力由公共权力演变为国家权力或者政治权力，权力的本质就发生了异化，由实现所有人的共同利益异化为谋取特殊利益。由于在阶级社会里，特殊利益实际上涉及特殊个人的利益和特殊阶级的利益，因此，权力本质的异化就表现在两个方面：其一，是权力被官员用来谋取私人利益；其二，是权力被统治阶级用来谋取自身利益。可见，在马克思看来，权力本质的异化，并非只有大部分人所认为的官员凭借手中的权力来谋取私人利益（权力的私人化或者私有化），同时还在于统治阶级凭借手中的权力来谋取自身的利益，相对而言，后者明显地表明了权力本质异化的社会性和制度性。

（一）权力被官员用来谋取其私人利益

对于大部分人所聚焦的官员利用手中的权力来谋取私人利益的权力本质异化现象，马克思也是承认的。首先，官员利用权力通过牺牲他人利益来谋取其私人利益。人是一定社会关系的总和，在阶级社会里，人性总是具有阶级性。这就决定了作为统治阶级的官员，总是作为统治阶级的代理人而出现，总是作为统治阶级利益的代表而掌握和行使权力。

因此，他不可能是所有人的"全权代表"，不可能是如黑格尔所说的充满"高度智慧"和"法律意识"的公正者，不可能成为真正维护国家的普遍利益和法制的"国家代理人"，不可能承担对所有人的责任。马克思在担任《莱茵报》主编时就已经发现，封建官僚之所以不可能真正承担起解决摩塞尔地区酒农的贫困问题的责任，就是因为他们要通过掌握和使用国家权力来最大限度地攫取社会财富，要承担对统治阶级实现其利益的责任。隐藏在这种责任转移背后的深刻动机，"就单个的官僚来说，国家的目的变成了他的私人目的，变成了追逐高位、谋求发迹"①。这些官员明确地意识到，只有通过借助权力来承担对统治阶级的责任，实现统治阶级对社会财富的攫取，才能谋取到自己的私人利益。于是，在现实的政治生活中，国家目的（或者统治阶级的目的）与官员的私人目的、国家利益（或者统治阶级的利益）与官员的私人利益实现了统一。马克思深刻地指出："在官僚政治中，国家利益和特殊私人目的的统一是这样确定的，国家利益成为一种同其他私人目的相对立的特殊私人目的。"② 这就意味着，当官员用权力来谋取其私人利益时，他就必定会罔顾共同利益，必定会以牺牲被统治阶级所有成员的个人利益为代价。

其次，官员利用权力通过制定制度等方式来谋取其私人利益。在《法兰西内战》中，马克思反复提到了"因被基佐弄得长期没官做没财发而满腹愤懑的梯也尔"。梯也尔"为了使法国避免即将来临的财政崩溃而采取的第一个措施，就是给自己规定了300万法郎的年薪"，"他在多年的政治生涯中，从来没有办过一件哪怕是极微小的稍有实际好处的事情。梯也尔始终不忘的，只是对财富的贪得无厌和对财富生产者的憎恨。他第一次当路易·菲利普的内阁首相时，穷得和约伯一样，而到离职时已经成了百万富翁。……他曾在众议院中被人公开指责侵吞公款"③。在此，马克思分析了官员利用权力以谋取私人利益的多种方式，一是通过公开的方式如建立工薪制度来提高自己的年薪，二是通过隐秘的、不合法的方式"侵吞公款"。用诸如此类的方式，表明了有的官员"对财富的贪得无厌"，不会做

---

① 中共中央马克思恩格斯列宁斯大林著作编译局. 马克思恩格斯全集：第3卷［M］. 北京：人民出版社，2002：60-61.

② 中共中央马克思恩格斯列宁斯大林著作编译局. 马克思恩格斯全集：第3卷［M］. 北京：人民出版社，2002：61.

③ 中共中央马克思恩格斯列宁斯大林著作编译局. 马克思恩格斯文集：第3卷［M］. 北京：人民出版社，2009：138.

一件对所有人"哪怕是极微小的稍有实际好处的事情",因此权力的本质发生了异化。

(二)权力被统治阶级用来谋取自身利益

在马克思看来,作为人类在社会生活中所发明的工具,权力是用来满足人类生活的需要的,是通过组织公共生活、管理公共事务来实现所有人的共同利益的,是为了人类共同体的生存发展的。然而,人类进入阶级社会之后,权力的本质发生了异化。

阶级社会里存在着多个阶级,阶级对立出现了。在经济上占统治地位的阶级拥有了政治上的统治地位,它通过建立某种社会机构来保护和实现自身的利益,以掌握和行使国家权力或者政治权力作为实现经济利益的手段。不仅以往的统治阶级就是如此,而且在提倡"自由、平等、博爱"的资本主义社会里也如此,"现代的国家政权不过是管理整个资产阶级的共同事务的委员会罢了"①,"'警察''法庭'和'行政机关'不是市民社会本身赖以管理自己固有的普遍利益的代表,是国家用以管理自己、反对市民社会的全权代表"②,是资产阶级为了实现和维护自身阶级利益的工具和手段,因此权力由实现共同利益或者普遍利益的"公器"异化为统治阶级维护其阶级利益的"私器"。在此意义上,"权力标志着一个社会阶级实现其特殊的客观利益的能力"③。

统治阶级不仅掌握并想方设法地强化权力,而且千方百计地掩饰和模糊权力本质的这种异化,以表明权力具有实现所有人的共同利益或者普遍利益的公共性。它掩饰和模糊权力本质异化的做法主要有:第一,将统治阶级的利益冒充为共同利益。在马克思看来,自从有了国家,整个社会就

---

① 中共中央马克思恩格斯列宁斯大林著作编译局. 马克思恩格斯文集:第2卷[M]. 北京:人民出版社,2009:33

② 中共中央马克思恩格斯列宁斯大林著作编译局. 马克思恩格斯全集:第3卷[M]. 北京:人民出版社,2002:64.

③ [希腊]尼科斯·波朗查斯. 政治权力与社会阶级[M]. 叶林,王宏周,等译. 北京:中国社会科学出版社,1982:108-109.

分化为不同的利益集团，并因此而出现了彼此之间的利益矛盾及各阶级利益与共同利益之间的矛盾。"正是由于特殊利益与共同利益之间的这种矛盾，共同利益才采取国家这种与实际的单个利益和全体利益相脱离的独立形式，同时采取虚幻的共同体的形式。"① 统治阶级"为了达到自己的目的而不得不把自己的利益说成是社会全体成员的共同利益"② 或者国家利益，并凭借国家权力或者政治权力来更好地维护和实现自身利益。第二，通过政府执行公共职能来掩盖权力本质的异化。马克思注意到，在阶级社会里，一般有三个政府部门："财政部门，或者说，对内进行掠夺的部门；战争部门，或者说，对外进行掠夺的部门；最后是公共工程部门。"③ 这三个政府部门实际上执行的是两类职能："既包括执行由一切社会的性质产生的各种公共事务，又包括由政府同人民大众相对立而产生的各种特殊职能。"④ 表面上看，这两类职能是不协调的，其背后的权力的性质也是根本对立的，前者是作为公共事务管理意义上的权力，其本质在于实现所有人的共同利益；后者是作为进行阶级统治的权力，其本质在于维护和实现统治阶级和"单个官僚"的特殊利益。然而，在马克思看来，这并不意味着统治阶级超出了自身阶级利益的狭隘视野，积极地行使权力对公共事务进行管理，自觉地为所有人的公共利益服务。恰恰相反，如果统治阶级不借助国家权力对公共事务进行管理，它就无法将其政治统治持续下去，维护和实现自身阶级利益的希望就会成为泡影。统治阶级之所以不得不这样做，是因为它必须掩盖靠剥夺被统治阶级的利益来实现自身阶级利益的事实，为自己借助权力以维护和实现自身阶级利益的行为进行辩护。

---

① 中共中央马克思恩格斯列宁斯大林著作编译局. 马克思恩格斯文集：第1卷［M］. 北京：人民出版社，2009：536.
② 中共中央马克思恩格斯列宁斯大林著作编译局. 马克思恩格斯文集：第1卷［M］. 北京：人民出版社，2009：552.
③ 中共中央马克思恩格斯列宁斯大林著作编译局. 马克思恩格斯文集：第2卷［M］. 北京：人民出版社，2009：679.
④ 中共中央马克思恩格斯列宁斯大林著作编译局. 马克思恩格斯文集：第7卷［M］. 北京：人民出版社，2009：431.

三、权力活动的异化

在马克思看来，权力是人类为了满足自身生存发展的需要而发明的工具，是组织社会生活的重要手段。因此，权力不仅是构成社会生活的一个因素，而且具有鲜明的实践性。权力的实践性表明权力只有在其自身的运行中才能存在，才会在这种运行中发挥自己的作用。权力的运行过程就是权力活动，它是权力主体为了实现某种目的，通过运用一定的手段而作用于权力客体的过程。随着权力由公共权力向国家权力或者政治权力演变的过程，权力活动即权力如何运行的方式也发生了异化。与权力所应该完成的为人类的生存发展创造条件（服务）和保护人们的生命财产安全（保护）这两大任务相对应，权力活动的异化主要表现为两个方面。

（一）服务异化为奴役

权力活动是在两种关系中展开的：其一，是人与人之间的关系；其二，是人与其对象物之间的关系。在现实社会生活中，这两种关系转变成了通过人的对象物而发生的权力行使者（人）与权力所有者（人）之间的关系。在此关系中，权力行使者是服务者，它表明"谁在服务"；权力所有者是被服务者，它表明"为谁服务"；人的对象物即人的生存发展条件是权力行使者用来服务权力所有者的东西，它表明"用什么为谁服务"，也表明权力行使者为权力所有者服务并非是空洞无物的，而是有实质内容的，如果没有这种实质内容，权力行使者的服务就是难以理解的。然而，权力行使者"为谁服务""用什么为谁服务"和"如何服务"是一个社会历史范畴，是随着社会历史的发展而有所变化的。正如恩格斯在《〈法兰西内战〉1891年版导言》中所写的那样，迄今为止，这种变化总体上表现为如下情形："社会为了维护共同的利益，最初通过简单的分工建立了一些特殊的机关。但是，随着时间的推移，这些机关——为首的是国家政权——为了追求自己的特殊利益，从社会的公仆变成了社会的主人。"①

---

① 中共中央马克思恩格斯列宁斯大林著作编译局.马克思恩格斯文集：第3卷［M］.北京：人民出版社，2009：110.

在马克思看来，在原始社会里，人与人之间在人格和地位上是平等的，不存在强制，而且所有人都共同劳动，共同进行其他活动。这些共同活动之所以会顺利地进行，是因为原始部落或者氏族有进行其活动的组织者。这样的组织者就是权力的行使者。由于此时的权力是一种公共权力，因此，权力的行使者用不着考虑任何特殊利益，他对权力的行使是为所有人服务的，他是特定共同体全体成员的"公仆"或者"勤务员"。可是，随着原始社会的解体，"随着社会成员由于原始公社的瓦解而变为私人生产者，因而和社会公共职能的执行者更加疏远，这种权力不断得到加强"①，专门行使政治权力的社会机构建立了，有了从社会分化出来的专门从事权力活动的人。

整个社会形成专门从事权力活动的人，虽然是社会分工的结果，但是，它并不是所有社会成员的自愿选择，而是正好迎合了统治阶级为了维护和实现其利益的需要。在这种情况下，掌握权力的人行使权力的活动就必定会异化。正如马克思所说："只要分工还不是出于自愿，而是自然形成的，那么人本身的活动对人来说就成为一种异己的、同他对立的力量，这种力量压迫着人，而不是人驾驭着这种力量。"② 这种异化表现在权力活动的被服务者方面就是由服务于所有人转变为服务于少数人。在生产力发展水平不高、社会资源有限和各阶级利益相互对立的情况下，权力行使者要为少数人服务，通过以不干扰、降低或者减少为大多数人服务的方式是不可能做到的，只有对大多数人进行压迫或者奴役才是行之有效的。权力活动的这种异化在以"轻视人，蔑视人，使人非人化"③ 为原则的专制社会里表现得非常露骨和明显，在资本主义社会里虽然变得隐蔽和间接，但

---

① 中共中央马克思恩格斯列宁斯大林著作编译局．马克思恩格斯文集：第9卷［M］．北京：人民出版社，2009：190.

② 中共中央马克思恩格斯列宁斯大林著作编译局．马克思恩格斯文集：第1卷［M］．北京：人民出版社，2009：537.

③ 中共中央马克思恩格斯列宁斯大林著作编译局．马克思恩格斯全集：第47卷［M］．北京：人民出版社，2004：59.

是，它随着资本主义社会的发展而逐渐地脱去了自己的伪装，资产阶级的"国家政权在性质上也越来越变成了资本借以压迫劳动的全国政权，变成了为进行社会奴役而组织起来的社会力量，变成了阶级专制的机器"①。

（二）保护异化为施暴

在马克思看来，原始社会里的权力，不仅是抵御外来侵犯、维护和实现特定原始共同体所有成员的利益的权力，而且是组织特定共同体内部生活、确保社会生活遵循一定秩序正常运转的权力。这种保护特定共同体所有成员的权力是非强制和非暴力的，所有成员对权力的服从都是自愿的，因此，此时的任何权力活动都是所有成员主动支持和积极参与的。

人类进入阶级社会以后，由于存在着利益冲突和阶级对抗，因此权力由公共权力演变为国家权力或者政治权力，不再对特定社会的所有成员进行保护。相反，为了保护统治阶级的利益，行使权力的人就会使用强制力量来平息社会成员之间的利益纷争，镇压人们的反抗。于是，国家权力或者政治权力就成了"一个阶级用以压迫另一个阶级的有组织的暴力"②，成了"组织起来奴役劳动的暴力"③，成了"统治阶级进行奴役和牟利的手段"④。就此而言，权力活动就是权力行使者使用暴力对大多数人的施暴，权力活动的异化就是由原来的权力对特定社会中所有成员的非强制异化为对大多数成员的强制。权力活动的异化——权力活动由保护异化为施暴有两种情况：其一，是发生在由权力保护所有人转化为保护少数人的根本政治制度的运行中；其二，是发生在人们要求权力行使者使用暴力对自己的生命财产安全予以保护中。"在使用暴力保护自己的同时，人们也发展出

① 中共中央马克思恩格斯列宁斯大林著作编译局．马克思格斯文集：第 3 卷 [M]．北京：人民出版社，2009：152.
② 中共中央马克思恩格斯列宁斯大林著作编译局．马克思格斯文集：第 2 卷 [M]．北京：人民出版社，2009：53.
③ 中共中央马克思恩格斯列宁斯大林著作编译局．马克思格斯文集：第 3 卷 [M]．北京：人民出版社，2009：193.
④ 中共中央马克思恩格斯列宁斯大林著作编译局．马克思格斯文集：第 3 卷 [M]．北京：人民出版社，2009：193.

支配暴力的一整套技能。出于他们的愿望被动员起来的暴力不久后可能会被用于反对他们。"① 在这种权力异化中,马克思不仅注意到暴力或者阶级统治这一"超自然怪胎"的存在,更为重要的是发现了阶级社会的根本政治制度才是权力活动异化的真正根源。

在马克思看来,权力活动的异化是可以被根除的。这种根除,归根结底,就是将"旧政权的纯属压迫性质的机关予以铲除,而旧政权的合理职能则从僭越和凌驾于社会之上的当局那里夺取过来,归还给社会的承担责任的勤务员"②。这是一个权力由国家向社会回归的过程,它真实地发生在巴黎公社中。创立巴黎公社,"这是社会把国家政权重新收回,把它从统治社会、压制社会的力量变成社会本身的充满生气的力量;这是人民群众把国家政权重新收回,他们组成自己的力量去代替压迫他们的有组织的力量;这是人民群众获得社会解放的政治形式,这种政治形式代替了被人民群众的敌人用来压迫他们的假托的社会力量(被人民群众的压迫者所篡夺的力量)(原为人民群众自己的力量,但被组织起来反对和打击他们)"③。在巴黎公社中,人们不再受权力的压迫或者奴役,相反,却获得了自由。他们之所以"自由就在于把国家由一个高踞社会之上的机关变成完全服从这个社会的机关"④。

(与导师湖南师范大学伦理学研究所彭定光教授合作,原载《伦理学研究》2015 年第 4 期)

---

① [美] 莱斯利·里普森. 政治学的重大问题:政治学导论 [M]. 刘晓,译. 北京:华夏出版社,2001:64.
② 中共中央马克思恩格斯列宁斯大林著作编译局. 马克思恩格斯文集:第 3 卷 [M]. 北京:人民出版社,2009:156.
③ 中共中央马克思恩格斯列宁斯大林著作编译局. 马克思恩格斯文集:第 3 卷 [M]. 北京:人民出版社,2009:195.
④ 中共中央马克思恩格斯列宁斯大林著作编译局. 马克思恩格斯文集:第 3 卷 [M]. 北京:人民出版社,2009:444.

马克思的权力结构思想论析

马克思关于权力结构问题的思想探讨，对指导中国特色社会主义政治文明的健康发展，以及对社会主义权力运行制约和监督体系的健全有着重要意义。

一、权力概念的基本内涵分析

权力是马克思对资本主义政治关系研究中的一个核心概念，也是论析权力结构的逻辑前提。在对权力概念基本内涵的思考中，马克思在逻辑起点、理论基础、政治属性、价值旨归等方面表现出了超越前人的独到之处。

（一）现实的人：权力概念的逻辑起点

权力的逻辑起点系权力得以形成的逻辑前提，现实的人是马克思权力概念的逻辑起点。从学理上看，人是权力的创造者，是权力得以生成和存在的逻辑前提，无人则无权力，权力的一切内涵都离不开人这一前提。近现代以来资产阶级的启蒙思想家都无一例外地将抽象的人理解为权力概念的逻辑前提。托马斯·霍布斯、约翰·洛克、孟德斯鸠、卢梭、亚当·斯密等资产阶级思想家都将人想象为没有历史、没有关系的自然状态中的抽象的人，这种人其实是他们在头脑中想象和杜撰出来的。马克思发现资产阶级思想家对人的理解是有问题的，在他看来，"抽象的经验主义者"和"唯心主义者"所描绘的"人"纯粹是思想中杜撰的，因而是根本不存在的，那么建立在这种"抽象的人"基础之上的权力思想是根本站不住脚的。马克思在《德意志意识形态》中写道："我们不是从人们所说的、所设想的、所想象的东西出发，也不是从口头说的、思考出来的、设想出来的、想象出来的人出发，去理解有血有肉的人。我们的出发点是从事实际活动的人。"① 从马克思的这段话可以看出，权力的真正的逻辑起点是"现实的人"，即"从事活动的，进行物质生产的，因而是在一定的物质的、不受他们任意支配的界限、前提和条件下活动着的人"②。这里，马克思对权力内涵的理解正是以实际从事物质生产和交往的人为逻辑前提的。

（二）历史唯物主义：权力概念的理论基础

从马克思权力思想的历史演进看，马克思对权力内涵的理解并不是一成不变的，而是有一个从不成熟到成熟的认识过程。在其思想发轫的早期，马克思对权力内涵的理解并不是很科学的。马克思在其《博士论文》中将宗教和专制权力理解为阻碍"原子式个人"实现"自我意识的绝对性和自由"③ 的力量。这时他所理解的权力仍是权力主体与权力客体的主客二分与绝对对立，从实质上来看依然没有跳出资产阶级自由主义权力思想的窠臼。直到马克思创立了历史唯物主义以后才对权力的认识趋于科学和深刻，权力概念也才跃升为一个社会历史概念。同时，从历史唯物主义这一理论基础出发理解权力的内涵也是马克思区别于其他一切资产阶级权力思想的根本观点。资产阶级思想家无法看到生产力在历史发展中的决定意义，也无法看到作为历史创造者的人民群众的伟大意义，反而只把先验的圣物或思想观念看作历史发展的决定力量，只把英雄人物看作推动历史发展的决定力量，因而也就将权力理解为理性的个人基于安全、秩序和自由

---

① 中共中央马克思恩格斯列宁斯大林著作编译局. 马克思恩格斯文集：第1卷［M］. 北京：人民出版社，2009：525.

② 中共中央马克思恩格斯列宁斯大林著作编译局. 马克思恩格斯文集：第1卷［M］. 北京：人民出版社，2009：524.

③ 中共中央马克思恩格斯列宁斯大林著作编译局. 马克思恩格斯全集：第1卷［M］. 北京：人民出版社，1995：63.

的考量而创造出来的"必要的恶"。

（三）无产阶级：权力概念的政治属性

从根本宗旨看，马克思的全部思想皆是为了无产阶级乃至全人类的解放，马克思的权力思想亦是如此，它同样是为无产阶级的解放事业服务的，这就是马克思的权力概念的鲜明的政治属性。马克思将其一生中的绝大多数精力都放在了批判资本主义社会上，并竭力找寻一条无产阶级解放的道路。马克思深刻批判了资产阶级社会的权力逻辑，认为它代表的只是资产阶级的利益，反映的是资产阶级的社会关系，实质上"变成了资本借以压迫劳动的全国政权，变成了为进行社会奴役而组织起来的社会力量，变成了阶级专制的机器"①。马克思对资本主义权力逻辑的批判向无产阶级表明，国家权力的逻辑并非从来就有，也不会永恒地存在下去，它必然要被无产阶级消灭。在《共产党宣言》中，马克思写道："共产党人的最近目的是……推翻资产阶级的统治，由无产阶级夺取政权。"② 在马克思的语境中，无产阶级是扬弃资产阶级国家权力这种异化权力的物质力量，无产阶级将通过革命推翻资产阶级的国家政权，进而实现自身的解放，乃至全人类的解放。

（四）每个人的自由发展：权力概念的价值目标

每个人的自由发展是马克思建构思想的价值目标，马克思的权力思想也不例外，每个人的自由发展亦是马克思权力思想的价值目标。马克思在《共产党宣言》中写道："代替那存在着阶级和阶级对立的资产阶级旧社会的，将是这样一个联合体，在那里，每个人的自由发展是一切人的自由发展的条件。"③ 在马克思看来，在"自由人的联合体"里，权力将失去政

---

① 中共中央马克思恩格斯列宁斯大林著作编译局．马克思恩格斯文集：第 3 卷［M］．北京：人民出版社，2009：152.

② 中共中央马克思恩格斯列宁斯大林著作编译局．马克思恩格斯文集：第 2 卷［M］．北京：人民出版社，2009：44.

③ 中共中央马克思恩格斯列宁斯大林著作编译局．马克思恩格斯文集：第 2 卷［M］．北京：人民出版社，2009：53.

治性质,不再是阶级统治的暴力工具,而是真正成为每个人自由发展的能力或力量,成为名副其实的为社会公共利益服务的公共权力。需要指出的是,每个人的自由发展这一价值目标并不与其无产阶级的政治属性相左,因为,每个人的自由发展是无产阶级获得解放的条件。按照马克思的说法,无产阶级只有解放了全人类才能够最终解放自己。显然,与资产阶级思想家们将权力建构于个人主义之上不同,马克思的权力是集体主义的,在他看来,集体主义才是每个个体实现自由发展的唯一出路,也只有在集体主义中,权力才能克服主客二分的弊端,才能实现权力向其真正的公共权力这一本真状态的复归。集体主义的精神实质在于每个个人之间的通力合作,而非个人主义所持有的每个个人之间的矛盾和冲突。这也正是马克思的权力概念的重要内涵。

二、权力分类的不同维度

权力作为确保政治生活正常运行的核心力量,其基本功能寓于权力结构之中。在不同的维度中,权力结构又呈现出各种不同的种类。在对权力概念基本内涵进行分析的基础上,马克思认为权力是一个有系统的结构,是由相互区分的各个部分有机组成的;在表现形态上,权力有着不同的种类。鉴于此,以权力的作用域为依据,权力可以划分为政治权力、经济权力、精神权力;以权力的经济基础为标准,权力可以划分为"父权制的部落首领的权力""公民支配奴隶的权力""贵族支配农奴的权力""资本奴役劳动的权力";以权力是否具有阶级性为标准,可以把权力划分为阶级社会的权力和非阶级社会的权力;以掌握权力的主体为标准,可以把现代社会的权力划分为资本主义社会的权力和社会主义社会的权力。

政治权力在权力结构中地位凸显。马克思认为,一切阶级斗争都是政治斗争,都是夺取政治权力的斗争,夺取政治权力是斗争的最高形式。这是因为,不管是统治阶级还是被统治阶级,要使自己的意志得到实现,或使自己的利益得到维护,在所有阶级斗争的形式之后,都必须诉诸对政治权力的争夺。谁掌握政治权力，现行秩序的利益倾向就有利于谁；谁夺得政治权力，谁就同时得到了本阶级意志实现的权利。马克思按照政治内涵与外延的不同，又把政治权力分为两类：一类是广义上的政治权力，一类是狭义上的政治权力。后者特指阶级社会中的政治权力，而前者则是指人类社会各种社会形态中都存在的权力。马克思在《共产党宣言》中所说的"原来意义上的政治权力"① 指的是狭义上的政治权力，即阶级社会的政治权力；既然存在"原来意义上的"政治权力，那么就有未来意义上的政治权力，即未来共产主义社会的政治权力；而阶级社会的政治权力加上非阶级社会的政治权力即广义上的政治权力。

经济权力是经济领域内的力量制约关系。马克思这里的经济权力其实指的是资本所具有的"不可抗拒的购买的权力"②。在权力结构中，经济权力决定政治权力，政治权力是经济权力的产物。正如马克思在《君士坦丁堡的乱子》中所说："政治权力只不过是经济权力的产物；迫使寡头政治让出经济权力的那个阶级，将来总有一天也会夺得政治权力。"③ 精神权力是意识形态领域内的力量制约关系。马克思在《德意志意识形态》中写道："统治阶级的思想在每一时代都是占统治地位的思想。这就是说，一个阶级是社会上占统治地位的物质力量，同时也是社会上占统治地位的精神力量。支配着物质生产资料的阶级，同时也支配着精神生产的资料，因此，那些没有精神生产资料的人的思想，一般是受统治阶级支配的。"④ 马克思认为，对全社会精神生产和思想分配方面的领导权就是精神权力。精神权力对于统治阶级的统治是必不可少的，是论证其统治合法性不可或缺

---

① 中共中央马克思恩格斯列宁斯大林著作编译局．马克思恩格斯文集：第 2 卷［M］．北京：人民出版社，2009：53.

② 中共中央马克思恩格斯列宁斯大林著作编译局．马克思恩格斯全集：第 42 卷［M］．北京：人民出版社，1979：72.

③ 中共中央马克思恩格斯列宁斯大林著作编译局．马克思恩格斯全集：第 12 卷［M］．北京：人民出版社，1998：80.

④ 中共中央马克思恩格斯列宁斯大林著作编译局．马克思恩格斯全集：第 3 卷［M］．北京：人民出版社，1960：52.

的手段。在马克思那里，单纯依靠赤裸裸的暴力统治几乎是不可能的，只有将政治权力与精神权力有机结合起来，并使之相互支撑，才能共同维护统治阶级的统治地位。

马克思还将政治权力和精神权力划归为宏观权力的概念，而把经济权力划归到微观权力的类别中去。在这个意义上，马克思显然是宏观权力与微观权力的统一论者。福柯认为马克思的权力思想仅仅局限于宏观权力范围，其微观权力思想是缺场的，这一观点显然是站不住脚的。马克思认为，上层建筑取决于经济基础，当经济基础发生变革以后，上层建筑必然会随之发生或快或慢的变化。换言之，权力、国家等政治上层建筑并不是一成不变的，而是经常发生变化的，至于会发生什么样的变化完全取决于其赖以存在的经济基础。基于此，马克思在《德意志意识形态》中区分了权力的四种类型："父权制的部落首领"的权力是管辖其所属部落全体成员的力量，它的性质是由部落所有制决定的；"公民支配奴隶的权力"是古典古代的权力形式，它是奴隶主阶级统治、镇压和剥削奴隶的工具，从根源上看，它是由古典古代的公社所有制和国家所有制所决定的；"贵族支配农奴的权力"，是中世纪或封建社会中的权力形式，从本质层面上看，它实际上是地主阶级统治、镇压和剥削农民阶级的力量，它是由封建的或等级的所有制决定的；"资本奴役劳动"的权力，"是与这种现代私有制相适应的"① 权力形式，是现代资本主义社会的权力表现形态。同时，马克思还把"父权制的部落首领"的权力视为非阶级社会的权力，而把后三种权力视作阶级社会的权力，二者的区别关键是看这种权力是否具有阶级性、强制性、公共性。从这个意义上看，马克思又是阶级社会权力与非阶级社会权力的统一论者。

资本主义社会的权力和社会主义社会的权力是现代社会的两种权力种类。在马克思看来，资本主义社会的权力在形式上是整个社会普遍利益的

---

① 中共中央马克思恩格斯列宁斯大林著作编译局. 马克思恩格斯文集：第 1 卷［M］. 北京：人民出版社，2009：583.

代表，或者看上去是公共利益的体现者，事实上，它"不外是资产者为了在国内外相互保障各自的财产和利益"① 统治、奴役和支配无产阶级的一种力量。马克思认为，资本主义社会的权力是异化状态的权力，它把被统治和支配的无产阶级仅仅当作实现自身利益的一种物或手段，"从哲学上来说，这种权力观，把权力控制的对象物化了"②，权力主体与权力客体彻底二分，根本对立，在此种权力状态下，人的本质及其自由发展根本无法实现。正因为如此，这种权力理应被扬弃和超越，而担当这一使命的主体正是无产阶级，无产阶级要通过革命从资产阶级那里夺取政权，把权力牢牢掌握在自己的手里，并以此为凭借尽力增加生产力的总量。无产阶级从资产阶级那里夺取的权力就成为社会主义社会的权力。

三、社会主义权力的性质及与资本主义权力的关系

尽管无产阶级掌握政权的第一次尝试即巴黎公社，虽然生命周期很短，但马克思却给予了格外的关注。马克思的《法兰西内战》是专门探讨社会主义权力问题的论著，文中探讨了社会主义权力的性质、公权私用及防范、与资本主义权力的关系等。

（一）马克思探讨了社会主义权力的性质

在马克思看来，社会主义权力是实现阶级和国家消亡的必不可少的力量，它实质上就是无产阶级专政。1852 年他在致约瑟夫·魏德曼的信中指出，"我所加上的新内容就是证明了下列几点：（1）阶级的存在仅仅同生产发展的一定的历史阶段相联系；（2）阶级斗争必然导致无产阶级专政；（3）这个专政不过是达到消灭一切阶级和进入无阶级社会的过渡……"③ 在这里，马克思显然认为社会主义权力是人类必经的权力形态，且其使命

---

① 中共中央马克思恩格斯列宁斯大林著作编译局. 马克思恩格斯文集：第 1 卷［M］.北京：人民出版社，2009：583.

② 王晓升. 重新理解权力［J］. 江苏社会科学，2010（2）：7-12.

③ 中共中央马克思恩格斯列宁斯大林著作编译局. 马克思恩格斯选集：第 4 卷［M］.北京：人民出版社，1995：547.

就在于消灭阶级和进入无阶级社会。

但这里更重要的是马克思指明了社会主义权力的过渡性质。社会主义权力的过渡性是说它事实上是一座桥梁，是此岸到达彼岸的中介，它不会永远存续下去，一旦其历史使命完成就会消失殆尽。之所以如此，主要是因为，在马克思看来，尽管社会主义权力是不同于资本主义权力的崭新的权力形式，但就所属范围来看它依然是阶级社会的权力，是国家意义上的权力。从政治属性看，这种权力是无产阶级反抗资产阶级镇压的工具，依然具有政治性质。这种权力仅仅是达成无产阶级"政治解放"的手段和工具，它无力达成"人类解放"这一终极目标。正如马克思在《法兰西内战》中所写："公社要成为铲除阶级赖以存在、因而也是阶级统治赖以存在的经济基础的杠杆。劳动一解放，每个人都变成工人，于是生产劳动就不再是一种阶级属性了。"① 恩格斯就此也评价道："国家再好也不过是在争取阶级统治的斗争中获胜的无产阶级所继承下来的一个祸害；胜利了的无产阶级也将同公社一样，不得不立即尽量除去这个祸害的最坏方面，直到在新的自由的社会条件下成长起来的一代有能力把这国家废物全部抛掉。"②

（二）马克思警示后人社会主义的权力依然存在公权私用的可能性

社会主义的权力区别于资本主义的权力的根本特征就在于其公共性。它已经成为为无产阶级公共利益服务的社会力量。然而，在马克思看来，社会主义权力的公共性并不必然意味着公权私用的腐败问题就绝迹了。马克思警示后人社会主义的权力依旧存在着公权私用和公职人员从"社会的公仆"变成"社会的主人"的可能性。马克思分析，这种可能性源于社会主义社会中依然存在着的个人利益与公共利益的矛盾统一的特性。鉴于

---

① 中共中央马克思恩格斯列宁斯大林著作编译局. 马克思恩格斯文集：第3卷［M］. 北京：人民出版社，2009：158.

② 中共中央马克思恩格斯列宁斯大林著作编译局. 马克思恩格斯文集：第3卷［M］. 北京：人民出版社，2009：111.

此，马克思格外关注防范和消除公权私用的对策问题。马克思提出了诸如打碎旧的国家机器、一切公职人员均由选举产生并随时可以罢免、权责相当、公职人员只能领取相当于工人工资的报酬、一切公务均公开透明等。马克思给出的这些措施均是属于制度的范畴，在马克思看来，防范公权私用的关键还是要靠制度。

（三）马克思探讨了社会主义权力和资本主义权力二者的关系

社会主义权力是资本主义权力的对立物、取代物和超越物。在这个意义上，马克思说："帝国的直接对立物就是公社。"[①] 社会主义权力取代资本主义权力是"两个必然"的逻辑结果，是人类历史的必然。但马克思也预见到，在进入"共产主义第一阶段"以前，社会主义权力与资本主义权力的并存将是长期的，二者的斗争也将是残酷的、你死我活的。资本主义权力将会利用政治的、军事的、经济的、文化的和意识形态的各种手段对社会主义权力进行联合绞杀。马克思以巴黎公社掌握政权后在资产阶级势力和力量的联合绞杀下又迅速丧失政权说明了两种权力较量的客观实在性。马克思指出了诸如巴黎公社中央委员会"没有立刻向当时毫无防御能力的凡尔赛进军"[②] 等是导致公社失败的原因，并指出了应对资产阶级进攻的正确的战略与策略，比如充分发挥无产阶级政党的战斗堡垒作用、建立巩固的统一战线、组织一支由武装的工人阶级构成的"有战斗力的军事力量"[③] 等。

马克思关于社会主义权力的分析，不仅指明了在中国特色社会主义政治发展的道路上，只有认识到社会主义权力本质上是公共权力，旨在实现和维护公共利益，才能教育和引导党员干部树立正确的权力观，切实将权

---

① 中共中央马克思恩格斯列宁斯大林著作编译局．马克思恩格斯文集：第3卷［M］．北京：人民出版社，2009：154.

② 中共中央马克思恩格斯列宁斯大林著作编译局．马克思恩格斯文集：第3卷［M］．北京：人民出版社，2009：147.

③ 中共中央马克思恩格斯列宁斯大林著作编译局．马克思恩格斯文集：第3卷［M］．北京：人民出版社，2009：131.

为民所赋、权为民所用、权为民所控的观念深入"官心",才能将党的群众路线贯彻到实处。还指明了中国特色社会主义权力体系仍然存在着公权私用、以权谋私的现实可能性,只有把"权力关在制度的笼子里",形成不敢腐的惩戒机制、不能腐的预防机制、不易腐的保障机制,"老虎"与"苍蝇"一起打,才能有效监督和制约权力,才能切实构建官员清正、政府清廉、政治清明的"三清"社会。同时也指明了在全球范围内资本主义制度和社会主义制度并存将会是一个长期的过程,社会主义政权与资本主义政权之间的殊死搏斗也将具有长期性,尤其是在全中国人民奋力实现中华民族伟大复兴的中国梦和全面建成小康社会的新形势下,从战略与策略上应对来自资本主义政权对社会主义政权时而明显时而隐蔽的颠覆、遏制、西化和分化的图谋具有毋庸置疑的重要性。

(原载《求实》2015 年第 5 期)

马克思权力观的鲜明特征论析

作为马克思主义的创始人，马克思在扬弃古希腊、中世纪及至近代以降思想家，尤其是英国政治经济学家、德国古典哲学家和空想社会主义者的权力思想的基础上，形成了特征鲜明的历史唯物主义的权力观。这些鲜明特征将其同其他一切形形色色的历史唯心主义的权力观区分开来，而实践性、科学性、批判性和人本性即是马克思权力观的鲜明特征。

一、实践性

马克思参加社会实践活动，阐明了无产阶级必须通过革命夺取资产阶级的国家权力进而为自己乃至全人类的解放扫清道路的观点，并且提出了无产阶级国家权力建设的若干措施，无不彰显其权力观鲜明的实践性特征。

（一）马克思参加社会实践活动为其权力观的形成奠定实践基础

马克思主义认识论认为，实践是认识的基础，认识来源于实践，离开实践，认识只能是空洞的想象、幻想。作为一种看法和认识，马克思的权力观也离不开实践，它是在马克思亲自参加社会实践活动的基础上逐渐形成的。众所周知，青年马克思在哲学上属于自我意识哲学，在政治上倾向于理性主义、革命民主主义，此时的权力观并未跳出自由主义权力观的窠臼。比如《博士论文》强烈谴责了神权对人类自由的奴役，《评普鲁士最近的书报检查令》《黑格尔法哲学批判》无情批判了封建专制权力对公民自由的压制，宣扬权力应成为个人自由的保障力量。在权力观上，自由主义与历史唯物主义存在本质的区别。前者是历史唯心主义的，从根本上说是错误的，后者则是符合社会发展规律的、科学的，那么马克思是如何实现从前者向后者的跨越呢？关键在于马克思广泛参与了社会实践活动。莱茵报时期是马克思思想转变的关键时期，而促使这种转变的正是他参与了社会实践活动。马克思先后分析了普鲁士的书报检查制度，调查了摩塞尔河地区农民的贫困问题，讨论了林木盗窃法并撰写了一系列的政论文章。在此基础上，马克思认识到，理应是理性的产物并成为公民个人自由保障力量的权力，在现实中却只是维护少数人特殊利益的力量。这使他意识到，原来他所信奉的黑格尔的权力学说在理论与现实上是断裂的，是难以自圆其说的。这引发了马克思思想上的“震动”，正如恩格斯所说，我“曾不止一次地听到马克思说，正是他对林木盗窃法和摩塞尔河地区农民处境的研究，推动他由纯政治转向研究经济关系，并从而走向社会主义”。① 由此可见，如果马克思没有广泛参与社会实践活动，他便不会放弃理性主义并创立历史唯物主义，更不会形成历史唯物主义的权力观。马克思的社会实践活动是其权力观的实践基础。

（二）阐明无产阶级必须通过革命夺取资产阶级的国家权力进而为自己乃至全人类的解放扫清道路的观点

“哲学家们只是用不同的方式解释世界，而问题在于改变世界”，无产阶级通过革命夺取资产阶级的国家权力亦是“改变世界”的题中应有之义。无产阶级必须通过革命夺取资产阶级的国家权力从而为自己乃至全人类的解放扫清道路。马克思认为，其一，无产阶级是夺取权力真正的、唯一的实践主体。这是因为“在当前同资产阶级对立的一切阶级中，只有无

---

① 中共中央马克思恩格斯列宁斯大林著作编译局．马克思恩格斯全集：第 39 卷［M］．北京：人民出版社，1974：446.

产阶级是真正革命的阶级"①，是"一个被戴上彻底的锁链的阶级"，一个"遭受普遍苦难"的阶级，"若不从其他一切社会领域解放出来从而解放其他一切社会领域就不能解放自己的领域"②。其二，革命是夺取权力的实践手段。马克思说，革命，就是"实际地反对并改变现存的事物"③。他主张，夺取权力必须靠革命，无产阶级必须"用暴力推翻资产阶级而建立自己的统治"④。因为资产阶级决不会将国家权力拱手相让，无产阶级必须通过暴力革命将权力从资产阶级那里夺过来。其三，资产阶级的国家权力是实践对象。马克思认为，资产阶级凭借着强大的国家权力压迫、奴役和剥削无产阶级，资本主义的国家权力不过是管理资产阶级共同事务的工具而已，本质上乃是资产阶级压迫无产阶级的有组织的暴力，业已成为摆在无产阶级乃至全人类解放道路上的阻碍。

（三）提出了无产阶级国家权力建设的若干措施

夺取国家权力后，无产阶级需要进行全新的权力建设实践。马克思结合巴黎公社的成功实践和宝贵经验提出了无产阶级国家权力建设的若干措施：无产阶级要取消常备军，代之以武装的人民、武装的工人，免除警察的政治属性，也就是消除所有的压迫性的权力；一切公职人员都由选举产生且可（随时）罢免；所有的公职人员只领取相当于工人的工资；摧毁一切教堂，剥夺教会占有的一切财产；公社政府的基本形式是地区公社的代表构成中心城镇的代表，后者的代表构成巴黎国民议会的代表；权力运行透明化、阳光化，彻底消除权力的神秘色彩，政府的一言一行都公布于

---

① 中共中央马克思恩格斯列宁斯大林著作编译局．马克思恩格斯文集：第2卷［M］．北京：人民出版社，2009：41.

② 中共中央马克思恩格斯列宁斯大林著作编译局．马克思恩格斯文集：第1卷［M］．北京：人民出版社，2009：16-17.

③ 中共中央马克思恩格斯列宁斯大林著作编译局．马克思恩格斯文集：第1卷［M］．北京：人民出版社，2009：527.

④ 中共中央马克思恩格斯列宁斯大林著作编译局．马克思恩格斯文集：第2卷［M］．北京：人民出版社，2009：43.

众，即使是缺点，权力完全在阳光下运行，权力的行使也完全是透明的。①

二、科学性

马克思权力观鲜明的科学性主要表现在其理论基础是科学的唯物史观、理论体系科学严谨以及运用的思维方法科学等。

（一）科学的理论基础

唯物史观是马克思权力观的理论基础。唯物史观不仅使空想社会主义变成科学社会主义，而且为空想社会主义权力观从空想变为现实提供了理论支撑，为马克思科学认识和把握权力的本质及其运行规律奠定了科学的理论基础。马克思总是站在历史唯物主义的基础上思考和分析权力问题，认为生产力的发展和私有财产的出现对于政治权力抑或国家权力有着决定性的作用，同时生产力的高度发达及私有财产的消失也会最终决定着权力的"政治性质"的消亡。

在"两个必然"的决定作用下，无产阶级的国家权力取代资产阶级的国家权力也将成为历史的必然。人民群众是历史的创造者，是推动人类社会发展的历史主体和根本力量；同样人民群众也是权力的创造者，一切权力属于人民，人民是真正的权力主体。随着人类社会从原始社会、奴隶社会、封建社会、资本主义社会到共产主义社会由低到高的演变，权力也会经历原始公社的公共权力、"父权制的部落首领"的权力、"公民支配奴隶的权力""贵族支配农奴的权力""资本奴役劳动的权力"、真正的共同体即"自由人的联合体"的权力等几个发展阶段。② 旧政权的灭亡和新政权的出现取决于生产方式的革命，政治权力不是从来就有的，当然，它也不会永远存在下去，随着阶级和国家的消亡，政治权力也终将消亡，或者说权力的政治性质必将消失，必将被真正的促进人全面自由发展的公共权力

---

① 中共中央马克思恩格斯列宁斯大林著作编译局. 马克思恩格斯文集：第 3 卷［M］. 北京：人民出版社，2009：164.
② 周师. 马克思的权力结构思想论析［J］. 求实，2015（5）：6.

所取代。

（二）科学的思想体系

马克思的权力观具有严谨的思想逻辑以及完整的理论体系，这使得它具有鲜明的科学性。内容上，马克思的权力观主要由权力主体论、权力客体论、权力目标论、权力本质论、权力制约与监督论等五个方面有机构成。这五个方面相互作用、互为支撑、相辅相成，是一个不可分割的有机整体。其中，人民群众掌握权力是关键，人民群众监督和制约权力是保障，服务于全体人民是基础，协调利益关系是主线，实现人的全面自由发展是旨归。"五论"辩证统一，内在地铸就了马克思权力观的科学理论体系。在"权力主体论"中，马克思把权力主体区分为权力所有者和权力行使者两种。马克思是"人民主权论"者，在他看来，权力所有者是人民，而权力行使者则是受人民委托行使权力的"勤务员"，此二者之间理应是统一的，后者理应全心全意为前者服务；然而，在马克思看来，二者之间也可能发生错位甚至颠倒，后者反过来变为"骑在人民头上作威作福的老爷"，他在《法兰西内战》中还特别强调要警惕这种"颠倒"。在"权力目标论"中，马克思认为，权力的最低目标是实现人民群众的根本利益，最高目标则是实现人的自由全面发展。从这个意义上说，马克思权力观是最低目标与最高目标的辩证统一。在"权力本质论"中，马克思认为权力本质上涉及人与人之间的关系和人与物之间的关系，它是人类创造出来的一种支配力量，并且以实现所有人的共同利益为旨归。可见，马克思的权力观既有对权力规律的内在揭示，又有对权力目的的价值诉求，所以它又是合规律性与合目的性的有机统一。

（三）科学的思维方法

马克思在考究权力的过程中运用了科学的思维方法，主要包括：理论联系实际的方法、全面看问题的方法、用发展变化的眼光看问题的方法。

脱离实际的理论是空洞的。理论联系实际的思维方法才是科学的。马克思考察和研究权力时所用的方法占主导的就是理论联系实际的方法。如前所述，早在《莱茵报》时期马克思就自觉开展社会实践活动，从实际出发不断修正甚至颠覆自己原有的理性主义的权力观，开创了科学的历史唯物主义的权力观，实现了权力观上的革命性变革。巴黎公社的成功实践为无产阶级国家权力建设提供了可贵的实际经验，马克思不失时机地加以总结，极大地丰富了其权力观的内容和理论体系。

看问题要全面，防止片面性是科学思维方法所要求的。马克思看待和研究权力问题就运用了这样的思维方法。马克思在《共产党宣言》中提出资产阶级的国家权力必然为无产阶级的国家权力所取代后，紧接着又提出了"两个决不会"的思想，在他看来，新旧权力的更迭不是凭空的，而是由特定的物质条件决定的，它并不以人的主观意志为转移。包括无产阶级在内的所有的被统治阶级要完成夺取统治阶级政权的任务，必须要看其物质条件具备与否。马克思看到权力的本原是物质生产活动，权力的发生、运行与演变都最终决定于这种特定的物质生产活动。但同时他也看到了权力对物质生产活动的反作用。马克思在《不列颠在印度的统治》中说："我们在一些亚洲帝国经常可以看到，农业在一个政府统治下衰败下去，而在另一个政府统治下又复兴起来。在那里收成取决于政府的好坏，正像在欧洲随时令的好坏而变化一样。"① 在马克思看来，权力是一柄"双刃剑"，既可能服务人民，又可能祸害人民，于是他在《法兰西内战》中提出了权力制约和监督的诸多重要思想。

马克思还自觉运用发展变化的眼光看待权力问题。在他看来，权力的形式和性质是变化发展的。权力最早出现在原始社会，这时的权力是公共权力，本质上是氏族社会全体成员实现共同利益的工具。可是随着生产力的发展和私有财产的出现，权力具有了政治性质，本质上变成了阶级压迫的有组织的暴力。但马克思认为，权力的政治性质必然会在"真正的共同体"即"自由人的联合体"中消失殆尽，本质上真正成为人自由全面发展

---

① 中共中央马克思恩格斯列宁斯大林著作编译局. 马克思恩格斯文集：第 2 卷 [M]. 北京：人民出版社，2009：680.

的工具。

三、批判性

马克思对空想社会主义者的权力思想中的空想性及不彻底性的批判、对唯心主义者将"抽象的人"作为权力主体的谬论的批判、对资产阶级"三权分立"的虚假性和欺骗性的批判都凸显了马克思权力观的批判性特征。

（一）批判空想社会主义者权力思想的空想性及不彻底性

毋庸置疑，空想社会主义者的权力思想乃是马克思权力观的最为直接的思想渊源之一。马克思继承和吸收了空想社会主义者权力思想中的诸如"人民主权""公仆""选举制度""以权利监督权力"等合理成分。但它内在固有的空想性和不彻底性又使其具有与生俱来的理论缺陷，马克思正是在批判这些理论缺陷的基础上形塑自己的权力观的。

其一，对空想社会主义者们无视无产阶级这一变革资产阶级国家权力的真正主体的批判。空想社会主义者对资产阶级利用国家权力奴役人民的做法给予了强烈谴责，他们也在努力探寻变革资产阶级国家权力真正的主体力量。可是受当时历史条件的限制和唯心史观的影响，他们只把无产阶级看作值得同情与怜悯的对象，而根本看不到无产阶级的伟大革命力量。正如马克思所说，"这些信徒无视无产阶级的历史进展，还是死守着老师们的旧观点"[①]，反而把所有的希望都寄托在资产阶级发"善心"上，所以他们关于变革旧国家权力主体的想法只会陷入空想。

其二，对空想社会主义者们害怕暴力革命这一变革资产阶级国家权力的真正手段的批判。不可否认，空想社会主义者也在努力寻求变革旧的国家权力的手段。可是，正如马克思在《共产党宣言》中指出的这样，他们要么把希望完全寄托在资产阶级自觉发动的改良上，要么把希望寄托在共

---

① 中共中央马克思恩格斯列宁斯大林著作编译局. 马克思恩格斯文集：第 2 卷［M］. 北京：人民出版社，2009：64.

产主义的试验上，而暴力革命始终在他们的视野之外。恰恰相反，他们害怕革命、反对革命、不敢革命，对革命抱持着极强的排斥态度。因此他们根本无法找到变革资产阶级国家权力的真正手段。

（二）批判唯心主义者将"抽象的人"作为权力主体的谬论

毋庸置疑，权力是人的权力，权力具有属人性，离开人谈权力，权力就成了难以捉摸的东西。从哲学的角度看，这是权力的主体问题，它是研究和考察权力的逻辑起点，因为只有把握了"人到底是什么"，才能对"权力又到底是什么"提供一个载体。诚然，除神学家以外的形形色色的思想家，尤其是近代以降唯心主义的思想家无不认同权力的主体是人，可是包括霍布斯、洛克、孟德斯鸠、卢梭等在内的唯心主义者在看待和思考权力问题时，无不把人理解为想象的处于"自然状态"中的人，即抽象的人，进而把权力看作一种基于"抽象的人"旨在"自我保存"或实现和保障自由，通过让渡自己的天赋权利以订立契约的方式而形成的力量。

马克思认为唯心主义者对人的理解是存在问题的。照他看来，"抽象的经验主义者"和"唯心主义者"所描绘的"人"纯粹是在它（们）杜撰出来的，是根本不存在的，那么以"抽象的人"为载体的权力观也就是没有根据的冥想的结果。马克思批判说："它（指'历史'——引者注）的前提是人，但不是处在某种虚幻的离群索居和固定不变状态中的人，而是处在现实的、可以通过经验观察到的、在一定条件下进行的发展过程中的人。只要描绘出这个能动的生活过程，历史就不再像那些本身还是抽象的经验主义者所认为的那样，是一些僵死的事实的汇集，也不再像唯心主义者所认为的那样，是想象的主体的想象活动。"① 在此，马克思对"抽象的经验主义者"和"唯心主义者"对"抽象的人"的理解进行了批判性解读，他强调，权力的真正主体"是从事活动的，进行物质生产的，因而

---

① 中共中央马克思恩格斯列宁斯大林著作编译局. 马克思恩格斯文集：第 1 卷［M］. 北京：人民出版社，2009：525-526.

是在一定的物质的、不受他们任意支配的界限、前提和条件下活动着的"人。①

（三）批判资产阶级"三权分立"的虚假性和欺骗性

马克思首肯了资产阶级"三权分立"对反对封建制度的积极的历史意义，"当时它充当了新型资产阶级社会反对封建制度的有力武器"②。同时马克思也洞察到：本质上，资产阶级"三权分立"不过是资产阶级的生产关系和所有制关系的产物；表面上，它貌似很民主，普通民众亦可享受，这其实完全是一种"假象"。马克思说："难道这些先生们真的这样愚蠢，以为依靠腐朽透顶的孟德斯鸠—德洛姆的分权学说，依靠陈词滥调和早就被揭穿的假象就能使德国人民摆脱 1848 年的风暴，摆脱日益临近的、使历史上遗留下来的全部机构覆灭的危险吗?!"③ 由此可见，三权分立制造了一种假象，真相在于三权分立的"权"始终是作为统治阶级的资产阶级的权力，广大的人民群众是被排除在三权分立之外的，所以它具有相当程度的虚假性和欺骗性。鉴于此，马克思告诫无产阶级应当充分认清三权分立的实质及其虚假性、欺骗性。马克思指出，无产阶级用资产阶级锻造的三权分立的国家机器来实现自身的解放不但是不现实的，也是危险的。

四、人本性

马克思曾说："人的根本就是人本身。"④ 人既是权力的创造者，又是权力的行使者以及利用权力谋取利益与福祉的享受者。这也就是说，马克

---

① 中共中央马克思恩格斯列宁斯大林著作编译局．马克思恩格斯文集：第1卷［M］．北京：人民出版社，2009：524.

② 中共中央马克思恩格斯列宁斯大林著作编译局．马克思恩格斯文集：第3卷［M］．北京：人民出版社，2009：151.

③ 中共中央马克思恩格斯列宁斯大林著作编译局．马克思恩格斯文集：第2卷［M］．北京：人民出版社，2009：68-69.

④ 中共中央马克思恩格斯列宁斯大林著作编译局．马克思恩格斯文集：第1卷［M］．北京：人民出版社，2009：11.

思的权力观具有鲜明的人本性特征。

（一）实现和捍卫人民的根本利益是权力的根本宗旨

以人为本，即以广大人民的根本利益为根本。如前所述，资产阶级的权力，不管是财产权力抑或政治权力，本质上无疑是"维护"和"保卫"资产阶级特殊利益的工具。《莱茵报》时期，马克思就早已发现乡镇长滥用权力旨在"去为林木所有者谋取好处"。马克思在《德意志意识形态》中说："资产者、资产阶级社会的一切成员被迫结合成'我们'、法人、国家，以便保证他们的共同利益，并把由此获得的集体权力赋予——由于分工需要这样做——少数人。①"马克思对此展开了深刻的批判。在他看来，权力应该成为实现和捍卫人民根本利益的工具。马克思在《资产阶级与反革命》中说，"革命——它在人民的口里的意思是：你们资产阶级在组织Comité du salut public，公安委员会，我们把权力交给这个委员会并不是为了让你们为自己的利益而去同王权达成协议，而是为了要你们违背王权的意志来捍卫我们的利益，人民的利益。"② 马克思的这段十分重要的论述说明，权力具有人本性，它的根本宗旨在于实现和捍卫人民的根本利益，马克思的权力观是以实现和捍卫人民的根本利益为出发点的。

（二）实现人的自由全面发展乃权力的最终归宿

人既是权力的主体，亦是权力的目的。马克思分析了权力的产生、发展、演变的内在规律及其对人自由全面发展的影响。权力最早产生于原始社会的早期，是基于对公共事务进行管理的现实需要促进了权力的产生。这时的"酋长""酋帅""信仰守护人"等权力行使者受人民委托在其职权范围内行使权力，他们不享有任何特殊权力，从这个意义上，他们无疑是氏族全体成员的"勤务员"或"公仆"。他们手中的权力除了以氏族中

---

① 中共中央马克思恩格斯列宁斯大林著作编译局. 马克思恩格斯全集：第3卷［M］.
北京：人民出版社，1960：413.
② 中共中央马克思恩格斯列宁斯大林著作编译局. 马克思恩格斯全集：第6卷［M］.
北京：人民出版社，1961：130.

所有人的共同利益为旨归，丝毫没有为私人或少数人服务的色彩。但囿于当时生产力极端低下的现实，人类还只能奴隶般地服从大自然，像动物一样地活着，即使权力最大限度地实现和维护人民的共同利益，人类的自由全面发展也只能是一句空话。

到了原始社会的末期，随着生产工具的改进和生产力的发展，阶级和私有财产出现了，原来的原始共同体的公共权力已经难以协调利益关系。为了适应阶级社会、缓和阶级矛盾以及维护社会秩序的需要，权力便具有了政治性质，变成了政治权力抑或国家权力。在阶级社会中，政治权力本质上"是一个阶级压迫另一个阶级的有组织的暴力"①，是少数人（统治阶级）压迫、剥削、奴役多数人（被统治阶级）的工具。这就是说，在阶级社会中，权力只是特定阶级实现其特殊利益的工具，它不可能最大限度地实现人民的共同利益，占人口绝大多数的被统治阶级注定会处在政治权力的奴役、压迫、剥削的境地之下，人的自由全面发展同样不可能实现。

到了未来的共产主义社会，生产力"像泉水一样涌流"，国家消亡，原来意义上的政治权力的政治性质消失殆尽，被真正的共同体的权力即"自由人的联合体"的权力所取代，变成实现人自由发展的手段或工具，成为人的活动能力、人的社会关系乃至人的个性发展的促进力量，到了那时，才能真正实现人的自由全面发展。所以，从权力演变的历程可见，实现人的自由全面发展乃是权力的最终归宿。

总之，马克思的权力观是契合人类社会发展规律的关于权力的科学看法，自具实践性、科学性、批判性和人本性四重鲜明的特征，是马克思主义权力观的源头，也是中国共产党人正确的权力观的源头。

（原载《理论月刊》2016年第2期）

---

① 中共中央马克思恩格斯列宁斯大林著作编译局. 马克思恩格斯文集：第2卷［M］.
北京：人民出版社，2009：53.

马克思权力观的演进逻辑与现实启迪

马克思权力观体系博大、思想深邃、价值深远，是马克思政治哲学思想的重要组成部分。学界对马克思权力观展开了卓有成效的研究和探讨，其中不乏真知灼见，并为进一步研究奠定了良好的基础。然而，既有研究多是侧重于马克思权力观中的某个或者某些具体问题，如权力的制约与监督、权力的异化、政治权力的消亡等，研究视域的重合度较高，明显缺乏对马克思权力观的全面分析与整体把握。实际上，马克思权力观是历史与逻辑的统一，从历史与逻辑相结合的视角探究与梳理马克思权力观的演进逻辑，显得更为重要和必要。本文尝试性地致思于马克思权力观的演进逻辑，旨在弥补这方面研究的欠缺与不足。马克思权力观有其内在的演进逻辑，具体来说主要包括逻辑起点、逻辑进路和逻辑归宿。马克思权力观的演进逻辑对中国特色社会主义实践具有多重现实启迪意义。

一、逻辑起点："现实的人"

权力观的逻辑起点，就是主体从何处出发或者说立足于何处建构自己对权力的看法，简言之，即主体看待权力的出发点。权力具有属人性。人毋庸置疑乃是权力的唯一载体，无论是作为权力主体抑或权力客体，权力都与人有关。一方面，人离不开权力，它是共同体得以维系的不可或缺的力量；另一方面，权力也离不开人，离开人谈权力，权力就会成为难以捉摸的东西。然而，不同的人对权力载体即人的理解却又是相互区别甚至是根本对立的。从政治哲学史的角度看，近代以降对权力载体（人）的解读经历了一次从"抽象的人"到"现实的人"的转变过程。

近代以降的资产阶级启蒙思想家们毫无二致地将"原子式的个人"也即"抽象的人"当作其权力观的逻辑起点。在权力起源观中，他们毫无例外地认为，权力诞生以前的人是生活在"自然状态"中的人，但由于这种状态要么是"人对人就像狼对狼"（霍布斯语）的糟糕透顶的"战争状态"，要么会有诸多"不便"（洛克语），要么像卢梭所说自然状态已然成为"危及"① 每个人"自我保存"的巨大障碍，所以，理性的人便纷纷以契约的形式让渡全部或者部分权利形成权力并借此保障人类的"自我保存"（生命安全）抑或自由。这一权力起源观显然是存在"硬伤"的，即逻辑起点—权力载体（人）的非现实性与抽象性。资产阶级启蒙思想家所理解的人毋宁是无历史的、不进行物质生产的和没有任何社会关系的"抽象的人"。他们显而易见是被冥想和杜撰出来的，是应建构学说之需而有意识地设计出来的，因而从根本上说是不具有客观实在性的权力载体。

那么，建构在这种"虚无"基础之上的权力观也便有其固有的局限性。

马克思从历史唯物主义出发洞见了资产阶级启蒙思想家对权力载体（人）理解上的"先天缺陷"，他曾一针见血地指出，"抽象的经验主义者"与"唯心主义者"都把权力载体（人）理解为"抽象的人"或者"原子式的个人"，这些是完全在他们头脑里臆想出来的，以此为逻辑起点的权力观也就言之无物了。马克思认为权力载体（人）毋宁是"从事实际活动的人"，这也正是其权力观的逻辑起点，正如他本人所说的，"我们的出发点是从事实际活动的人"②，权力的逻辑起点不是抽象的鲁滨逊式的虚无缥缈的人，而毋宁是"现实的人"，即有吃、喝、住、行等需要并为了

---

① ［法］卢梭. 社会契约论［M］. 李平沤，译. 北京：商务印书馆，2017：18.
② 中共中央马克思恩格斯列宁斯大林著作编译局. 马克思恩格斯文集：第一卷［M］. 北京：人民出版社，2009：525.

满足这些需要而从事生产劳动的人，是"从事活动的，进行物质生产的"①人。"从事物质生产和交往"② 是马克思权力观的逻辑起点。

总之，"站在巨人的肩膀上"，马克思实现了对启蒙思想家权力观的逻辑起点的超越，实现了对权力载体（人）从"抽象的人"到"现实的人"的历史性的转变与跨越，"马克思形成现实的个人概念后，便以它作为考察人类社会历史的前提和出发点"③，马克思也正是以此为出发点或着眼点来建构宏大的、科学的历史唯物主义权力观的。

二、逻辑进路：孕育、创立、深化和完善阶段

从逻辑进路看，马克思对权力的看法有一个从不成熟到成熟、从不完善到完善、由理性主义到历史唯物主义的逐渐演进的过程，经历了孕育、创立、深化和完善四个阶段。

（一）马克思权力观的孕育阶段

1845 年崭新的历史唯物主义诞生以前，马克思曾运用自由主义、人道主义、革命民主主义以及理性主义的世界观和方法论考察权力，由此所形成的权力观并未超越自由主义权力观④的界限，同自由主义权力观具有同质性。此时的马克思哲学尚处于自我意识哲学阶段，马克思在政治立场上是一个革命民主主义者和人道主义者。以革命民主主义和自由民主理论为分析工具，马克思形成了一系列关于权力的看法，如个人偏离宗教专制权力而自由、变革封建专制权力制度、建构公民权力论等。尽管此时马克思的权力观还是历史唯心主义的，但是马克思在进行理论批判时，特别是他

---

① 中共中央马克思恩格斯列宁斯大林著作编译局．马克思恩格斯文集：第一卷［M］．北京：人民出版社，2009：524．

② 周师．马克思的权力结构思想论析［J］．求实，2015（5）：4-9．

③ 汪信砚，李志．"现实的个人"：唯物史观的入口处：《德意志意识形态》的个人概念及其意义［J］．哲学动态，2007（9）：9-15．

④ 即以个人主义和自由至上主义为理论基础，认为权力本质上是保障个人自由的工具，洛克、卢梭、孟德斯鸠等都是这种权力观的代表人物。

在《莱茵报》时期广泛参与社会实践活动的过程中，开始有了新的洞见与发现。比如，他开始质疑自由主义权力学说与现实之间的割裂和冲突，开始从社会关系入手考察权力，开始用利益分析方法分析权力，也开始有了人民主权论的思想萌芽。这些都是马克思历史唯物主义权力观的宝贵成分和思想酵素。这一阶段他的代表性作品主要包括《博士论文》（1840 年下半年—1841 年 3 月底）、《莱茵报》时期的系列政论文①、《黑格尔法哲学批判》（1843 年）、《论犹太人问题》（1843 年）以及《1844 年经济学哲学手稿》。

（二）马克思权力观的创立阶段

1845—1857 年是马克思权力观的创立阶段。客观上，为了抢夺国家权力，新兴资产阶级的各方各派"你方唱罢我登场"，资本主义社会两大阶级之间的矛盾和对立也日益尖锐，其权力结构及制度的"私利"性也越发彰显。主观上，1845 年马克思写就《关于费尔巴哈的提纲》（以下简称《提纲》），标志着他的哲学观在实践的基础上发生了质的变革，从一个唯心主义和革命民主主义者转变为一个历史唯物主义者。此后，马克思便运用唯物史观的基本原理剖析纷繁复杂的社会现象，包括权力问题的诸多向度。换言之，马克思完成了一次对自己思想的彻底改造，与先前信奉的自由主义权力观彻底"决裂"。根据科学的唯物主义历史观，马克思实现了对前一阶段权力观的扬弃与超越，其内容包括权力本源于人类的物质生产活动，国家权力实质上是阶级压迫的暴力，国家权力具有阶级性、排他性、工具性、强制性、虚假性等特点以及国家权力的生成依靠革命等。除了《提纲》（1845 年），《德意志意识形态》《道德化的批评和批评化的道德》（1847 年）、《共产党宣言》（以下简称《宣言》）、《路易·波拿巴的雾月十八日》等均为此阶段的代表作。

---

① 主要包括：《评普鲁士最近的书报检查令》《第六届莱茵省议会的辩论（第一篇论文）——关于新闻出版自由和公布省等级会议辩论情况的辩论》《第六届莱茵省议会的辩论（第三篇论文）——关于林木盗窃法的辩论》《摩泽尔记者的辩护》等。

（三）马克思权力观的深化阶段

1857—1874 年大致属于马克思权力观的深化阶段。此时资本主义社会的两大对立阶级的矛盾进一步深化，有了科学社会主义正确理论的指导，无产阶级已经清楚自己悲惨命运的根源以及变革的现实路径，从自发质变为自为的阶级，其首要任务是推翻资产阶级的阶级统治进而夺取政权。《宣言》中提出的"两个必然"并没有在短期内迅速实现，无产阶级夺取资产阶级国家权力的斗争任重道远，需要理论上的指导。巴黎公社革命为马克思深入研究权力问题提供了实践基础，加上马克思"回到书房"系统钻研政治经济学原理和将视域"从资产阶级文明的故乡转向殖民地"① 国家，让马克思的权力观富有诸如国家权力以及具有管理社会公共事务的功能、对无产阶级建立国家权力的若干设想等创新性内容，这无疑是在创立阶段基础上的深化。这一阶段的代表作是《政治经济学批判大纲》（1857年）和《法兰西内战》（1871 年）等。

（四）马克思权力观的完善阶段

1875 年直至马克思去世大致属于马克思权力观的完善阶段。资本主义社会是不断变化的，从 19 世纪 70 年代中后期，它进入了一个相对稳定的阶段。晚年马克思对权力问题的思考与研究主要是"自由人的联合体"中权力的诸多问题和前资本主义尤其是史前时期社会的权力问题。这样就超越了阶级社会权力观的界限，更具宏大视野，提出了诸多创新性的观点。与前三个阶段的权力观相比，这一阶段主要是马克思的非阶级社会权力观，主要内容包括公共权力政治性质的消亡是一个历史过程、原始社会中家长具有管理权力、原始社会中的宏观权力的内容与特点。《人类学笔记》《哥达纲领批判》，特别是《路易·亨·摩尔根〈古代社会〉一书摘要》（1881—1882 年）是此阶段的代表作。

由上可见，马克思权力观有着孕育、创立、深化及完善的历程，它自

---

① 中共中央马克思恩格斯列宁斯大林著作编译局．马克思恩格斯文集：第二卷［M］．北京：人民出版社，2009：690.

具逻辑进程，其中每一个都同特定的时代历史背景紧密相连，充分体现了马克思权力观是历史与逻辑的统一。不仅如此，马克思的权力观也蕴藏着丰富的方法论意蕴，比如阶级分析方法、利益分析方法、历史与逻辑相统一的方法、矛盾分析方法等。

三、逻辑归宿：权力最终将成为人的自由全面发展的条件

在马克思的语境中，自然界的权力和阶级社会的政治权力从生产力和生产关系两个向度构成人实现其本质及自由全面发展的阻碍，但在生产力与生产关系的矛盾运动的作用下，自然界的权力和阶级社会的政治权力无一例外都将消亡。一方面，随着人改造自然、征服自然能力的不断提高，人最终将从自然界的统治下解放出来（依今天看，改造自然、征服自然观点不正确）；另一方面，随着阶级与国家的消亡，权力的政治性质必将走向消亡，人最终也将从政治权力中解放出来，这一切都将在未来的共产主义社会中发生。沿着历史唯物主义的这种发展逻辑，权力最终将会在共产主义社会中成为人自由全面发展的条件。换言之，权力最终成为人的自由全面发展的条件是马克思权力观的逻辑归宿。

（一）原始社会中自然界的权力奴役人

传统的观点认为，权力客体既可以是人，也可以是物，但权力主体只能是人。对此，马克思并未简单认同。在他看来，权力的主体也可以是无生命物质。马克思明确把自然界视作权力主体，而把人视作权力客体，自然界的权力表现为自然界对人的统治关系、支配关系和奴役关系。早期人类在生产能力和科技极端落后的条件下面对自然界这个"利维坦"（霍布斯语，神话故事中力大无穷的海怪的名字）只有服从其支配才能得以生存，正如马克思在《德意志意识形态》中所言："自然界起初是作为一种完全异己的、有无限威力的和不可制服的力量与人们对立的，人们同它的

关系完全像动物同它的关系一样，人们就像牲畜一样服从它的权力。"① 在马克思看来，人类必然会受制于自然界权力的奴役与支配，根本不可能实现人类的自由全面发展。

众所周知，权力最早产生于原始社会的早期，物质生产活动以及管理公共事务的客观性需要是权力得以生成的社会基础。与阶级社会迥然不同的是，建基于生产资料公有制之上的原始社会的权力是名副其实的"公共"权力，权力的公共性质决定了它只能为全氏族全员的共同利益服务，"酋长""酋帅""信仰守护人"等权力主体不享有任何特权，用马克思的话来说，他们是真正的"勤务员"。毋庸置疑，人类"自我保存"始终是"一切历史的第一个前提"，然而，早期人类的生产能力极端低下，在自然界面前他们只能像畜生那样服从于自然界的权力，即使权力的"公共"色彩再浓厚也无力解决人类"自由而全面发展"的问题。试想，人类"吃了上顿没下顿"，朝不保夕，人的自由全面发展只能是一句空话。

（二）阶级社会中权力奴役人

人类的实践能力总在不断发展，在原始社会末期人类改造、征服自然能力提升的基础上②，产品出现了剩余，随之私有财产和私有观念出现了，阶级和阶级社会渐次形成，原始社会的权力已经不再能够适应新的生产关系和社会结构变迁的新需要，无力解决阶级社会不可调和的阶级矛盾。新的制度迫使权力发生新的变化，为了把阶级矛盾控制在一定"度"的范围内，权力必须羽化成"一个阶级压迫另一个阶级的有组织的暴力"③，成为阶级统治的工具。在奴隶社会、封建社会和资本主义社会中，政治权力成了少数统治阶级的专属物，成了实现其特殊利益的力量，占人口绝大多数

---

① 中共中央马克思恩格斯列宁斯大林著作编译局. 马克思恩格斯文集：第一卷［M］. 北京：人民出版社，2009：534.

② 相比原始社会有了一定程度的发展，但是与马克思所说的"高度发展"还相距甚远。

③ 中共中央马克思恩格斯列宁斯大林著作编译局. 马克思恩格斯文集：第二卷［M］. 北京：人民出版社，2009：53.

的被统治阶级注定被这种力量所奴役、压迫和剥削，在此阶段上人的全面自由发展绝无实现的可能。

到了社会主义时期，广大人民通过暴力手段从资产阶级手中夺取了权力，人民成了权力的真正主体，党的十九大报告重申"国家一切权力属于人民"，这既为权力成为服务于人民的力量奠定了制度基础，也为它用来促进人的自由全面发展提供了可能。然而，社会主义社会毕竟还具有阶级属性，阶级的消亡还需要经历一个漫长而复杂的历史过程，在这段历史时期内，广大人民的根本利益虽然是一致的，但社会主义社会（特别是在其初级阶段上）有利益分化、利益矛盾甚至利益冲突还是不争的事实。加上人民还不可能亲自出面行使权力而只能委托给党政公务人员代理行使，这就给权力异化为奴役人民的力量留下了余地，也给权钱交易、以权谋私的各种权力腐败行为提供了土壤，这皆与权力成为人自由全面发展的工具的价值取向背道而驰。马克思早在巴黎公社时期就已经预见到那些"随时可以罢免的勤务员"极有可能利用人民赋予的权力变成"骑在人民头上作威作福的老爷们"，为了防范这种权力异化的发生，他还在《法兰西内战》中特别强调监督和制约权力的必要性。

（三）共产主义社会中权力成为人的自由全面发展的条件

权力会如国家、阶级等一样在共产主义社会中统统消亡吗？马克思指出，政治权力必然会消亡，但权力不会消亡。《宣言》有云："当阶级差别在发展进程中已经消失而全部生产集中在联合起来的个人的手里的时候，公共权力就失去政治性质。"① "共产主义并不剥夺任何人占有社会产品的权力，它只剥夺利用这种占有去奴役他人劳动的权力。"② 由此可见，共产主义运动变革的是政治权力，或者说消除的是权力的政治性质，它并不变

---

① 中共中央马克思恩格斯列宁斯大林著作编译局．马克思恩格斯文集：第二卷［M］．北京：人民出版社，2009：53.

② 中共中央马克思恩格斯列宁斯大林著作编译局．马克思恩格斯文集：第二卷［M］．北京：人民出版社，2009：47.

革无政治性质、无压迫色彩的权力，直至"自由人的联合体"阶段，权力依然会存在，因为它是实现人类自由全面发展的条件。人类最初创设权力的目的在于为自己服务，然而受物质生产水平乃至阶级剥削的影响，人类长期被自然界和人类自己的权力压迫着、奴役着、支配着，根本无法实现人的自由全面发展。总之，权力最终将成为人的自由全面发展的条件是马克思权力观的逻辑归宿。

四、现实启迪

（一）让人民监督权力

马克思权力观中蕴含着的人民是权力真正主体的历史唯物主义原理启迪我们要让人民监督权力。人民不仅是权力的创造者，更是权力的监督者，让人民监督权力，权力才能正确运行，毛泽东在回答"历史周期律"时说"让人民监督政府"其实表达的正是此意。党的十九大报告之所以提出要依靠人民监督权力，这主要是因为人民与权力之间可能存在分离。虽然人民是权力的创造主体，但是，经济基础决定上层建筑，在社会主义初级阶段，人民尚且难以亲自直接行使权力，需要二次委托给人民的"勤务员"，如此就产生了权力所有者和权力行使者的"双主体"以及二者的分离，权力行使者便有可能违背人民的意志滥用权力。所以，必须让人民监督权力以防止权力的滥用。人民监督权力无疑是在党的领导下进行的，是党"让人民监督权力"。当务之急是确保权力在阳光下运行，为人民监督权力提供条件，这就要求党继续健全政务公开制度，尤其是涉及财务、人事等敏感的政务更应该"公之于众"，接受人民群众的监督。

（二）把权力关进制度的笼子里

异化的权力奴役人启迪我们，反腐的关键是要防范权力异化。在马克思权力价值观的致思逻辑中，权力的根本价值取向在于"全心全意为人民服务"，权力一旦背离这一价值取向就会发生异化。不同于将权力异化看作权力的私人化或私利化，在马克思的语境中，人的异化有多重指向，其中包括权力异化，它指的是"权力发展到一定社会历史时期产生出自己的对立面，变为控制、奴役人的异己力量的现象"①，权力腐败是其重要表征。腐败或权力异化实质上就是原来为人民的根本利益服务的权力变成了为权力行使者特殊利益服务的力量，权力背离了其应有的价值取向的现象。有效反腐、防范权力异化是实践的前提，也是"总开关"。

当前，我国正在推行强力反腐，"老虎""苍蝇"一起打，挖出并惩治了一大批腐败分子，起到了威慑作用，意义重大。然而，从发生学的角度看，这种惩戒措施毕竟属于"事后控制"，是党政官员腐败后的惩罚之策，尽管腐败分子得到了应有的惩戒，但是腐败所造成的恶劣影响和不良后果毕竟已经形成。比较而言，防范权力异化，让腐败无从发生的"预先控制"的效果无疑会更好。而要防范权力异化，关键在制度和机制。邓小平曾说，如果制度好，腐败分子（坏人）就无法"任意横行"；如果制度不好，廉政官员（好人）也会无法充分做好事，甚至还会向腐败分子（坏人）转化。所以，必须"把权力关进制度的笼子里"，以制度来防范权力发生异化，只有这样才能从源头上杜绝腐败的发生。习近平总书记提出要形成"不敢腐""不能腐""不想腐"的"三不"机制，其中"不能腐"的防范机制所强调的就是要以制度防范权力异化，将腐败的苗头消灭在萌芽状态。

（三）把发展作为党执政兴国的第一要务

消除自然界的权力对我国人民的奴役状态，最终还是要靠发展。马克思权力观的逻辑归宿启迪我们，自然界的权力会成为人类自由全面发展的障碍，人类只有不断地解放和发展生产力，从根本上提高自身改造自然和征服自然的能力（依今天看，改造自然、征服自然观点不正确），才能从"必然王国"走向"自由王国"，为人的自由全面发展奠定物质基础。马克思曾指出，"有生命的个人"无疑是人类历史的前提条件，他们同"自然

---

① 彭定光，周师.论马克思的权力异化观［J］.伦理学研究，2015（4）：125-130.

的关系"① 是第一个需要指认的事实。人的自由全面发展只有在个人从自然的权力中解放出来,生存问题得以彻底解决的时候才有可能实现,而要使我国人民从自然的权力中解放出来,只有靠发展,因为"社会生产力的发展是人的自由全面发展的现实基础"②。对中国特色社会主义来说,发展依然是"硬道理",仍然是中国共产党执政兴国的第一要务,这一点当前不管怎样强调都不为过。正如党的十九大报告指出的,两个"百年"目标及中国梦的实现"必须坚定不移把发展作为党执政兴国的第一要务,坚持解放和发展社会生产力……推动经济持续健康发展"③。

生产力决定生产关系,经济基础决定上层建筑,生产力一旦高度发展,经济基础必然发生根本性变革,那么,政治上层建筑(其核心是国家政权)也会随之改变。那时,人民群众就会"亲自出台"行使权力,权力所有者和权力行使者的分离消弭于无形,权力滥用的阴霾也必然被一并扫除。

(原载《湖北经济学院学报》2019 年第 1 期)

---

① 中共中央马克思恩格斯列宁斯大林著作编译局.马克思恩格斯文集:第一卷[M].北京:人民出版社,2009:519.

② 姚纪纲,刘晓东.实现人的自由全面发展的现实路径选择[J].理论探索,2007(1):10-12,26.

③ 习近平.决胜全面建成小康社会,夺取新时代中国特色社会主义伟大胜利:在中国共产党第十九次全国代表大会上的报告[M].北京:人民出版社,2017:29-30.

论马克思的权力观及其时代价值

马克思在批判形形色色的非历史唯物主义的权力学说以及指导无产阶级乃至全人类的解放运动中，对权力问题展开了深入的理论思考与艰辛的实践探索，富于创造性地建构了历史唯物主义的权力观。马克思的权力观是包括权力本质观、权力异化观、异化权力复归观等在内的思想体系，在科学社会主义与国际共产主义运动史上具有重要的时代价值和指导意义。

一、马克思权力观的历史演进

任何人对于某一特定事物所形成的看法都会经历发生、发展到完善的螺旋上升过程，马克思权力观也不例外。马克思对权力的看法经历了孕育、创立、深化到完善四个阶段。

马克思权力观的孕育阶段。1845 年以前，马克思接受了自由主义的权力学说，其权力观属于自由主义的谱系。马克思认为，现实生活中不管是宗教神权还是封建专制政权都是对个人自由的侵害与压制，必须揭露其本质。他的《博士论文》[①] 实质上是借原子偏离直线而偏斜的形式抒发了个人偏离神权而自由的志向。《莱茵报》时期，马克思通过参加实践活动体会到封建专制制度对个人自由权利的侵害，遂展开了对书报检查制度、君主主权论及权力拜物教的批判，其思想集中体现在他与莱茵省议会及其官

[①]　即《德谟克利特的自然哲学与伊壁鸠鲁的自然哲学的差别》。

方代表辩论的系列政论文章及著名的《黑格尔法哲学批判》中，此乃其一。其二，马克思开始从社会关系的角度审视权力问题，在《关于林木盗窃法的辩论》中用利益分析方法考察权力，在《摩泽尔记者的辩护》中分析客观社会关系决定权力的作用方式等都是其典型表现。此外马克思还在尝试建构公民①权力论，如其所说："不应当把代表权理解为某种并非人民本身的事物的代表权，而只应理解为人民自身的代表权。"② 总体上，孕育阶段中的马克思的权力观属于自由主义的权力观，但其中并不乏历史唯物主义权力观的基因与成分，如原子式个人的权力主体为"完整的个人"乃至"现实的个人"的创立起到思想孕育的作用；公民权力学说尽管异于其人民主权论，但却为后者酝酿了前提；客观社会关系也为其历史唯物主义权力观的创立提供了条件。

马克思权力观的创立阶段。1845年《德意志意识形态》的发表是马克思权力观创立的标志。马克思的哲学观实现了革命性变革，遂在其唯物史观的观照下形成了一套崭新的异于前人的权力观，马克思的权力观就此创立。这体现在：其一，把"现实的个人"作为考察权力的逻辑起点，实现了对自由主义"原子式个人"的超越；其二，用阶级分析的观点得出了资本主义国家权力的本质"是一个阶级用以压迫另一个阶级的有组织的暴力"③ 的结论；其三，将革命视为国家权力得以生成的手段，超越了自由主义的"一致同意"的权力生成论；其四，依据"两个必然"④ 认为资产阶级的政权被无产阶级政权所取代是不可避免的历史趋势。

马克思权力观的深化阶段。《1857—1858年经济学手稿》的发表是马

---

① 尽管马克思使用了"人民"的概念，但其实指的是"公民"，此时的马克思尚未确立唯物史观。

② 中共中央马克思恩格斯列宁斯大林著作编译局. 马克思恩格斯全集：第1卷［M］. 北京：人民出版社，1995：344.

③ 中共中央马克思恩格斯列宁斯大林著作编译局. 马克思恩格斯文集：第2卷［M］. 北京：人民出版社，2009：53.

④ 中共中央马克思恩格斯列宁斯大林著作编译局. 马克思恩格斯文集：第2卷［M］. 北京：人民出版社，2009：43.

克思权力观演化的标志。随着对政治经济学研究的深入、无产阶级建立革命政权的第一次尝试的实践，尤其是其"目光从资产阶级文明的故乡转向殖民地"①，马克思权力观的内容在不断深化。这表现在：其一，旧权力的灭亡和新权力的出现完全取决于当时的客观物质条件。马克思"两个决不会"②的重要论断，深化了对权力更迭的决定性因素在于客观物质条件的认识。其二，国家权力还具有管理社会公共事务的功能。马克思在《不列颠在印度的统治》一文中提出国家权力除了阶级统治的本质外还具有管理公共事务的功能。其三，批判资本权力的不道德性。资本权力是一种微观权力，《1857—1858 年经济学手稿》对此进行了集中探讨，认为资本权力是资本主义社会中支配一切、使主客体发生异化的力量，是"最彻底地取消任何个人自由，而使个性完全屈从于"③这种物质的力量。其四，对无产阶级政权建设的若干设想，如砸碎旧的国家机器、无产阶级政权的运作方式、公职人员是人民的勤务员、以权利制约权力等。

马克思权力观的完善阶段。1875 年《哥达纲领批判》的发表是马克思权力观完善的标志，《路易·亨·摩尔根〈古代社会〉一书摘要》是核心文本。马克思依据摩尔根等人的人类学研究成果对原始社会中权力现象的研究，进一步完善了他的权力观。其一，指出了公共权力政治性质的消亡是一个历史过程。其二，对人类学家编造的种种权力学说进行了批判。其三，对史前社会的权力问题的新思考，指出无阶级的氏族就有了权力，它不具有奴役性、压迫性和统治性，实质上是氏族中所有成员实现其共同利益的工具，是原始社会人类生活自我组织的力量。同时论证了国家和国家权力不是从来就有的，当然也不会永远存在下去。其四，描绘了人类社会

① 中共中央马克思恩格斯列宁斯大林著作编译局．马克思恩格斯文集：第 2 卷［M］．北京：人民出版社，2009：690.

② 中共中央马克思恩格斯列宁斯大林著作编译局．马克思恩格斯文集：第 2 卷［M］．北京：人民出版社，2009：592.

③ 中共中央马克思恩格斯列宁斯大林著作编译局．马克思恩格斯文集：第 8 卷［M］．北京：人民出版社，2009：180-181.

权力的发展轨迹，即权力将由原始氏族全体成员实现其共同利益的工具，演变为阶级压迫暴力的国家权力，最终变为共产主义社会中人类实现其共同利益的工具。

二、马克思权力观的主要内容

哲学上，马克思权力观是包括权力本质观、权力异化观、异化权力复归观等内容在内的思想体系，集中反映着马克思对人类社会权力现象的整体考察与深入思考。

（一）马克思的权力本质观

权力的本质是什么？这是马克思形成自己的权力观必须首先予以回答的重大问题。马克思从人类社会的存在方式及维护人类共同体共同利益的角度，认为权力是人类生活须臾不可或缺的工具，是人类社会属性的结晶，本质上是社会中所有人实现其共同利益的工具。

1. 权力是人所运用的一种工具。本质即一事物区别于其他事物的根本属性。马克思在对权力与"权利""利益"等概念进行意义区分时将权力落脚在"工具"上。毋庸置疑，权力与权利是有着本质区别的两个概念。权利是在社会中产生的，并以一定社会承认为前提的，由其享有者自主享有的权能和利益。权利与利益都是社会中的人赖以生存和发展之物。"人们为之奋斗的一切，都同他们的利益有关"①，权利和利益对每个人都具有目的性价值，不可或缺。在与权利和利益相比较的意义上，权力则是手段和工具。马克思说："一切国家机关都应成为林木所有者的耳、目、手、足，为林木所有者的利益探听、窥视、估价、守护、逮捕和奔波。"② 在《共产党宣言》中，马克思将政治权力落脚到"有组织的暴力"上，质言

---

① 中共中央马克思恩格斯列宁斯大林著作编译局. 马克思恩格斯全集：第1卷［M］.
北京：人民出版社，1995：187.
② 中共中央马克思恩格斯列宁斯大林著作编译局. 马克思恩格斯全集：第1卷［M］.
北京：人民出版社，1995：267.

之，暴力即工具或者手段，是统治阶级用来统治、压迫和奴役被统治阶级的。在《法兰西内战》中，马克思还将国家政权机关视作"武器""机器"①，实质上都是将权力视为实现某种价值或者目的的工具或者手段。晚年恩格斯也将权力视作"人民意志的工具"②。权力的工具的本质属性可见一斑。

2. 权力以实现所有人的共同利益为旨归。从权力与"权利""利益"等概念区别的意义上说，"权力是一种工具"。但权力区别于"工具"的根本属性又何在？马克思认为，区别在于它以实现所有人的共同利益为旨归。

权力现象，原始社会早已有之。最早的"酋长"和"酋帅"等权力主体是氏族中所有的成员选举出来的并"可以任意罢免"③的。"不论酋长或酋帅都不能要求任何优越权"④，他们与其他氏族成员一同劳动，平等地享用氏族成员的集体劳动成果，不同于其他氏族成员的是他们是公共事务的处理者及公共生活的领导者，但其手中的权力在性质上是"父亲般"的、"纯粹道义"的，他们无疑是全体氏族成员的"勤务员"。所以，人类早期的权力本质上是实现原始社会中所有成员共同利益的工具。马克思对资本主义权力以实现资产阶级的特殊利益为旨归的深刻批判表明，马克思心目中的权力绝不是实现少数人特殊利益的力量，而应以实现所有人的共同利益为旨归，毋宁是实现所有人共同利益的力量。所有人，即人民，实现所有人的共同利益即实现人民的利益。正如马克思所说："在革命——它在人民的口里的意思是，你们资产阶级在组织公安委员会，我们把权力交给这个委员会并不是为了让你们为自己的利益而去同王权达成协议，而

① 中共中央马克思恩格斯列宁斯大林著作编译局. 马克思恩格斯文集：第3卷［M］. 北京：人民出版社，2009：152-153.
② 恩格斯. 家庭、私有制和国家的起源［M］. 北京：人民出版社，1999：171.
③ 恩格斯. 家庭、私有制和国家的起源［M］. 北京：人民出版社，1999：88.
④ 中共中央马克思恩格斯列宁斯大林著作编译局. 马克思恩格斯选集：第4卷［M］. 北京：人民出版社，1995：87.

是为了要你们违背王权的意志来捍卫我们的利益，人民的利益。"① 就是说，权力首先应该为人民的利益服务，而现实中却沦为为特定阶级即资产阶级实现其特殊利益的力量。马克思的这两段重要论述再清楚不过地反映了他心目中的权力的本质属性在于以实现所有人的共同利益为旨归。一旦步入共产主义社会，"当阶级差别在发展进程中已经消失而全部生产集中在联合起来的个人的手里的时候"②，国家就会消亡并被"自由人的联合体"所取代，届时原来阶级压迫的工具的国家权力就被"自由人的联合体"的权力即共产主义社会的权力所取代，便会实现异化权力的复归，而成为名副其实的"公共权力"，即社会中所有人实现其共同利益的工具，其职能"只限于几项符合于普遍性、全国性目的"③ 的方面。

（二）马克思的权力异化观

马克思语境中的权力异化，是指权力发展到一定阶段，其主体、本质乃至活动等属性丧失了本来意义，变成了奴役人和实现特殊利益的有组织的暴力的现象。人类创造了权力，将权力作为实现人类共同利益的工具，但自从人类步入阶级社会以来，权力摇身一变，变成了奴役人、统治人、压迫人的力量，它使"我们本身的产物聚合为一种统治我们、不受我们控制、使我们的愿望不能实现并使我们的打算落空的物质力量"④。马克思将异化后的权力称作"国家权力"或"政治权力"。

1. 权力异化是由生产资料所有制关系的变化所引起的。原始社会末期，私有财产及其制度出现，那些掌握着生产资料的统治阶级就需要一种工具或者力量维护自身的特殊利益，并用来"缓和冲突，把冲突保持在

① 中共中央马克思恩格斯列宁斯大林著作编译局. 马克思恩格斯全集：第6卷［M］. 北京：人民出版社，1961：130.
② 中共中央马克思恩格斯列宁斯大林著作编译局. 马克思恩格斯文集：第2卷［M］. 北京：人民出版社，2009：53.
③ 中共中央马克思恩格斯列宁斯大林著作编译局. 马克思恩格斯文集：第3卷［M］. 北京：人民出版社，2009：197.
④ 中共中央马克思恩格斯列宁斯大林著作编译局. 马克思恩格斯选集：第1卷［M］. 北京：人民出版社，1995：85.

'秩序'的范围以内"①，这种工具即国家权力。原始社会生产资料的公有制使其权力成为处理全社会公共事务和实现公共利益的工具，而自从人类社会进入阶级社会以后，生产资料私有制的建立使得统治阶级的利益占据主导地位，同时统治阶级与被统治阶级之间的矛盾与冲突也日益尖锐化，所以这时的权力就相应地成了统治阶级用来压迫被统治阶级的工具，权力发生异化。可见，权力异化有其必然性，是社会生产方式和交往方式矛盾运动的必然结果。然而，马克思又指出，人类社会的演进过程也是一个否定之否定的历史过程。随着生产力的发展和共产主义社会生产资料公有制的建立，国家和国家权力有朝一日会"到它应该去的地方，即放到古物博物馆去，同纺车和青铜斧陈列在一起"②，届时异化的权力将向其本真状态复归，向社会复归。

2. 权力异化的三种表现。首先，权力主体的异化。马克思说这是指从社会中产生并服务于社会、"随时可以罢免的勤务员"变成了"骑在人民头上作威作福的老爷们"③。他在《德意志意识形态》中分析了权力主体异化的演变过程，并指出，与"所有制形式"渐次经过"部落所有制""古典古代的公社所有制和国家所有制"以及"封建的或等级的所有制"三个阶段同步，权力主体异化经历了"父权制的部落首领""管辖""部落成员"的权力、公民支配奴隶的权力和"贵族"控制"农奴"的权力几种形态。④

其次，权力本质的异化。权力从社会中所有成员实现共同利益的工具异化为实现特殊利益的工具。因为"特殊利益"包括个人利益和阶级利益两种，所以权力本质的异化也相应有两种表现。其一，权力异化为攫取私

---

① 恩格斯. 家庭、私有制和国家的起源［M］. 北京：人民出版社，1999：177.
② 恩格斯. 家庭、私有制和国家的起源［M］. 北京：人民出版社，1999：180.
③ 中共中央马克思恩格斯列宁斯大林著作编译局. 马克思恩格斯文集：第3卷［M］. 北京：人民出版社，2009：196.
④ 中共中央马克思恩格斯列宁斯大林著作编译局. 马克思恩格斯文集：第1卷［M］. 北京：人民出版社，2009：522.

人利益的工具。马克思在评价盖维斯·屋大维·奥古斯都从政的动机时指出，他"从事国家事务更多的是为了贪图个人私利，而不是为人民谋福利"①，并且强调："就单个的官僚来说，国家的目的变成了他的私人目的，变成了追逐高位、谋求发迹。"② 其二，权力异化为牟取阶级利益的工具。马克思特别强调了资产阶级国家政权的实质，指出"现代的国家政权不过是管理整个资产阶级的共同事务的委员会罢了"③，以"自由、平等、博爱"为口号的资产阶级国家政权尚且如此，那就更不用说资产阶级以前的国家政权了，"权力标志着一个社会阶级实现其特殊的客观利益的能力"④。

最后，权力活动的异化。与权力理应实现为人类生存与发展创造条件（"服务"）及确保人类的生命财产安全（"保护"）这两大任务相反，权力活动的异化主要表现为两方面。一是服务成了奴役。马克思指出，权力活动的这种异化在以"轻视人，蔑视人，使人非人化"⑤ 为原则的专制社会里表现得尤为"赤裸裸"，尽管在资本主义社会里相对隐秘得多，但实质上资产阶级的"国家政权在性质上也越来越变成了资本借以压迫劳动的全国政权，变成了为进行社会奴役而组织起来的社会力量，变成了阶级专制的机器"⑥。二是保护成了施暴。马克思就此指出，国家权力或者政治权力成了"一个阶级用以压迫另一个阶级的有组织的暴力"⑦。

① 中共中央马克思恩格斯列宁斯大林著作编译局．马克思恩格斯全集：第1卷［M］．北京：人民出版社，1995：463．
② 中共中央马克思恩格斯列宁斯大林著作编译局．马克思恩格斯全集：第3卷［M］．北京：人民出版社，2002：60-61．
③ 中共中央马克思恩格斯列宁斯大林著作编译局．马克思恩格斯文集：第2卷［M］．北京：人民出版社，2009：33．
④ 尼科斯·波朗查斯．政治权力与社会阶级［M］．叶林，等译．北京：中国社会科学出版社，1982：108-109．
⑤ 中共中央马克思恩格斯列宁斯大林著作编译局．马克思恩格斯全集：第47卷［M］．北京：人民出版社，2004：59．
⑥ 中共中央马克思恩格斯列宁斯大林著作编译局．马克思恩格斯文集：第3卷［M］．北京：人民出版社，2009：152．
⑦ 中共中央马克思恩格斯列宁斯大林著作编译局．马克思恩格斯文集：第2卷［M］．北京：人民出版社，2009：53．

（三）马克思的异化权力复归观

马克思将"复归"称作"还原""返回"①，指的是某事物由一种状态向另一种状态的还原、返回和回归。异化权力复归，即权力由其异化状态向其本真状态的回归，是权力所作的"否定之否定"的肯定运动。马克思关于异化权力复归的思想，内涵非常丰富，主要包括异化权力复归的层面观、实现观和步骤观。

1. 异化权力复归的层面观。在马克思话语中，异化权力复归主要表现为三个层面。其一，权力将"失去政治性质"并向无政治性质的权力复归。阶级形成以后，原始社会公共性质的权力遂异化成为政治权力，但是，"阶级的存在仅仅同生产发展的一定历史阶段相联系"②，"当阶级差别在发展进程中已经消失而全部生产集中在联合起来的个人的手里的时候，公共权力就失去政治性质"③。所以，待到阶级和国家消亡以后，权力的政治性质即统治人、奴役人、压迫人也将消弭于无形，权力将向无政治性质的权力复归。其二，权力主体由特殊阶级向人民群众复归。马克思在评述巴黎公社的政权时说："公社……这是人民群众把国家政权重新收回，他们组成自己的力量去代替压迫他们的有组织的力量；这是人民群众获得社会解放的政治形式，这种政治形式代替了被人民群众的敌人用来压迫他们的假托的社会力量（被人民群众的压迫者所篡夺的力量）（原为人民群

① 马克思在《1844 年经济学哲学手稿》中使用了"这两种形式的共产主义都已经把自己理解为人向自身的还原或复归"，参见中共中央马克思恩格斯列宁斯大林著作编译局．马克思恩格斯全集：第 42 卷［M］．北京：人民出版社，1979：120；同时在《詹姆斯·穆勒〈政治经济学原理〉一书摘要》中使用了"交换的媒介物的确从它的物质形式返回和复归到人"。参见中共中央马克思恩格斯列宁斯大林著作编译局．马克思恩格斯全集：第 42 卷［M］．北京：人民出版社，1979：22.

② 这是马克思的判断，原文是："（1）阶级的存在仅仅同生产发展的一定历史阶段相联系；（2）阶级斗争必然导致无产阶级专政；（3）这个专政不过是达到消灭一切阶级和进入无阶级社会的过渡。"参见中共中央马克思恩格斯列宁斯大林著作编译局．马克思恩格斯文集：第 10 卷［M］．北京：人民出版社，2009：106.

③ 中共中央马克思恩格斯列宁斯大林著作编译局．马克思恩格斯文集：第 2 卷［M］．北京：人民出版社，2009：53.

众自己的力量，但被组织起来反对和打击他们）。"① 其三，本质上将由实现特殊阶级私利的工具向实现社会中所有成员共同利益的工具转变。

2. 异化权力复归的实现观。马克思认为，异化权力的复归不可能凭空实现，而是需要条件的。其一，无产阶级是实现异化权力复归的"物质武器"。马克思说："哲学把无产阶级当作自己的物质武器……思想的闪电一旦彻底击中这块素朴的人民园地，德国人就会解放成为人。"② 就异化权力复归观而言，无产阶级是实现异化权力复归的物质武器，没有无产阶级这一物质武器，异化权力的复归必然会失去依托或者动力源泉，也就成了一句空话。马克思认为，无产阶级是唯一一个真正革命的阶级，"在当前同资产阶级对立的一切阶级中，只有无产阶级是真正革命的阶级"③。其二，革命是实现异化权力复归的现实手段。马克思话语中的"革命"就是"使现存世界革命化，实际地反对并改变现存的事物"④。马克思认为，统治阶级不可能把权力"拱手相让"。无产阶级欲夺取政权，革命之外别无他途，只有革命才能使无产阶级永葆首创精神。"革命之所以必需，不仅是因为没有任何其他的办法能够推翻统治阶级，而且还因为推翻统治阶级的那个阶级，只有在革命中才能抛掉自己身上的一切陈旧的肮脏东西，才能胜任重建社会的工作。"⑤

3. 异化权力复归的步骤观。马克思的思路是它会沿着"开始复归—部分复归—完全复归"的大体步骤进行。它将"从资本主义向社会主义过渡

---

① 中共中央马克思恩格斯列宁斯大林著作编译局．马克思恩格斯文集：第3卷［M］．北京：人民出版社，2009：196．

② 中共中央马克思恩格斯列宁斯大林著作编译局．马克思恩格斯文集：第1卷［M］．北京：人民出版社，2009：17-18．

③ 中共中央马克思恩格斯列宁斯大林著作编译局．马克思恩格斯文集：第2卷［M］．北京：人民出版社，2009：41．

④ 中共中央马克思恩格斯列宁斯大林著作编译局．马克思恩格斯全集：第1卷［M］．北京：人民出版社，1995：527．

⑤ 中共中央马克思恩格斯列宁斯大林著作编译局．马克思恩格斯文集：第1卷［M］．北京：人民出版社，2009：543．

的特别时期"开始复归。其间无产阶级与资产阶级抢夺政权的斗争会很激烈，任何一方均有可能重获政权。此时无产阶级掌握的权力只是改变了公共权力的主体归属，即由原来的极少数统治阶级所掌握的权力变成了无产阶级所掌握的权力。然后，经历"共产主义第一阶段"的"部分复归"。"部分复归"有两层含义：其一，在步入马克思所谓的"共产主义第一阶段"以后，剥削阶级作为阶级已经被消灭，无产阶级的权力得到了巩固和发展，就服务对象而言，公共权力已经失去了政治性质，由实现统治阶级特殊利益的工具的权力变成了直接为无产阶级的共同利益服务的权力。其二，权力的本质异化的复归进程是一个与社会经济和文化发展相伴随的过程，因为权力"决不能超出社会的经济结构以及由经济结构制约的社会的文化发展"①。由于社会分工及受教育程度的差距，法律上规定的公民在担任公职行使权力方面应然的平等并不就是事实上的平等，他们各自在素质、知识及能力方面的现实差异性，注定有人与权力无缘，因为"文盲是处于政治之外的"②。再者，此时的权力还必须确保按劳分配作为分配个人生活必需品的基本形式③，因为有人会以权谋私，以公共权力为工具谋取私人利益。所以，"经过长久阵痛刚刚从资本主义社会产生出来的"无产阶级手中的权力"在各方面……都还带有它脱胎出来的那个旧社会的痕迹"④，还带有诸多弊病，而"这些弊病，在……共产主义社会第一阶段，是不可避免的"⑤。只有待到"共产主义社会高级阶段，在迫使个人奴隶般地服从分工的情形已经消失，从而脑力劳动和体力劳动的对立也随之消失

① 中共中央马克思恩格斯列宁斯大林著作编译局. 马克思恩格斯文集：第3卷［M］. 北京：人民出版社，2009：435.
② 中共中央马克思恩格斯列宁斯大林著作编译局. 列宁选集：第4卷［M］. 北京：人民出版社，1995：590.
③ 马克思将其称之为"资产阶级法权"。
④ 中共中央马克思恩格斯列宁斯大林著作编译局. 马克思恩格斯文集：第3卷［M］. 北京：人民出版社，2009：434.
⑤ 中共中央马克思恩格斯列宁斯大林著作编译局. 马克思恩格斯文集：第3卷［M］. 北京：人民出版社，2009：435.

之后……随着个人的全面发展,他们的生产力也增长起来,而集体财富的一切源泉都充分涌流之后"①,异化的权力才能够完全复归。

三、马克思权力观的时代价值

马克思对权力观的论述虽已时过境迁,但其基本精神及对权力内在运行规律的把握却像普照的光,对今天建设中国特色社会主义乃至实现中华民族伟大复兴的中国梦依然具有重要的时代价值。

首先,对防止走西方三权分立的"改旗易帜的邪路"有重要启示。党的十八大提出我们"不走改旗易帜的邪路"②。"邪路"有多重意思,其中之一便是走西方"三权分立"的道路。众所周知,"三权分立"是西方自由主义的权力话语,实质上是西方资产阶级分享权力、实现其特殊利益的一种意识形态。当代中国仍有不少人对"三权分立"学说、西方资产阶级的政治制度和道路推崇备至,陷入盲从与着魔的泥沼中无力自拔。之所以会如此,其原因是多方面的,但在众多原因中马克思对资产阶级权力学说批判话语的式微是十分重要而又最容易被人们所忽视的。马克思肯定了"三权分立"的积极意义,"当时它充当了新型资产阶级社会反对封建制度的有力武器"③,对于推翻封建制度具有重大意义。但马克思的这种肯定是有所保留的。他认为,资产阶级没有采取彻底革命的方式扫清旧的封建制度的"余孽",而只是通过分权的方式与封建势力达成妥协,"在某一国家的某个时期,王权、贵族和资产阶级为夺取统治而争斗,因而,在那里统治是分享的,那里占统治地位的思想就会是关于分权的学说,于是分权就

---

① 中共中央马克思恩格斯列宁斯大林著作编译局 . 马克思恩格斯文集:第 3 卷 [M] . 北京:人民出版社,2009:435-436.

② 胡锦涛 . 坚定不移沿着中国特色社会主义道路前进为全面建成小康社会而奋斗:在中国共产党第十八次全国代表大会上的报告 [N] . 人民日报,2012-11-18(1) .

③ 中共中央马克思恩格斯列宁斯大林著作编译局 . 马克思恩格斯文集:第 3 卷 [M] . 北京:人民出版社,2009:151.

被宣布为'永恒的规律'"①。马克思还深刻揭露了隐藏在"三权分立"
观念背后的所有制及阶级基础，他指出："你们的观念本身是资产阶级的
生产关系和所有制关系的产物，正像你们的法不过是被奉为法律跟你们这
个阶级的意志一样，而这种意志的内容是由你们这个阶级的物质生活条件
来决定的。"② 在马克思的话语中，"三权分立"的实质在于它是为资产阶
级整体利益服务的，所谓分权这一"永恒的规律"不过是资产阶级统治永
恒性在思想观念上的反映或者投射罢了。总之，马克思的权力观中内含着
对资产阶级三权分立学说、政治制度和道路实质的揭露和批判，对于防止
我们走西方三权分立的改旗易帜的邪路有着较强的当代价值。毋庸讳言，
如何制约和监督权力以确保其正确运行需要我们借鉴包括资产阶级三权分
立思想在内的人类政治文明的有益成果，但是，对西方的政治制度模式决
不能奉行完全的"拿来主义"。苏联和东欧剧变的惨痛教训，我们应当汲
取，要"积极借鉴人类政治文明的有益成果，绝不照搬西方政治制度模
式"③，要矢志不移地坚持走中国特色的社会主义政治发展道路，始终坚持
和完善人民代表大会制度，坚定中国特色社会主义的道路自信，这才是我
们应当秉持的基本态度和做法。

其次，为领导干部的权力观教育提供理论参考和思想启迪。中国共产
党的执政地位无疑是历史和人民的选择。但现实中出现的公权私用、以权
谋私等权力腐败问题在不断侵蚀党的执政根基。化解这一风险的对策颇
多，首先要对领导干部进行正确的权力观教育。正确认识并看待权力是正
当获取权力和正确使用权力的逻辑前提。但在现实中，不少领导干部的头
脑被错误的权力观占据，"并在这种错误的权力观的引导下引发一系列令

---

① 中共中央马克思恩格斯列宁斯大林著作编译局. 马克思恩格斯全集：第1卷［M］.
北京：人民出版社，1995：551.
② 中共中央马克思恩格斯列宁斯大林著作编译局. 马克思恩格斯文集：第2卷［M］.
北京：人民出版社，2009：48.
③ 胡锦涛. 坚定不移沿着中国特色社会主义道路前进为全面建成小康社会而奋斗：在
中国共产党第十八次全国代表大会上的报告［N］. 人民日报，2012-11-18（1）.

人忧虑的社会矛盾和社会冲突"①。因此，必须用正确的权力观武装头脑，而将错误的权力观"挤出"头脑。马克思的权力观就是正确的权力观。它建立在唯物史观的基础上，把握了人类社会纷繁复杂的权力现象背后的发展规律。所以，马克思的权力观能够为领导干部的权力观教育提供理论参考和思想素材。在权力的来源上，马克思认为，领导干部所执掌并行使的一切权力都是人民赋予的，这就为领导干部树立"权为民所赋"的正确权力观提供了思想启迪。在权力的价值取向上，马克思认为，人民赋予领导干部以权力不是让其为自己谋取私利的，而是用来为人民谋利益的，这就为领导干部树立"权为民所用"的正确权力观奠定了思想基础。在权力的监督和制约上，马克思认为，权力既有为人民共同利益服务的积极作用，又有被滥用的可能，这就有必要由人民来控制和监督权力，为领导干部树立"权为民所控"的正确权力控制观守住了思想阵地。

最后，为弱化国家权力的统治功能和推进国家治理能力现代化提供理论支撑。社会主义的国家权力是新型的、与资本主义的国家权力有着本质区别的权力形式，它是无产阶级专政的国家权力形式，是实现消灭阶级、进入共产主义社会高级阶段的力量。但"国家再好也不过是在争取阶级统治的斗争中获胜的无产阶级所继承下来的一个祸害；胜利了的无产阶级也将同公社一样，不得不立即尽量除去这个祸害的最坏方面，直到在新的自由的社会条件下成长起来的一代有能力把这全部国家废物完全抛掉为止"②。这就要求无产阶级要不断弱化国家权力的统治职能，促使其不断回归社会，从而为国家的消亡创造条件。这一思想对于中国特色社会主义的政治制度建设无疑具有启迪意义。马克思的国家权力消亡观石破天惊地预言了人类政治发展将由统治转向治理。统治和治理是两个十分不同的范畴。前者涉及的是政府或者公共权力机构对社会事务的单向的强制性的管

---

① 王晓升. 重新理解权力 [J]. 江苏社会科学，2010（2）：7-12.

② 中共中央马克思恩格斯列宁斯大林著作编译局. 马克思恩格斯文集：第3卷 [M].
北京：人民出版社，2009：111.

理，而后者涉及的则是政府和人民对公共事务的合作管理，管理主体不再是单一的政府，还涵盖人民群众。当代政治发展由统治转向治理，是国家消亡的必然的逻辑结果。马克思关于国家必将逐渐消亡的历史预见与当代人所提出的"少一些统治，多一些治理"的观念是完全一致的。在中国共产党第十八届中央委员会第三次全体会议中提出了"推进国家治理体系和治理能力现代化"的方略并且将其作为实现全面深化改革总目标的重要理论，与马克思权力观中国家将逐渐消亡、社会主义社会的国家统治职能要不断弱化的看法是一脉相承的。

（原载《武陵学刊》2015 年第 5 期）

马克思的权力观及其现实意义

马克思权力观是马克思主义政治哲学重大理论问题，它涉及的是关于权力的本质和权力的价值等一系列带有根本性的理论问题。它不仅以科学的唯物史观为基础，而且还以辩证唯物主义作为方法论支撑，深刻揭示了令人眼花缭乱的各种权力现象背后的固有本质和内在规律。它不仅体系博大、内容丰富，对涉及权力的各个向度的问题都做了科学回答，而且价值深远，对推进我国的国家治理体系和治理能力现代化具有现实意义。

一、马克思权力观的四个基本维度

（一）权力的主体之维

权力主体，就是创造权力并使用权力开展政治实践活动的发动者。在马克思看来，人民是权力的真正主体。这主要表现在权力为人民所创和权力为人民所赋两方面。

第一，权力为人民所创。权力从哪里来？中世纪神学思想家认为一切权力来自上帝，近代契约论者认为权力源于契约，马克思则认为权力是人民创造出来的。马克思在吸收借鉴人类学研究成果后认为，权力是原始社会的人民基于处理公共事务和调节、分配生产生活资料的现实需要而创造出来的一种工具。一方面，共同体是人类的存在方式，但在其中必然会有这样或那样的公共事务需要处理，人民根据这些现实的需要创造出了权力；另一方面，原始社会生产力低下，为解决人类的生存问题便产生了调节、分配生产生活资料的现实需要，人民也就应这种现实的需要创造了权力。

第二，权力为人民所赋。"一切合法权力的唯一泉源——主权的人民。"① 马克思的这句话隐含着如下两重含义：其一，权力主体有权力所有者和权力行使者之分，"权力所有者"涉及的是"一切权力属于人民"，人民是一切权力包括最高权力的赋予者，"人民拥有最高权力，所谓的国王行使人民给予他的权力"②；其二，权力行使者涉及的则是一切握有并使用权力的人手中的权力皆来源于人民的"赋予"。正如马克思所说："人民赋予原始的酋长会议的整个权力，经过分化而逐渐形成了各种权力。"③ 权力所有者的权力与权力行使者的权力是"源"与"流"的关系，后者皆来源于前者。

（二）权力的工具之维

权力究竟是什么？马克思认为，权力是实现全体社会成员共同利益的工具。早在《莱茵报》时期，马克思就认为权力是一种工具。"整个国家制度，各种行政机构的作用都应该脱离常规，以便使一切都沦为林木所有者的工具，使林木所有者的利益成为左右整个机构的灵魂。一切国家机关都应成为林木所有者的耳、目、手、足，为林木所有者的利益探听、窥视、估价、守护、逮捕和奔波。"④ 马克思的论述告诉我们：权力是"林木所有者"的工具，它之所以是其自身而区别于其他事物的根本属性就在于它是一种工具，而不是目的。不仅如此，马克思同时也指出，权力不是一般的工具，而是实现全体社会成员共同利益的工具。

---

① 中共中央马克思恩格斯列宁斯大林著作编译局. 马克思恩格斯全集：第6卷［M］. 北京：人民出版社，1965：695.
② 中共中央马克思恩格斯列宁斯大林著作编译局. 马克思恩格斯全集：第45卷［M］. 北京：人民出版社，1985：543.
③ 中共中央马克思恩格斯列宁斯大林著作编译局. 马克思恩格斯全集：第45卷［M］. 北京：人民出版社，1985：514.
④ 中共中央马克思恩格斯列宁斯大林著作编译局. 马克思恩格斯全集：第1卷［M］. 北京：人民出版社，1995：267.

在早期人类生活的原始社会中，权力是实现全体社会成员共同利益的工具。马克思在《路易斯·亨·摩尔根的〈古代社会〉一书摘要》中强调，原始社会的权力主体，如"信仰守护人""酋帅"和"酋长"等在内都是在全体氏族成员一致同意的基础上通过选举的方式产生出来的，他们不享有任何特权，并且可以被"随时罢免"。与其他氏族成员相比较，他们是公共生活的组织者和公共事务的处理者，其手中的权力旨在实现公共利益。在马克思看来，权力作为一种政治上层建筑，其自身的性质会随着经济基础的变化而变化。原始社会解体以后，人类社会随即转入了阶级社会。此时权力的性质也发生了根本性的变化，由原来不具有政治性质的公共权力变成具有政治性质的政治权力，变成了"阶级专制的机器"①。马克思对阶级社会中权力变成少数统治阶级压迫广大人民群众的工具给予了彻底的批判。这表明，在马克思的心目中，权力理应是实现全体社会成员共同利益的工具。马克思认为，"当阶级差别在发展进程中已经消失而全部生产集中在联合起来的个人的手里的时候"②，国家权力赖以存在的基础即国家必将消失得无影无踪，被"自由人的联合体"所取代，到那个时候，原来阶级社会中的"一个阶级用以压迫另一个阶级的有组织的暴力"③的政治权力就要变成真正的公共权力，变成实现全体社会成员共同利益的工具。

（三）权力的监督之维

马克思不仅认为人民是权力监督的主体，而且还主张人民监督权力应采取包括普选、罢免、政务公开、取缔特权及公务津贴等多种方式。"在

---

① 中共中央马克思恩格斯列宁斯大林著作编译局．马克思恩格斯文集：第3卷［M］．北京：人民出版社，2009：152.

② 中共中央马克思恩格斯列宁斯大林著作编译局．马克思恩格斯文集：第2卷［M］．北京：人民出版社，2009：53.

③ 中共中央马克思恩格斯列宁斯大林著作编译局．马克思恩格斯文集：第2卷［M］．北京：人民出版社，2009：53.

马克思看来，普选本身就是权力制约与监督的重要形式。"① 马克思认为：
"法官和审判官，也如其他一切公务人员一样，今后均由选举产生，对选
民负责。"② 一旦公务人员不对选民负责，人民就不会再选他，他也就会失
去行使权力的机会。这是马克思独特的以权利监督权力的思想。罢免的监
督作用更为直接和有效。马克思反复强调人民"随时可以罢免"一切公务
人员，公社的一切公务人员在稍有失职的嫌疑时就面临着被审查、逮捕和
撤职的处分。他还举例说："公社把一个只是因为无支付能力而在里昂被
监禁过六天，后来用假名混进公社的委员予以撤职和逮捕。"③ "阳光是最
好的防腐剂"，政务公开也是人民监督权力的有效对策。马克思强调政务
公开透明对权力监督的重大意义，"公社可不像一切旧政府那样自诩决不
会犯错误。它把自己的所言所行一律公布出来，把自己的一切缺点都让公
众知道"④。杜绝一切可能的"暗箱操作"才能让人民监督权力真正见到
实效。马克思曾强调，行使权力的一切公务人员，不管职务如何，级别高
低，其职务报酬都不能超过"工人工资"的水平。这样做的结果，正如他
所说："从前国家的高官显宦所享有的一切特权以及公务津贴，都随着这
些人物本身的消失而消失了。"⑤ 上述这些监督方式就其本质来说都是制
度，在马克思看来，制度建设对于权力监督有着根本性的意义。

（四）权力的归宿之维

在马克思的语境中，权力有一个从原始社会人民掌权到阶级社会特定
阶级掌权再到社会主义社会重新归宿于人民的过程。如前所述，权力最早

---

① 邹思源. 论马克思恩格斯权力监督与制约思想［J］. 求实，2008（6）：24.
② 中共中央马克思恩格斯列宁斯大林著作编译局. 马克思恩格斯文集：第3卷［M］.
　　北京：人民出版社，2009：155.
③ 中共中央马克思恩格斯列宁斯大林著作编译局. 马克思恩格斯文集：第3卷［M］.
　　北京：人民出版社，2009：164.
④ 中共中央马克思恩格斯列宁斯大林著作编译局. 马克思恩格斯文集：第3卷［M］.
　　北京：人民出版社，2009：164.
⑤ 中共中央马克思恩格斯列宁斯大林著作编译局. 马克思恩格斯文集：第3卷［M］.
　　北京：人民出版社，2009：154-155.

诞生于原始社会，此时的权力无疑是名副其实的人民的权力，但进入阶级社会后，权力游离于人民之外，摇身一变，变成了"被人民群众的压迫者所篡夺的力量"，成为"反对和打击"人民的压迫性力量，成为"阶级压迫的暴力"，被少数统治阶级所独占和使用。广大人民则在这种权力的支配和奴役下过着"非人"的生活，"人的本质"处于全面的"异化"状态。可见，在阶级社会中，权力只是特定阶级（马克思谓之"人民群众的敌人"）实现特殊利益的工具，根本无法保障人民利益的最大化。但对那些统治阶级而言，他们将会利用权力获取社会中最大的资源份额，而绝大多数的被统治阶级却注定将处在统治阶级权力的剥削和压迫之下。

进入社会主义社会，权力的归宿及走向发生了质的变化。巴黎公社是无产阶级建立政权的第一次伟大尝试。尽管它存在的时间较短，可其中权力的性质、归宿都发生了巨大的变化。马克思说，"公社的真正秘密就在于：它实质上是工人阶级的政府"①，它"所采取的各项具体措施，只能显示出走向属于人民、由人民掌权的政府的趋势"②。马克思把公社实践看成是权力真正走向属于人民的豪迈壮举。"公社——这是社会把国家政权重新收回，把它从统治社会、压制社会的力量变成社会本身的充满生气的力量；这是人民群众把国家政权重新收回，他们组成自己的力量去代替压迫他们的有组织的力量；这是人民群众获得社会解放的政治形式，这种政治形式代替了被人民群众的敌人用来压迫他们的假托的社会力量（被人民群众的压迫者所篡夺的力量）（原为人民群众自己的力量，但被组织起来反对和打击他们）。"③ 马克思的论述启迪我们，到了社会主义社会人民将把权力从"人民群众的敌人"那里收归自己所有，由自己掌握和使用，将其

---

① 中共中央马克思恩格斯列宁斯大林著作编译局. 马克思恩格斯文集：第3卷［M］. 北京：人民出版社，2009：163.

② 中共中央马克思恩格斯列宁斯大林著作编译局. 马克思恩格斯文集：第3卷［M］. 北京：人民出版社，2009：163.

③ 中共中央马克思恩格斯列宁斯大林著作编译局. 马克思恩格斯文集：第3卷［M］. 北京：人民出版社，2009：195.

从"反对和打击"人民的力量转变为镇压"人民的敌人"反抗的力量。这就是说，到了社会主义社会，权力将归宿于人民。

二、马克思权力观的特征

（一）人本性

人民既是权力的创造者、行使者，也是以权力实现人民利益最大化的主体。马克思权力观具有鲜明的人本性，这体现在：其一，从权力的价值取向上说，权力旨在实现和捍卫人民的根本利益。"革命——它在人民的口里的意思是：你们资产阶级在组织公安委员会，我们把权力交给这个委员会并不是为了让你们为自己的利益而去同王权达成协议，而是为了要你们违背王权的意志来捍卫我们的利益，人民的利益。"① 马克思通过这段话告诉我们，一切公务人员的权力都是人民所赋予的，权力就应该以人民的根本利益为指针，最大限度地实现广大人民群众的根本利益。其二，从权力的主体上说，人民才是权力真正的主体。前文已有分析，此处不再赘述。其三，从权力的最终归宿来看，权力最终将演变为人民自由发展的条件。人既是权力的主体，亦是权力的目的。在未来的共产主义社会，生产力将会极大丰富，国家也会随之彻底消亡，这时权力奴役人、压迫人的性质也将彻底消亡，它终将演变为人自由发展的条件。

（二）科学性

马克思的权力观之所以具有显著的科学性，这主要是因为：其一，理论基础科学。唯物史观不仅使人们对权力的看法从空想变成了科学，而且还使马克思科学地把握了权力运行的内在规律。马克思立足于唯物史观的基础上考察权力问题，得出了无产阶级权力必将取代资产阶级权力、政治权力必将随着生产力的高度发达而消亡、人民是真正的权力主体、那些旧

---

① 中共中央马克思恩格斯列宁斯大林著作编译局. 马克思恩格斯全集：第 6 卷 ［M］. 北京：人民出版社，1961：130.

的国家政权必将通过生产方式的革命性变革被新的国家政权所取代、共产主义社会的权力将是权力的完成形态等科学的结论。其二，思想体系科学。如前所述，马克思权力观是由马克思对权力主体、权力工具性、权力监督和权力归宿四个基本维度构成的整体，它们之间形成了相互促进、相互影响、相互支撑的内在张力，是一个有机统一的系统。其三，思维方法科学。马克思在考察权力的过程中综合运用了理论与实际相结合、对所有的权力问题都进行了全面分析以及用发展的眼光去看待权力问题等一系列科学研究方法。例如，早期马克思经常根据因权力实践不断发展而出现的新情况、新问题不断修订自己原先对权力的看法，最终形成了对权力的科学性的认识。比如，在《共产党宣言》中提出资产阶级权力必然被无产阶级权力所取代的科学结论后，随之又提出了"两个决不会"的思想，表明权力更迭需要物质条件，不以人的意志为转移。再比如，马克思提出权力的性质是随着社会性质的不断发展变化而逐渐发展变化的，要经过原始社会的公共权力，发展到阶级社会"阶级压迫暴力"的政治权力，最终发展到"自由人联合体"的公共权力。

（三）革命性

所谓马克思权力观的革命性，就是马克思在批判地继承空想社会主义者、历史唯心主义者以及资产阶级思想家的权力思想的基础上建构自己的权力观所表现出来的特征，而这一特征突出表现为其在考察以上三者权力思想时所表现出来的批判精神，具体来说：其一，对空想社会主义者权力观空想性和不彻底性的批判。空想社会主义者提出的"公仆"思想以及他们对资本主义权力的痛斥与揭露是积极的，难能可贵的，成为马克思权力观的思想渊源之一。但其所具有的空想性、不彻底性等缺陷又被马克思所批判。一方面，马克思批判他们无视无产阶级作为变革资产阶级权力的力量的空想性。马克思在《共产党宣言》中曾批判说，空想社会主义者总是死守着他们老师的陈旧观点，"无视无产阶级的历史进展"①，把希望完全寄托于资产阶级发"善心"上，根本无法窥探到无产阶级作为变革资产阶级权力的真正力量。另一方面，马克思也批判了他们害怕暴力革命的心态。马克思指出，空想社会主义者害怕、反对革命，倡导"改良""试验"，这决定了他们注定无法找到变革权力性质的现实途径。其二，对历史唯心主义者关于权力的主体是"抽象的人"的错误认识的批判。马克思认为，一切权力都是历史的、具体的，抽象的权力是根本不存在的。洛克、孟德斯鸠、卢梭等思想家在考察权力时，都把人理解为想象中的、无历史前提的、不进行物质活动的人，并以抽象的人的本质观为基础建构历史唯心主义的权力观，即把权力视作基于契约而产生的旨在实现人的自由与权利的保障性力量。马克思认为"权力的前提是人，但不是处在某种虚幻的离群索居和固定不变状态中的人，而是处在现实的、可以通过经验观察到的、在一定条件下进行的发展过程中的人"②。其三，对资产阶级"三权分立"虚假性的批判。马克思首先肯定了资产阶级思想家的"三权分立"思想对于反封建所具有的积极历史意义，但同时也对资产阶级"三权分立"虚假性给予了彻底的批判。"难道这些先生们真的这样愚蠢，以为依靠腐朽透顶的孟德斯鸠—德洛姆的分权学说，依靠陈词滥调和早就被揭穿的假象就能使德国人民摆脱 1848 年的风暴，摆脱日益临近的、使历史上遗留下来的全部机构覆灭的危险吗？"③ 马克思的这段话说明，资产阶级"三权分立"完全是基于资产阶级的特殊利益而形成的，它貌似对每一个人都是平等的，然而事实上却并非如此，它制造了一个"剧场幻象"，"三权分立"的"权"实质上跳来跳去都逃不出资产阶级的手掌心，根本跳不到无产阶级

---

① 中共中央马克思恩格斯列宁斯大林著作编译局. 马克思恩格斯文集：第 2 卷 [M].
  北京：人民出版社，2009：64.
② 中共中央马克思恩格斯列宁斯大林著作编译局. 马克思恩格斯文集：第 1 卷 [M].
  北京：人民出版社，2009：525-526.
③ 中共中央马克思恩格斯列宁斯大林著作编译局. 马克思恩格斯文集：第 2 卷 [M].
  北京：人民出版社，2009：68-69.

和广大人民群众的手里。

三、现实意义

（一）要让人民监督公共权力，为实现公共权力运行的制度化和规范化供给主体力量

不受监督的权力必然导致腐败。权为民所创，权为民所赋，那么权必然为民所控。人民是权力监督的主体，只有让人民监督权力，权力的正确运行才有可靠的保障。这不仅是马克思权力观对当前党治理腐败的现实启迪，而且也是中国共产党第十八次全国代表大会提出的"要建立健全权力运行制约和监督体系"的内在要求。要让人民监督权力：首先，必须确保人民可以依据宪法和法律赋予的权利监督权力。当前我国还处于社会主义初级阶段的特殊历史时期，人民还不可能"亲自出台"行使权力，还不得不将权力委托给他们的"勤务员"代为行使，这就给权力行使者发生腐败提供了可能。为了保障权力的正确运行，有效治理腐败，中国共产党必须确保人民依照宪法和法律赋予的权利监督国家机关及其工作人员手中的权力。时下重要的是利用全面依法治国的契机健全人民监督权力的各项法律法规，建立人民监督权力的可行程序和有效途径，并且使之法律化、制度化。其次，必须杜绝将人民概念"抽象化"的错误做法。让人民监督权力，那么人民是什么？不准确界定人民概念，它就会被人为抽象化进而导致权力监督的无力感。当人民中的一员监督权力时，总是有"人民在哪里？""人民是谁？""你能代表人民吗？"的追问。人民是谁？人民即老百姓，是无权无势、无名无姓却又创造历史、推动人类社会发展的那部分群体，所以党应确保老百姓监督权力的权利。最后，必须把人民监督权力同其他有效的权力监督形式有机结合起来。人民监督权力具有不可比拟的优越性，比如，监督范围广、成本小、时效长、信息真和耐腐蚀等。权力监督主体包括纪检监察机关、政党和人民等。有人认为，权力监督关键靠前两者，人民则可有可无，这不仅在理论上有悖于马克思的人民主体性原

则，而且在实践中也是有害的。不发挥人民监督权力的作用，前两者的监督也会因失去根基与依托而归于失败。

（二）要通过教育让领导干部树立正确的权力观，为实现公共权力运行的制度化和规范化夯实思想基础

腐败频发多发，与领导干部错误的权力观有着直接的联系。长期以来，人们一直认为只要全程监督权力就能杜绝腐败的发生。这种观点当然是没问题的，但其缺陷在于它忽略了权力观对领导干部行使权力的影响甚至是决定性作用。权力观因人而异，不同的人会有不同的甚至根本对立的权力观。从性质上看，这些千差万别的权力观又有正确与错误之分。二者各自又会导致权力在实践层面的不同结果。正确的权力观会为国家、为人民带来福祉，而错误的权力观则会导致腐败，给国家、人民招致灾难。腐败究竟能否发生，关键取决于行使权力的领导干部的权力观正确与否。权力观正确与否往往决定着权力的获取途径是否正当以及权力的使用是否正确。可以想象，一个持有"权力是领导给的""不跑不送，降职使用；光跑不送，原地不动；又跑又送，提拔重用"的权力观的人，往往会对领导百般谄媚，甚至不惜重金贿赂领导，而对人民群众及其核心利益则漠然视之；一个认为"权力是我自己奋斗得来的""有权不用，逾期作废"的权力观的人，则往往会恣意妄为、狭隘任性，甚至公权私用，将权力当作为自己牟取私利的工具，那么腐败便会接踵而至。马克思权力观告诉我们，领导干部手中的权力是人民赋予的，既不是领导给的，也不是靠自己奋斗得来的。因此，"权为民所用"，权力只能用来为人民服务，领导干部应在为人民服务中实现人生价值，否则，以权谋私，公器私用，将权力"公器"变成为自己捞取好处的"私器"，最终必然会被权力所害，被人民所唾弃，招致身败名裂的下场。腐败已经成为腐蚀中国共产党执政根基的巨大的毁坏性因素，治理不好将会"亡党亡国"。化解这一风险，首先就要教育领导干部树立正确的权力观。当前，要充分利用好"两学一做"学习教育活动的重要契机，让广大领导干部认真学习"权为民所赋""权为民

所用"的马克思主义权力观,学习《中国共产党章程》《中国共产党廉洁自律准则》和《中国共产党纪律处分条例》,固本强基,让领导干部树立正确的权力观。

（三）要依靠制度制约公共权力,为实现公共权力运行的制度化和规范化提供刚性遵循

腐败往往与不受制约的权力相伴而行,而问题在于靠什么制约权力。要有效治理腐败,关键还是要靠制度和机制。"制度的权威源于刚性,制度的生命来自执行,制度的价值在于实效,只有制度健全并真正执行到位,才能实现腐败的标本兼治。"① 这也是马克思的权力制约观对中国共产党治理腐败的深刻启示。马克思在《法兰西内战》中警示人们,即使在社会主义社会阶段,腐败问题依然可能发生。鉴于此,他提出了一系列制约权力、防治腐败的对策,比如,普选、罢免、政务公开、取缔特权及公务津贴等,而这些都属于制度层面的要求。邓小平也曾反复强调,如果制度好,腐败分子（坏人）则很难恣意妄为,然而,制度一旦不好,那么即使是廉洁的清官（好人）也很难充分为民做好事,甚或还会向腐败分子转化,变成坏人。习近平总书记在不同的场合所提出的关于权力的思想,比如,"把权力关进制度的笼子里"、要形成"不敢腐""不能腐""不想腐"的机制等都很好地践行了马克思主义的权力制约观,在治理腐败的实践中也收到了很好的成效。要依靠制度制约权力:首先,必须厘清决策权、执行权和监督权三者的关系,形成三者之间既相互制约又相互协调的有效机制。我们决不搞"三权分立",但"以权力制约权力"的可贵思想却值得借鉴。当前重点在于合理划定决策权、执行权和监督权三者之间的边界,使其既相互制约又不会互相扯皮、推诿。其次,必须不断拓展民间组织、互联网等新兴媒体等横向上有效的权力制约载体。在以制度制约权力方面,存在纵向的上下级制约（通常是上级对下级的制约）和横向上非权力

---

① 张亚明,苏妍嫄. 党的十八大以来反腐倡廉的新经验［J］. 理论探索,2016（1）:53.

载体对权力的制约之分。中西方的权力制约与监督的实践一再证明，非权力实体对权力制约往往更有效，而上级对下级的权力制约往往会出现"谁去制约'制约权力'的权力"这样的悖论。当前应鼓励和支持民间组织的健康发展，以民间组织的力量制约权力；应大力探索互联网等新兴媒体制约权力的可行性机制，既不造成以"谣"制约权力，也不让互联网成为权力斗争的"杀戮场"。最后，狠抓制度的贯彻落实。在反腐败的实践中，为什么即使是高压态势依然还是无法有效遏制腐败？除了制度不健全之外，其根本原因就在于没有能够很好地贯彻落实反腐败的一系列有效的制度。"我国出现的腐败现象与制度不健全有关，也与制度执行不力有关。"①制度即使再有效，如果不认真地贯彻执行，制度反腐也只能是一句空话。当前，最主要的是切实落实官员财产申报制度、权力清单制度和党内巡视制度等在实践中摸索出来的行之有效的反腐败制度。

（原载《理论月刊》2017 年第 12 期）

① 于学强. 关于新时期制度反腐的理性思考［J］. 理论探讨，2010（2）：130.

论马克思权力观的人民性特征

一般来说，立场决定看法。站在不同的个人或群体的立场上，考察同一事物往往会形成相互区别甚至根本对立的看法。作为马克思对权力总的看法的马克思权力观也不例外。马克思始终站在人民的立场上思考权力的来源、归属、本质、特征、运行和监督等一系列问题，进而形成系统化、理论化的权力观。马克思权力观具有很强的人民性特征，并透过其独特的叙事方式和话语体系表现出来。正是这一鲜明特征将其同形形色色的非马克思主义权力观区别开来，始终站在最广大人民的立场上，代表最广大人民群众的根本利益，是区分真假马克思主义的"试金石"①。

人民性，是一种政治立场，是站在人民的立场上思考问题的一种政治自觉。何谓人民？在马克思的不同语境中，"人民"具有不同的具体内涵。在最一般的意义上，人民就是有吃、喝、住、行等基本需要，并为满足这些需要而"从事实际活动的人"②；在阶级社会中，人民与"被统治阶级""被剥削阶级""被压迫阶级"等概念可以互相通用；而在资本主义社会里，人民则又具体指代"现代的工人""小农""无产阶级"抑或"小资产者"等被统治阶级。在这些众多的人民概念中，马克思又认为无产阶级

① 艾四林，王贵贤. 民族性、时代性和人民性与马克思主义的发展 [J]. 清华大学学报：哲学社会科学版，2008（S1）：5-10.
② 牟成文. 马克思的群众观及其哲学变革 [J]. 中国社会科学，2012（2）：4-22，205.

是其中最为核心的部分。从这个意义上讲，马克思权力观的人民性又突出地表现为无产阶级的至上性。

从根本上说，马克思权力观的人民性是由马克思主义的历史使命所决定的。马克思主义是"无产阶级争取自身解放和全人类彻底解放的科学理论，是关于无产阶级斗争的性质、目的和解放条件的学说"①，是关于"无产阶级运动的条件、进程和一般结果"②的科学，其历史使命就在于指导无产阶级争取解放，在于帮助"无产阶级用暴力推翻资产阶级而建立自己的统治"③。用权力话语言之，就是指导无产阶级夺取资产阶级的国家权力，剥夺那种凭借着对社会产品的占有去"奴役他人劳动的权力"，马克思主义的历史使命决定了马克思权力观的人民性。

马克思权力观的人民性也是由马克思主义的本质特征所决定的。"阶级性和人民性的统一"是马克思主义最为本质的特征。④ 马克思不屑于隐瞒马克思主义的阶级性，在标志马克思主义诞生的纲领性文献《共产党宣言》中就已公开说明："共产党人的最近目的是和其他一切无产阶级政党的最近目的一样的——使无产阶级形成为阶级，推翻资产阶级的统治，由无产阶级夺取政权。"⑤ 凸显马克思权力观为无产阶级乃至广大人民服务的根本价值取向，是在于过去的一切运动都是少数人的，或者为少数人谋利益的运动。无产阶级的运动是绝大多数人的，为绝大多数人谋

---

① 汪亭友. 马克思主义的本质概括：无产阶级争取自身和全人类获得彻底解放的科学 兼论马克思主义的阶级性与科学性、人民性的统一 [J]. 政治学研究，2011（1）：24-31.

② 中共中央马克思恩格斯列宁斯大林著作编译局. 马克思恩格斯文集：第2卷 [M]. 北京：人民出版社，2009：44.

③ 中共中央马克思恩格斯列宁斯大林著作编译局. 马克思恩格斯文集：第2卷 [M]. 北京：人民出版社，2009：43.

④ 姚红艳. 人民性：社会主义核心价值观的本质特征 [J]. 道德与文明，2012（6）：99-102.

⑤ 中共中央马克思恩格斯列宁斯大林著作编译局. 马克思恩格斯文集：第2卷 [M]. 北京：人民出版社，2009：44.

利益的运动。① 可见，"无产阶级夺取政权"从根本上说是"为绝大多数人谋利益"的，马克思权力观具有深厚的人民性意蕴。马克思权力观的人民性主要有以下几方面的表现。

一、权力主体的人民性

马克思哲学意义上的主体概念，指的是对客体有认识和实践能力的人。权力主体，就是创造权力并使用权力这一工具或手段开展政治实践活动的发动者。在马克思看来，权力主体具有鲜明的人民性特征。具体来说，主要表现在权力为人民所赋、权力由人民监督两方面。

（一）权力为人民所赋："谁之权力"

权力从哪里来？中世纪神学思想家说，一切权力都是上帝赋予的；近代契约论者认为，权力来源于契约；马克思则认为，权力来源于人民，一切权力都是人民赋予的。正如他在《居尔岑尼希的宴会》中所说："一切合法权力的唯一泉源——主权的人民。"② 马克思的这句话隐含了如下两层含义：其一，权力主体有权力所有者和权力行使者之分，"权力所有者"说的是"一切权力属于人民"，人民是一切权力包括最高权力的赋予者，正如马克思所说，"人民拥有最高权力，所谓的国王行使人民给予他的权力"③，人民的权力具有至高无上性，即使是国王的权力也是人民赋予的；其二，一切权力行使者手中的权力都来源于人民。"人民赋予原始的酋长会议的整个权力，经过分化而逐渐形成了各种权力。"④ 权力所有者的权力

---

① 中共中央马克思恩格斯列宁斯大林著作编译局. 马克思恩格斯文集：第2卷［M］. 北京：人民出版社，2009：42.

② 中共中央马克思恩格斯列宁斯大林著作编译局. 马克思恩格斯全集：第6卷［M］. 北京：人民出版社，1961：695.

③ 中共中央马克思恩格斯列宁斯大林著作编译局. 马克思恩格斯全集：第45卷［M］. 北京：人民出版社，1985：543.

④ 中共中央马克思恩格斯列宁斯大林著作编译局. 马克思恩格斯全集：第45卷［M］. 北京：人民出版社，1985：514.

与权力行使者的权力是"源"与"流"的关系，"万法归一"，所有权力行使者运用的权力都源自人民。在逻辑上，权力行使者也来自人民，是人民的一分子，权力的主体统一于人民。但在历史上，权力行使者与人民之间的关系却是随着社会经济基础的变革而变化的。

马克思晚年研究人类学，特别是研究路易斯·亨利·摩尔根（Lewis Henry Morgan）的《古代社会》后认为，权力最早诞生于原始社会，此时的权力行使者与人民具有同一性，权力行使者实质上是人民的一部分。包括"酋长""酋帅""信仰守护人"在内的一切权力行使者都是由氏族组织中人民推选产生的，他们与广大人民的利益毫无二致，和人民一起从事生产活动，同人民一样平等享受劳动成果。马克思说：酋长除去他作为氏族首领的职能之外，没有什么支配人身的权力，也没有支配土地的权力。① 他们除了"职能"范围之内的权力没有任何特权。在此意义上，他们无疑是氏族中人民的"勤务员"，其手中的权力除了以氏族中人民的共同利益为旨归外，没有丝毫为私人或少数人服务的特权。但进入阶级社会后，权力的设计和运行在道德上的内在一致性被无情地消解了，权力行使者和人民在人格和地位上的平等性遭到了破坏，他们在利益上的对立被凸显出来。"这是积极公民的一种共同私有制，他们在奴隶面前不得不保存这种自发产生的联合形式。因此，建筑在这个基础上的整个社会结构，以及与此相联系的人民权力，随着私有制，特别是不动产私有制的发展而逐渐趋向衰落。"② 此时尽管权力依然属于人民，但权力行使者却在社会地位上变成了超出人民的上层人物，倒过来变成了人民的统治者、奴役者和压迫者，由原来服务社会的"勤务员"变成了骑在人民头上作威作福的"老爷们"，权力行使者与人民之间构筑了一道难以逾越的"鸿沟"，二者之间原

① 中共中央马克思恩格斯列宁斯大林著作编译局. 马克思恩格斯全集：第 45 卷 ［M］. 北京：人民出版社，1985：487.

② 中共中央马克思恩格斯列宁斯大林著作编译局. 马克思恩格斯文集：第 1 卷 ［M］. 北京：人民出版社，2009：521.

来的同一性被彻底打破，权力行使者走向人民的反面，成了人民的敌人。当然，一旦无产阶级战胜资产阶级，从后者手中夺取权力，权力行使者与人民又有可能重新走向同一。马克思在分析巴黎公社后认为，权力行使者将会成为人民的"勤务员"，旧政权的纯属压迫性质的机关将被铲除，而旧政权的合理职能则从僭越和凌驾于社会之上的当局那里被夺取过来，归还给社会负责任的"勤务员"①。到那时，权力行使者（"勤务员"）依然是人民的一部分。

（二）权力由人民监督："谁来监督"

谁来监督权力？是上帝吗？不是。是剥削阶级自身吗？不是。是权力行使者自己吗？也不是。马克思认为是人民，"权为民所控"，人民才是权力监督的主体。在马克思看来，无产阶级建立国家政权之后人民开始"当家做主"，但由于现实的限制以及分工的存在，人民还不可能亲自出台，根据自己的需要来行使权力②，还不得不委托一部分公职人员代表自己来行使权力。尽管大多数人来自人民，其中大多数人都是工人或公认的工人阶级的代表，但他们同人民毕竟还是存在着分离的可能性，如此一来，他们不代表人民，甚至走向人民的反面，成为人民的敌人的可能性就会存在。因此，必须让人民监督权力行使者。马克思认为，人民监督权力行使者的方式主要包括普选、罢免、政务公开、取缔特权及公务津贴等。"在马克思看来，普选本身就是权力制约与监督的重要形式。"③ 马克思说："法官和审判官，也如其他一切公务人员一样，今后均由选举产生，对选民负责，并且可以罢免。"④ 一旦公务人员不对选民负责，人民就不会再次

① 中共中央马克思恩格斯列宁斯大林著作编译局. 马克思恩格斯文集：第3卷［M］. 北京：人民出版社，2009：156.
② 中共中央马克思恩格斯列宁斯大林著作编译局. 马克思恩格斯全集：第6卷［M］. 北京：人民出版社，1961：305.
③ 邬思源. 论马克思恩格斯权力监督与制约思想［J］. 求实，2008（6）：22-25.
④ 中共中央马克思恩格斯列宁斯大林著作编译局. 马克思恩格斯文集：第3卷［M］. 北京：人民出版社，2009：155.

选他，他就会失去行使权力的机会，这是马克思独特的以人民权力监督公务人员权力的思想。罢免的监督作用更为直接和有效。马克思在《法兰西内战》中反复强调人民"随时可以罢免"一切公职人员，"公社却在自己的将军们稍有失职嫌疑时就予以撤职和逮捕"①。"公社把一个只是因为破产而在里昂被监禁过六天，后来用假名混进公社的委员予以撤职和逮捕。"②"阳光是最好的防腐剂"，政务公开也是人民监督权力的有效方式。马克思在强调政务公开的重要性时说："公社可不像一切旧政府那样自诩决不会犯错误。它把自己的所言所行一律公布出来，把自己的一切缺点都让公众知道。"③"让权力在阳光下运行"，只有杜绝一切可能的"暗箱操作"，才能让人民监督权力见到实效；只有取缔一切特权及公务津贴，才能打消公职人员利用公权力实现发财致富的念头。马克思说："从公社委员起，自上至下一切公职人员，都只能领取相当于工人工资的报酬。从前国家的高官显宦所享有的一切特权以及公务津贴，都随着这些人物本身的消失而消失了。"④

二、权力目标的人民性

以广大人民的根本利益为根本，人民利益至上，一切从人民的根本利益出发，全心全意服务于人民，是马克思权力观的根本价值原则，也是马克思权力观的精髓要义的最高体现。

权力目标，就是权力意欲达到的结果。既然权力的主体是人民，那么，人民创造权力到底是为了什么？人民把权力委托给权力行使者运行又

---

① 中共中央马克思恩格斯列宁斯大林著作编译局．马克思恩格斯文集：第3卷［M］．北京：人民出版社，2009：164.

② 中共中央马克思恩格斯列宁斯大林著作编译局．马克思恩格斯文集：第3卷［M］．北京：人民出版社，2009：164.

③ 中共中央马克思恩格斯列宁斯大林著作编译局．马克思恩格斯文集：第3卷［M］．北京：人民出版社，2009：164.

④ 中共中央马克思恩格斯列宁斯大林著作编译局．马克思恩格斯文集：第3卷［M］．北京：人民出版社，2009：154-155.

是为了谁？是为了祸害人民吗？不是。是为了人民之外的特定阶级吗？也不是。马克思认为，人民创造出权力并把权力委托给权力行使者的目的就在于实现人民的根本利益。正如马克思在《资产阶级和反革命》中所说，革命——它在人民的口里的意思是：你们资产阶级在组织公安委员会，我们把权力交给这个委员会并不是为了让你们为自己的利益而去同王权达成协议，而是为了要你们违背王权的意志来捍卫人民的利益。这是马克思权力目标人民性的最为明确的表述。马克思的这段重要论述告诉我们，一切权力都是人民赋予的，人民赋予的权力不是为实现特定阶级、阶层的特殊利益而行使，而是用来捍卫人民的利益。

马克思权力目标的人民性来源于马克思对人类命运的终极关怀，以及对人民根本利益的深切关注。在马克思看来，社会历史发展既是真理性与价值性的统一，又是合规律性与合目的性的统一。马克思始终以人民利益为重，他在《共产党宣言》中特别指出，一切共产党人的根本宗旨就在于全心全意为无产阶级谋利益，"他们没有任何同整个无产阶级的利益不同的利益"①。对于运用权力为"人民的敌人"谋利益的行为，马克思一概给予无情批判。因为"人民的敌人"有个人与阶级之别，马克思的批判也具体分为以下两种：

第一，批判以权力谋取个人私利的行径。在《莱茵政治、商业和工业日报》工作期间，马克思在研究林木盗窃法时就已发现乡镇长滥用权力"去为林木所有者谋取好处"，而罔顾那些捡拾枯枝的贫困人民的利益，这种权力"被降低为保护私有财产的手段、私人利益得以维护的工具"②。马克思强调指出，权力行使者视"林木所有者"为"上帝"，而把人民的利益完全抛于脑后，资产阶级国家权力的非人民性特征由此可见一斑。在

---

① 中共中央马克思恩格斯列宁斯大林著作编译局. 马克思恩格斯文集：第2卷［M］. 北京：人民出版社，2009：44.

② 张爽. 马克思国家观的人民性之维：从马克思青年时期的辩论和批判说起［J］. 学术交流，2013（11）：9-13.

《法兰西内战》中，马克思痛批了"因被基佐弄得长期没官做没财发而满腹愤懑的梯也尔"①。梯也尔是以权谋私的资本主义社会中的典型人物。他"为了使法国避免即将来临的财政崩溃而采取的第一个措施，就是给自己规定了三百万法郎的年俸"，"他在多年的政治生涯中，从来没有办过一件哪怕是极微小的稍有实际益处的事情。梯也尔始终不忘的，只是对财富的贪得无厌和对生产者的憎恨。他第一次当路易·菲利普的内阁首相时，穷得和约伯一样，而到离职时已经成了百万富翁。……他曾在众议院中被人公开指责侵吞公款"②。作为行使权力者的内阁首相，梯也尔"对财富的贪得无厌"与其对人民的憎恨形成鲜明的对比。在《奥古斯都的元首政治应不应当算是罗马国家较幸福的时代?》中评价奥古斯都时，马克思更是一针见血地指出，至于布匿战争以前的时代里发生的那些派别纷争都终止了，因为正如我们所见到的，奥古斯都已把所有的派别、一切头衔、全部的权力都集中到了他自己一个人身上，因而最高权力本身不会发生矛盾，否则会给任何一个国家带来最大的危险，因为那样一来奥古斯都的威望在异国民族的眼里就会下降，从事国家事务更多的是为了贪图个人私利，而不是为人民谋福利③。

第二，批判以权力谋取资产阶级私利的行径。在资本主义社会里，资产阶级的权力，不管是财产权力还是政治权力，本质上都是"维护"和"保卫"资产阶级特殊利益的工具。"现代的资产阶级财产关系靠国家权力来'维持'，资产阶级建立国家权力就是为了保卫自己的财产关系。"④ 资产者、资产阶级社会的一切成员被迫结合成"我们"、法人、国家，以便

① 中共中央马克思恩格斯列宁斯大林著作编译局.马克思恩格斯文集：第3卷［M］.北京：人民出版社，2009：136.
② 中共中央马克思恩格斯列宁斯大林著作编译局.马克思恩格斯文集：第3卷［M］.北京：人民出版社，2009：138.
③ 中共中央马克思恩格斯列宁斯大林著作编译局.马克思恩格斯全集：第1卷［M］.北京：人民出版社，1995：463.
④ 中共中央马克思恩格斯列宁斯大林著作编译局.马克思恩格斯全集：第4卷［M］.北京：人民出版社，1958：331.

保证他们的共同利益，并把由此获得的集体权力赋予由于分工需要这样做的少数人。① 马克思的这两段论述告诉我们，资产阶级的国家权力本质上是实现他们共同利益的工具，议会最高权力的建立，法规的制定，毫无疑问主要是为了有产者的利益，在这种权力的支配之下，广大的无产阶级则处于被统治、被剥削、被奴役的地位，人民的利益根本无从谈起。这种对使用权力为"人民的敌人"谋私利的行为进行批判的态度和立场，反衬出马克思权力观人民性的鲜明特征。

三、权力收回的人民性

收回，是一个哲学范畴，又称"复归""还原""返回"，是某一特定事物由业已变化了的已然状态向其变化前的原有状态、本真状态的还原、返回和回归，哲学意义上指"否定之否定的肯定"。所谓权力收回的人民性，就是权力由其在资本主义条件下不属于人民、不以实现人民的利益为目标的状态向其诞生之初的为人民所掌握、为人民共同利益服务的原有状态、本真状态的回归。具体来说，它表现在为人民收回权力（为谁收回）和依靠人民收回权力（靠谁收回）两方面。

（一）为人民收回权力："人民群众把国家政权重新收回"

权力为谁收回？为人民，为人民的解放。如前所述，权力最早诞生于原始社会，此时的权力无疑是名副其实的人民的权力；但进入阶级社会后，权力游离于人民之外，摇身一变成为了"反对和打击"人民的压迫性力量，其本质已经成为"一个阶级用以压迫另一个阶级的有组织的暴力"②，被少数统治阶级所独占和使用。广大人民则在这种权力的支配和奴役之下过着"非人"的生活，"人的本质"处于全面"异化"的状态。可

---

① 中共中央马克思恩格斯列宁斯大林著作编译局. 马克思恩格斯全集：第3卷［M］. 北京：人民出版社，1960：413.

② 中共中央马克思恩格斯列宁斯大林著作编译局. 马克思恩格斯文集：第2卷［M］. 北京：人民出版社，2009：53.

见，在阶级社会中，权力只是特定阶级（马克思谓之"人民群众的敌人"）实现其特殊利益的工具，它不可能最大限度地实现人民的共同利益。人民的解放事业是一项系统工程，但首先还是从统治阶级那里收回原本属于自己的权力。马克思在《共产党宣言》中指出，"一切阶级斗争都是政治斗争"，而政治斗争的核心则是国家政权问题。马克思对巴黎公社给予了热情的讴歌，把公社看成是为人民的解放收回权力的伟大尝试。他指出："公社——这是社会把国家政权重新收回，把它从统治社会、压制社会的力量变成社会本身的充满生机的力量；这是人民群众把国家政权重新收回，他们组成自己的力量去代替压迫他们的有组织的力量；这是人民群众获得社会解放的政治形式，这种政治形式代替了被人民群众的敌人用来压迫他们的假托的社会力量（被人民群众的压迫者所篡夺的力量）。"①马克思的这段论述说明，人民获得解放的首要条件是把权力从"人民群众的敌人"那里收回，由自己掌握和使用，将其从"反对和打击"人民的力量转变为镇压"人民的敌人"反抗的力量。

（二）依靠无产阶级收回权力："哲学把无产阶级当作自己的物质武器"

权力靠谁收回？依靠人民，具体在资本主义社会则要依靠无产阶级。毋庸置疑，马克思主义哲学实质上是实践唯物主义，实践性是其本质特征，它反复强调通过实践改变世界。"哲学家们只是用不同的方式解释世界，而问题在于改变世界。"②但是，应该依靠谁来改变世界？"我赋予古老文字以赤色，不再有元老！不再有平民！我在墨水瓶里掀起风暴。"浪漫主义哲学家主张，在思想领域即可实现此种"改变"。空想社会主义者也在竭力探寻收回权力的真正力量，但受历史条件的限制和唯心史观的制约，他们根本无法认识到无产阶级的伟大革命力量。马克思评价道："无

---

① 中共中央马克思恩格斯列宁斯大林著作编译局.马克思恩格斯文集：第3卷［M］.北京：人民出版社，2009：195.

② 中共中央马克思恩格斯列宁斯大林著作编译局.马克思恩格斯文集：第1卷［M］.北京：人民出版社，2009：506.

视无产阶级的历史进展，还是死守着老师们的旧观点"①，只把希望寄托在资产阶级的"善心"上，如此一来，他们关于收回权力的思想只能陷入"乌托邦"。马克思认为，改变世界至少需要两种武器：精神武器和物质武器，它们缺一不可，并互为条件。马克思所说的"精神武器"是哲学，而"物质武器"则是无产阶级。"哲学把无产阶级当作自己的物质武器；同样，无产阶级也把哲学当作自己的精神武器；思想的闪电一旦彻底击中这块素朴的人民园地，德国人就会解放成为人。"② 就收回权力而言，无产阶级是收回权力的"物质武器"，没有它，所谓收回权力必然会失去依托或动力源泉。马克思从历史唯物主义出发真正解决了空想社会主义无力解决的问题，找到了收回权力的真正的物质武器或主体力量——无产阶级。

依靠无产阶级为什么能够收回权力？或者说收回权力的主体为什么必然是无产阶级而不是其他阶级？因为无产阶级是当时唯一真正革命的阶级。马克思指出："在当前同资产阶级对立的一切阶级中，只有无产阶级是真正革命的阶级。其余的阶级都随着大工业的发展而日趋没落和灭亡，无产阶级却是大工业本身的产物。"③ 在马克思看来，无产阶级是受资产阶级国家权力统治、奴役、压迫最重的一个阶级，是"一个被戴上彻底的锁链的阶级"，是一个"遭受普遍苦难"的阶级，因此，它是一个具有普遍性质的阶级。它"若不从其他一切社会领域解放出来从而解放其他一切社会领域就不能解放自己的领域"，它"只有通过人的完全回复才能回复自己本身"。④ 在资本主义社会，为了把资产阶级与无产阶级的矛盾和冲突保持在"秩序"的范围内，以免在长期激烈的阶级斗争中同归于尽，并将生

---

① 中共中央马克思恩格斯列宁斯大林著作编译局 . 马克思恩格斯文集：第 2 卷［M］. 北京：人民出版社，2009：64.

② 中共中央马克思恩格斯列宁斯大林著作编译局 . 马克思恩格斯文集：第 1 卷［M］. 北京：人民出版社，2009：17.

③ 中共中央马克思恩格斯列宁斯大林著作编译局 . 马克思恩格斯文集：第 2 卷［M］. 北京：人民出版社，2009：41.

④ 中共中央马克思恩格斯列宁斯大林著作编译局 . 马克思恩格斯文集：第 1 卷［M］. 北京：人民出版社，2009：17.

产顺利进行下去，资产阶级的国家政权出现了，它是奴役、压迫、统治无产阶级有组织的暴力工具。无产阶级在资产阶级国家政权下过着"非人"的生活，人的本质发生了全面的异化。无产阶级只有依靠自身的力量，通过革命推翻资产阶级的统治，并且自己掌握全新的国家政权，才能为无产阶级的解放乃至全人类的解放奠定基础。在《共产党宣言》的末尾，马克思预言："无产者在这个革命中失去的只是锁链。他们获得的将是整个世界。"① 只有无产阶级才是实现权力收回真正的、唯一的依靠力量，看不到无产阶级的力量，或不全心全意地依靠无产阶级，收回权力的理想必然变成空想。

综上所述，无论是在对权力主体、权力目标还是权力收回的看法上，马克思自始至终都是站在人民的立场上，其权力观体现出鲜明的人民性。基本结论是：人民性乃是马克思权力观最为鲜明的特征，也是马克思权力观内在本质的集中展现。

（原载《重庆科技学院学报（社会科学版）2018 年第 1 期》）

---

① 中共中央马克思恩格斯列宁斯大林著作编译局. 马克思恩格斯文集：第 2 卷［M］.
北京：人民出版社，2009：66.

习近平以人民为中心权力观的
形成依据、内涵维度和实现路径

党的十八大以来，习近平围绕权力问题展开一系列重要论述，逐渐形成了以人民为中心的权力观。田芝健认为，习近平有关权力的阐述建立了"以民为本"① 权力观的架构。习近平以人民为中心的权力观，系统回答了"谁的权力、谁赋权力、谁监督权力、权力为谁所用、权力用来为谁干什么和权力由谁监督"等一系列带有根本性的重大现实问题，是习近平新时代中国特色社会主义思想的子系统，对于丰富和发展马克思主义权力观、推进全面从严治党向纵深发展以及构建中国特色社会主义权力文明具有重要理论和现实意义。

一、习近平以人民为中心权力观的思想来源、实践基础与习惯养成

习近平以人民为中心的权力观是在继承和发展马克思主义权力观和中国古代"民本"思想的基础上、在推进全面从严治党和反腐倡廉的实践中、在长期基层从政的习惯养成中逐渐形成的。

（一）思想来源

1. 马克思主义权力观。习近平是坚定的马克思主义者，以人民为中心的权力观是他在继承与发展马克思主义权力观的基础上形成的。他曾明确

---

① 田芝健. 树立和践行以民为本的权力观：学习习近平同志关于权力观的重要论述［J］. 江苏社会科学，2014（1）：1.

指出，马克思主义权力观即"权为民所赋，权为民所用"①。人民性是马克思主义权力观的本质属性。马克思指出，一国至高权力的"拥有"者是人民，"国王"行使的权力亦是"人民给予他的"。②恩格斯主张，"在人民代议机关把一切权力集中在自己手里"③。党的十八大以后习近平重提毛泽东的"历史周期律"，要跳出此"规律"的支配，必须"让人民来监督政府"④。习近平还引用邓小平的话说："共产党员谨小慎微不好，胆子太大了也不好。一怕党，二怕群众，三怕民主党派，总是好一些。"⑤此处邓小平所说的"怕"，即作为掌权者的领导干部要对人民群众赋予的权力心生敬畏。江泽民指出，领导干部握有和行使的权力是由人民所赋予的，"只能用来为人民谋利益"⑥。胡锦涛要求"权为民所用"⑦。习近平对此重申道："从工作目标上来说，就是要坚持'权为民所用……'，始终从实现和维护最广大人民的根本利益出发，认识到我们的一切权力来自人民。"⑧

2. 中国古代"民本"思想。党的十八大以来，习近平充分肯定中华优秀传统文化的历史地位及当代价值，其中，"民本"思想是中华优秀传统文化的精华。中国古代"民本"思想在《习近平用典》《习近平谈治国理政》和各种场合的谈话中被广泛使用，是习近平以人民为中心权力观的思想来源之一，它大致可分为两类。其一，做官为民的政德。"当官不为民

---

① 习近平．领导干部要树立正确的世界观权力观事业观［J］．中国党政干部论坛，2010（9）：3.

② 中共中央马克思恩格斯列宁斯大林著作编译局．马克思恩格斯全集：第45卷［M］．北京：人民出版社，1985：543.

③ 中共中央马克思恩格斯列宁斯大林著作编译局．马克思恩格斯全集：第22卷［M］．北京：人民出版社，1965：273.

④ 黄炎培．八十年来［M］．北京：中国文史出版社，1982：149.

⑤ 邓小平．邓小平文选：第1卷［M］．北京：人民出版社，1994：270-271. 转引自：习近平在中央党校2010年秋季学期开学典礼上的讲话.

⑥ 中共中央文献研究室．江泽民思想年编（1989—2008）［M］．北京：中央文献出版社，2010：185.

⑦ 胡锦涛．胡锦涛文选：第2卷［M］．北京：人民出版社，2016：9.

⑧ 习近平．之江新语［M］．杭州：浙江人民出版社，2007：230.

做主,不如回家卖红薯。"①"民之所好好之,民之所恶恶之。"②"公生明,廉生威。"③"一厘一毫,民之脂膏。……取一文,我为人不值一文。谁云交际之常,廉耻实伤;倘非不义之财,此物何来?"④ 其二,政权得失在民的传统治国理念。"水能载舟,亦能覆舟。"⑤"得众则得国,失众则失国。"⑥ 这些中国古代"民本"思想的精华确证了做官为民和政权得失在民的价值取向,深深滋养着习近平以人民为中心的权力观。

(二) 实践基础

实践对理论具有决定性作用,任何理论的形成都离不开实践。作为对国家与社会权力的总的看法和根本观点,习近平以人民为中心的权力观有着深刻的实践基础。其一,以习近平同志为核心的党中央带领人民在"精准扶贫、精准脱贫"的实践中发现,在基层还存在着少数权力行使者滥用权力损害人民利益的"苍蝇式腐败"问题。他们有的克扣扶贫资金,有的"漠视群众疾苦……横行乡里、欺压百姓"⑦,有的则在救助中优亲厚友,向人民索要好处,蝇营狗苟,吃拿卡要。其二,在党中央推进全面从严治党、重拳反腐的实践中少数权力行使者"不收手、不收敛",公然侵害人民群众利益的"老虎式腐败"依然存在。这些利用公权力损害人民利益的腐败行为之所以发生,习近平指出,就是因为"一些领导干部不能正确对

---

① 出自戏剧《七品芝麻官》,转引自:习近平在中央党校 2010 年秋季学期开学典礼上的讲话。

② 出自《礼记·大学》,转引自:习近平.习近平谈治国理政:第 2 卷 [M]. 北京:外文出版社,2017:144.

③ 出自年富《官箴》刻石,转引自:人民日报评论部.习近平用典 [M]. 北京:人民日报出版社,2015:212.

④ 出自张伯行《禁止馈赠檄》,转引自:人民日报评论部.习近平用典 [M]. 北京:人民日报出版社,2015:205-206.

⑤ 出自《谏太宗十思疏》,转引自:习近平.习近平谈治国理政:第 2 卷 [M]. 北京:外文出版社,2017:53.

⑥ 出自《礼记·大学》,转引自:习近平.习近平谈治国理政:第 2 卷 [M]. 北京:外文出版社,2017:40.

⑦ 习近平.在第十八届中央纪律检查委员会第六次全体会议上的讲话 [N]. 人民日报,2016-05-03 (2).

待和使用权力"①。在他们看来，权力要么是"上级"赋予的，要么是靠自己"奋斗"争来的，反正不是人民赋予的。

（三）习惯养成

其一，从习近平的履职经历看，其行使权力始终坚持为人民谋利益，并在这种长期的从政经历中养成了以人民为中心的权力观。早在担任梁家河大队党支部书记时，他就为了增加农田面积，在寒冬农闲时节带领乡亲修筑淤地坝，为了清理坝基，他总是第一个光着脚站在冰冷刺骨的冰水中凿冰。为了解决人民生产和生活上的困难，他曾组织成立了"铁业社"，还到四川学习沼气技术，为全村建成了"陕北第一口沼气池"②。他后来说："我当了这个村子的党支部书记，带领乡亲们发展生产。我了解老百姓需要什么。我很期盼的一件事，就是让乡亲们饱餐一顿肉，并且经常吃上肉。"③ 在正定任县委副书记、书记时，为解决人民群众吃饭的"大问题"，习近平先后跑了全县 25 个公社、221 个大队进行调研，找准了症结并最终解决了人民群众吃饭的问题。主政福建时铁腕治吏得民心，习近平指出，"成百上千的腐败分子"和"十三亿人民"孰轻孰重？宁愿得罪前者也决不得罪后者是一笔事关生死存亡的"政治账、人心向背的账"。党的十八大后，习近平多次表示"我将无我，不负人民"，充分彰显了习近平全心全意为人民谋利益和以人民为中心的权力观。其二，从其家风看，父亲"主政为民"的人民情怀形塑了习近平以人民为中心的权力观。习仲勋同志始终将"人民过上好的生活"作为其主政的出发点和落脚点。2001年 10 月习近平给父亲 88 岁生日的贺信中写道，父亲像一头为中国人民默默耕耘的"老黄牛"，这也激励着他始终坚持全心全意为人民服务的宗旨。父亲的言传身教和"从政为民"的严格家风必然将"以人民为中心的权力

---

① 习近平. 领导干部要树立正确的世界观权力观事业观 [J]. 中国党政干部论坛，2010（9）：5.

② 习近平. 习近平谈治国理政 [M]. 北京：外文出版社，2014：428-429.

③ 习近平. 习近平谈治国理政：第 2 卷 [M]. 北京：外文出版社，2017：29.

观"熔铸到习近平的精神之中。

二、习近平以人民为中心权力观内涵的多重维度

习近平以人民为中心的权力观，绝不只是"人民"与"权力"的简单相加，它内涵丰富，涵盖了人民对权力的所有权、人民赋予权力、权力的人民归宿、人民监督权力和权力为人民谋利等多重维度的丰富内容。

（一）权力为人民所有

习近平是人民主权论者，认为国家的一切权力属于人民。从权力创造主体的角度看，权力是人民在实践中根据客观需要创造出来的。因此，人民才是权力真正的创造主体。权力作为基于公共利益的特定力量支配关系，是人民为了处理公共事务以实现共同利益而被发明创造出来的工具。从最根本的意义上看，权力的所有权属于人民，即权力为人民所有。在我国，自从 20 世纪 50 年代就确立了"国家的一切权力属于人民"的宪法理念，长期以来中国共产党人始终秉持这一理念。党的十八大以来，习近平又多次强调"国家的一切权力属于人民"①，这是一以贯之的宪法理念，必须始终坚持。新时代依宪治国，必须首先把权力为人民所有的基本理念树立起来。

（二）权力由人民赋予

权为民所有，然而，受目前生产力发展水平的制约，人们还不得不耗费更多时间用来解决"一切历史的第一个前提"的生存问题，还不可能"亲自出台，并且根据自己的自主的权力来行动"②。所以，其一，人民必须把权力赋予能够真正代表自己利益的政治组织（政党）来行使。在我国，党领导人民通过新民主主义革命建立了人民民主专政的国家政权。从

---

① 习近平. 决胜全面建成小康社会夺取新时代中国特色社会主义伟大胜利：在中国共产党第十九次全国代表大会上的报告［M］. 北京：人民出版社，2017：35.

② 中共中央马克思恩格斯列宁斯大林著作编译局. 马克思恩格斯全集：第 6 卷［M］. 北京：人民出版社，1961：305.

最根本的意义上说，党和国家的一切权力都是由人民赋予的，是因为我们"代表了人民群众，打倒了人民的敌人"①，人民才把权力交给我们，所以我们要"认识到我们的一切权力来自人民"②，要对人民赋予的权力倍加珍惜且要"用好人民给予的权力"③。其二，人民必须把权力赋予人民的"勤务员"来行使。在我国，各级领导干部是权力的行使主体，是人民的"勤务员"，其手中的权力是人民赋予的。正如习近平所说，党和国家的领导干部的唯一身份是"人民的勤务员"，因为他们的"职权是人民赋予的"④。

（三）权力为人民所用

人民赋权之后，政治组织和勤务员为谁用权就成为资产阶级权力观与马克思主义权力观的分水岭，前者是权力为少数的资产阶级所用，后者则是权力为人民所用。习近平认为，权力要为人民所用，各级领导干部要时刻思考自己手中行使的权力"应该为谁所用"⑤ 这个带有根本性的问题，用权就要为人民服务，这充分"道出了党的权力的用途和使命"⑥。其一，人民是权力的赋予主体决定了权力要为人民所用。人民赋予权力的目的在于让被赋予权力的政治主体为自己服务。习近平告诫领导干部，一切权力因为都是人民所赋予的，所以，"只能用来……为民谋利"⑦。其二，权力的公共性决定权力为人民所用。本质上，权力即基于公共利益的特定的力量支配关系，是基于处理公共事务的需要诞生的，所以人民应是公权力的最终价值归宿。习近平在多个场合反复强调各级领导机关和干部要"公权

① 毛泽东.建国以来毛泽东文稿：第12册［M］.北京：中央文献出版社，1998：581.

② 习近平.之江新语［M］.杭州：浙江人民出版社，2007：230.

③ 习近平.习近平谈治国理政［M］.北京：外文出版社，2014：27.

④ 习近平.之江新语［M］.杭州：浙江人民出版社，2007：50.

⑤ 习近平.之江新语［M］.杭州：浙江人民出版社，2007：260.

⑥ 张思军.政治权力伦理：习近平政治实践的核心命题［J］.青海社会科学，2018（4）：16.

⑦ 习近平.习近平谈治国理政：第2卷［M］.北京：外文出版社，2017：147.

为民""用权为民""掌权为民"。其三，权力的责任性决定权力为人民所用。权力即责任。人民赋予权力，绝不是赋予权力行使主体光耀门楣、贪图享乐甚至以权谋私的特权，而是赋予责任。正如习近平所说，权力"意味着领导责任"①，是沉甸甸的"担子"，而绝不是一种"荣耀"的光环。

（四）权力为人民谋利

权力为人民所用指明了权力理应服务的对象，而权力为人民谋利则指明了权力为人民服务的实质性内容。权力为人民谋利，是执政的中国共产党和中国特色社会主义权力文明的宗旨呈现，也是习近平以人民为中心权力观的价值所在。习近平指出，官阶愈高，掌握的权力愈大，领导干部在行使权力时就愈是应"把人民群众利益"②置于至上地位。所谓利益，就是人类为了实现自身的生存与发展的目的而产生的对于特定对象的客观需要。不同的发展阶段人民利益的内容往往是不同的。党的十九大做出了我国社会主要矛盾已经发生转化的重大政治判断，"美好生活"已经成为人民最大的利益诉求，它涵盖更好的物质文化生活、民主法治、公平正义、安全和环境等诸多维度，所以，权力也应该用来不断满足人民对美好生活的需要。各级领导干部不仅要不断提升"人民生活水平"③，还要奋力建设社会主义生态文明，"创造良好生产生活环境"④，满足人民对美好生态环境的新期待。

（五）权力由人民监督

为了确保来自人民的权力在正确的轨道上运行，人民还应该成为权力的监督主体。习近平告诫领导干部，行使权力必须以服务人民为价值导向，同时必须"接受人民监督"⑤。其一，人民监督权力是为了确保权力用

① 习近平．之江新语［M］．杭州：浙江人民出版社，2007：50.
② 习近平．领导干部要树立正确的世界观权力观事业观［J］．中国党政干部论坛，2010（9）：5.
③ 习近平．习近平谈治国理政：第2卷［M］．北京：外文出版社，2017：30.
④ 习近平．习近平谈治国理政［M］．北京：外文出版社，2014：208.
⑤ 习近平．习近平谈治国理政［M］．北京：外文出版社，2014：388.

来为人民造福。权力由人民赋予权力行使主体后可能有两种走向：一是用来为人民谋利益，二是用来为权力行使主体谋取私利，前者为公，后者则为私，是权力腐败和侵害人民利益的行为。权力容易导致腐败，这是万古不易的一条铁律。因此，要防范权力腐败就必须"强化群众监督"①。习近平不仅提出各级领导干部要接受人民监督，自己更是以身作则，在十二届全国人大一次会议闭幕会上他表示做国家主席会"忠于人民""夙夜在公，为民服务""自觉接受人民监督"②。这充分彰显了习近平全心全意为人民服务的宗旨意识和接受人民监督的政治自觉。政者，正也。子帅以正，孰敢不正？习近平率先垂范，在党内起到了良好的榜样示范作用。其二，人民监督权力实质上是为了保护权力行使主体。习近平教育领导干部，不要以为人民监督是"对自己不信任，跟自己过不去"③。对领导干部而言，自觉接受人民监督是对自己负责的表现，不愿抑或排斥人民监督，听不到批评的声音，最终可能就会因滥用权力成为"权奴"，被权力所害。

（六）权力的命运由人民决定

历史唯物主义告诉我们，人民才是社会历史发展的真正推动者，不仅是物质财富和精神财富的创造者，而且是变革社会的决定性力量。习近平一再强调："历史是人民创造的，英雄的人民创造英雄的历史。"④ 一个国家的政权之所以会"其兴也勃焉，其亡也忽焉"，说到底还是人民决定的。习近平反复强调："民心是最大的政治。"对某一特定政权而言，"人心向背"⑤ 才是它"前途命运"的决定性因素。革命战争年代，党为推翻压在人民头上的"三座大山"为人民而战，人民将政权赋予党，正是因为"我

---

① 习近平. 习近平谈治国理政：第 2 卷［M］. 北京：外文出版社，2017：169.

② 习近平. 习近平谈治国理政［M］. 北京：外文出版社，2014：38.

③ 习近平. 领导干部要树立正确的世界观权力观事业观［J］. 中国党政干部论坛，2010（9）：5.

④ 习近平. 习近平谈治国理政：第 2 卷［M］. 北京：外文出版社，2017：48.

⑤ 习近平. 习近平谈治国理政：第 2 卷［M］. 北京：外文出版社，2017：63.

们……代表了人民群众，打倒了人民的敌人，人民就拥护我们"①。改革开放以来，特别是党的十八大以来，党为人民实现共同富裕，实现"两个一百年"的奋斗目标而夙夜在公，人民拥护中国共产党执掌政权，习近平明确指出，为人民使用权力则事业兴旺发达，相反，为己私利用权则"事业损"②。权力的命运由人民决定，是习近平对中国共产党执政规律的深刻洞见，充满着高度的政治智慧。

三、习近平以人民为中心权力观的实现路径

以人民为中心权力观的系统中涉及人民群众、中国共产党、权力、领导干部（权力行使主体）四个要素的内在逻辑关系。正确践行习近平以人民为中心的权力观，说到底就是中国共产党保证领导干部使用权力为人民群众谋利益的问题。

（一）全面从严治党，始终不忘党执政为民的初心和使命

党的政治引领是确保国家政权始终服务于人民的先决条件。为此，必须全面从严治党，始终不忘中国共产党人"二为"的初心和使命。要加强党性教育，夯实思想根基。思想教育是根本，要实现以人民为中心的权力观，必须强化对党员领导干部的党性教育。正如习近平所说，党性教育是培养领导干部的"核心"③，是夯实领导干部思想根基的基础性工作。这就要加强宗旨意识教育，不断强化党员干部全心全意为人民服务的宗旨与初心意识；要加强理想信念教育，理想信念是党员领导干部的"钙"，缺钙就会患"软骨病"，就会在政治、经济、道德和生活上出现问题，直至走向人民的反面，以人民为敌；要加强社会主义核心价值观教育，夯实为人民服务的价值根基；要加强马克思主义权力观特别是廉洁自律意识的教育，

---

① 毛泽东. 建国以来毛泽东文稿：第 12 册 [M]. 北京：中央文献出版社，1998：581.

② 习近平. 之江新语 [M]. 杭州：浙江人民出版社，2007：260.

③ 习近平. 习近平谈治国理政 [M]. 北京：外文出版社，2014：417.

使其树立牢固以人民为中心的权力观，为此要发挥党校的教育引领作用，其教学设计、内容及方法重点围绕领导干部正确的权力观教育而展开。①要把最有愿望和能力履行党的使命的领导干部选上留住用上。办好中国的事情关键在党，确保权力始终以人民为中心关键在党的领导干部。这就要改进和完善党的组织建设，把有责任担当的领导干部真正用起来。习近平多次强调"责任担当"对评判领导干部的重要性。他指出，一个领导干部好与不好，关键是看他有无"责任感"和"担当精神"。②责任是领导干部对人民的责任，担当是其对人民的担当。要改进和完善党的选拔任用机制，把那些在长期从政实践中始终为人民做好事、做实事的"焦裕禄"式的领导干部真正用起来，用完善的体制杜绝人民的好公仆出现"逆淘汰"。要坚持德才兼备、以德为先、任人唯贤、事业为上，把愿做人民勤务员、宗旨意识强的领导干部选用起来。

（二）坚决清除腐败现象，有效防治侵害人民利益的权力腐败行为

要充分认识到权力腐败对于党和人民的危害。习近平指出，"消极腐败危险"，任其发展下去必然"亡党亡国"。权力腐败实质上是以权谋私，必然会侵害人民利益。"人民群众最痛恨腐败现象"③，"下最大气力解决好消极腐败问题"④已经成为共识。党的十八大以来，以习近平同志为核心的党中央以壮士割腕的意志与决心惩治权力腐败，"坚持'老虎''苍蝇'一起打，受到人民群众欢迎"⑤。要把权力关进制度的笼子里。童世明

---

① 习近平．领导干部要树立正确的世界观权力观事业观［J］．中国党政干部论坛，2010（9）：6.

② 习近平．领导干部要树立正确的世界观权力观事业观［J］．中国党政干部论坛，2010（9）：5.

③ 习近平．决胜全面建成小康社会夺取新时代中国特色社会主义伟大胜利：在中国共产党第十九次全国代表大会上的报告［M］．北京：人民出版社，2017：66-67.

④ 习近平．习近平谈治国理政［M］．北京：外文出版社，2014：391.

⑤ 习近平．习近平谈治国理政：第2卷［M］．北京：外文出版社，2017：27.

指出，制度即特定共同体的行为规则，它要求"其成员共同遵守"①，并按其程序行事。制度防腐是治本之策，正如习近平所说："关键是要……把权力关进制度的笼子里。"② 然而，"现阶段我国的制度还不够完善和成熟，造成了权力运行的许多问题"③。所以，其一是要注重反腐制度的有效性。必须把制度的笼子编织密实，"虎笼关猫"的制度难见其效。其二是要依法治权，因为"权力是一把'双刃剑'，在法治轨道上行使可以造福人民，在法律之外行使则必然祸害国家和人民"④。制度治权，首先是依法治权。其三是要"健全施政行为公开制度"，无论是党务、政务、司法还是其他各领域都应该实施"办事公开制度"⑤。公开是最好的防腐剂，只有"让权力在阳光下运行"，才能"让广大干部群众在公开中监督，保证权力正确行使"⑥。要按照中央要求建构起有效的权力监督体系。切实防治权力腐败必须靠监督。必须发挥多主体多形式监督的各自优势作用，实现优势互补，人民要继续发挥巡视监察监督的有力作用，要实现对一切权力行使主体"监察全覆盖"。

（三）健全人民当家作主制度体系，巩固人民权力主体地位

人民，只有人民，才是真正的权力主体。以人民为中心的权力观，最终还是要靠人民自己来实现，这就必须在实践中不断摸索人民当家作主的有效形式，因为保障人民当家作主绝非"一句口号""一句空话"，要让人民当家作主在国家政治和社会生活中落地生根，在管理国家和社会的各项具体公共事务中依法行使权力。要通过完善人民代表大会制度保障人民真实行使国家权力，正如习近平在十九大报告中强调的，人民行使国家权力

---

① 童世明. 习近平关于用制度约束权力问题的理论贡献［J］. 东北师大学报：哲学社会科学版，2015（6）：62.

② 习近平. 习近平谈治国理政［M］. 北京：外文出版社，2014：391-392.

③ 喻卿，赵凯荣. 习近平国家治理思想的权力之维［J］. 内蒙古社会科学：汉文版，2018，39（3）：13.

④ 习近平. 习近平谈治国理政：第2卷［M］. 北京：外文出版社，2017：128-129.

⑤ 习近平. 习近平谈治国理政：第2卷［M］. 北京：外文出版社，2017：298.

⑥ 习近平. 习近平谈治国理政［M］. 北京：外文出版社，2014：395.

要"通过人民代表大会"来实现。一是要继续扩大直接选举的范围和广度，"直选的范围应该逐步扩大，稳步扩大"①，要统筹城乡人民群众，让直接选举覆盖到地市一级，充分保障更多的人民群众直接行使国家权力。二是要提高人大代表的素质与能力，健全人大代表的资格审查制度，同时要压实人大代表的责任，提高"人大代表为人民"的责任意识，坚决杜绝"有代表身份无提案"的"影子代表"现象。正如习近平所指出的，人大代表人民选，人大代表"要忠实代表人民利益和意识"②，真正代表人民依法行使权力。要完善基层群众自治制度，保障基层人民群众当家作主。习近平明确指出，基层群众自治制度是"保障人民依法直接行使民主权利"③的好制度，必须始终坚持并不断完善。其一是完善村民自治选举制度，让基层选举在法治的轨道上运行，坚决打击贿选行为，确保选举的公平公正公开，让德才兼备的"能人"成为"当家人"。其二是建立健全村级权力的制约监督机制，保障村干部正确为村民使用权力。正如习近平在主政浙江时，曾提倡广武义县在村"两委"之外设立"村监委"的经验，目的就在于建立老百姓"看得见"的村级权力的制约监督机制。④

（原载《理论导刊》2019 年第 10 期）

---

① 侯少文. 制约与监督：关住权力的笼子：深入领会习近平讲话暨三中全会精神的治腐视阈 [J]. 中共浙江省委党校学报，2014，30（3）：24.

② 中共中央文献研究室. 十八大以来重要文献选编：中 [G]. 北京：中央文献出版社，2016：58.

③ 习近平. 习近平谈治国理政：第 2 卷 [M]. 北京：外文出版社，2017：290.

④ 习近平. 习近平谈治国理政 [M]. 北京：外文出版社，2014：435.

政治哲学视野下国家的实质探源

——基于公意视角的尝试性分析

国家是一个古老的话题，自从它诞生的那天起人们就在思索它、追问它，而作为政治哲学的永恒主题，它又是一个常议常新的话题。从某种意义上说，没有什么事物像国家这样能够引起人们如此持久的关注和深入的探讨。而其中，从政治哲学视角对国家的实质问题的追问又构成所有追问的"元追问"，即用某种特定的基本原理和方法先行地对国家的前提加以澄明的批判方式，这就是说，"国家的实质究竟是什么"是为廓清"国家存在的道德合理性基础何在""怎样的国家才符合人类生活的需要"等问题提供前提的，这一元问题不解决，在这一模糊前提下得出来的结论也就很难站得住脚，很难经受得住理性的审视。从柏拉图的"哲人王"国家、奥古斯丁的"上帝之城"、霍布斯的"利维坦"、黑格尔的"地上的神物"国家、马克思的作为"暴力机器"的国家到诺奇克的"最弱意义上的国家"等，不同的哲学家从各自不同的立场和视角出发对这一元问题进行追问所得出的答案非常繁多。这些答案对于人们正确认识国家的实质无疑提供了十分重要的思想资源。然而，不无遗憾的是，关于"国家的实质究竟是什么"的既有回应模式要么从统治的视角进行，要么从神意甚或契约的视角进行，但无一例外都很难完满回答"国家的正当性到底在哪里""国家向何处去"这些具有根本性和前瞻性的重大理论问题，因此，对国家实质问题的探讨需要另辟蹊径。本文试图从公意的视角对国家的实质进行重新解读，"公意国家"，即国家的实质在于执行并实现公意。这一视角对于解决"国家的正当性到底在哪里""国家向何处去"等重大问题以及廓清人们对于国家实质认识的迷雾有着十分重要的理论价值和现实意义。

一、对国家实质论几种既有理论模式的检视

众所周知，关于国家实质的理论模式大体上主要有"神意国家论""统治国家论""契约国家论"等几种。不可否认，从一定的意义上讲，它们各有可取之处，对国家的实质具有一定的解释力；然而，它们却各有其内在的缺陷，使其在回应国家的道德合理性和"国家向何处去"这样具有根本性的问题上显得信心不足。

（一）神意国家论

国家的实质究竟是什么？神意国家论认为，国家是建立在神的旨意的基础上的，是用来执行和实现神的意志的。这是一种典型的西方中世纪时期的国家实质理论。在持神意国家论的众多论者中，奥古斯丁最具代表性，其代表作——《上帝之城》较为详尽地论述了这种理论。漫长的中世纪有着政教合一的文化传统，国家只能在宗教中找到自己的合法外衣，国家理论往往与宗教有着千丝万缕的联系。奥古斯丁就是通过基督教教义来建构国家实质理论的。他认为，世俗社会中的人都是犯了"原罪"的人，为了将来能够回到天堂的彼岸世界，他们就必须在现世进行"救赎"，办法就是听从上帝的谕旨，在接受"上帝之城""精神国家"的精神统治的同时还要接受"世俗之城""世俗国家"的肉体统治。"这个世界上有许许多多国家，人们按照不同的礼仪、习俗生活，有许多不同的语言、武器、衣着，但只有两种人类社会的秩序，我们可以按照《圣经》的说法，正确地称之为两座城。一座城是由按照肉体生活的人组成，另一座城是由按照灵性生活的人组成。"① 奥古斯丁还指出，世俗国家尽管是不正义的，

① ［古罗马］奥古斯丁. 上帝之城：卷14［M］. 北京：人民出版社，2006：578-579.

但是我们没有权利推翻它，因为上帝正是通过"国家"这一政治实体来惩罚触犯了"原罪"的我们，所以，我们必须接受国家的统治。如前所述，神意国家论是中世纪人们对国家实质的理解而产生的特定理论，是西方传统宗教文化的产物。这种理论认为，国家的实质是执行并实现神意的。国家的道德合理性只有在神那里才能得到解释和证明。神的意志是国家建立并得以存在的唯一根据。应当说，这一理论在当时人们的主体意识缺位的特定背景下有着十分重要的意义，社会秩序和社会生活凭此得以维系和组织。然而，到了近代以后它日渐式微，在理性主义和人本主义的启蒙运动和文艺复兴运动的狂轰滥炸下已经失去解释力和正当性。

（二）统治国家论

统治国家论认为，国家实质上是用来实现并维护统治的，是一个阶级统治另一个阶级的工具，是有组织的暴力。显然，这种国家实质理论是一种典型的工具主义的国家观。马克思主义经典作家是此种观点的代表。马克思的阶级分析法认为，国家具有鲜明的阶级性，他指出："国家是统治阶级的各个人借以实现其共同利益的形式。"① 恩格斯也指出："由于国家是从控制阶级对立的需要中产生的，由于它同时又是在这些阶级的冲突中产生的，所以，它照例是最强大的、在经济上占统治地位的阶级的国家，这个阶级借助于国家而在政治上也成为占统治地位的阶级，因而获得了镇压和剥削被压迫阶级的新手段。"② 在他们看来，国家是统治阶级实现其共同利益的工具，是为了实现并维护阶级统治的。马克思还在《共产党宣言》中明确指出："现代的国家政权不过是管理整个资产阶级的共同事务的委员会罢了。"列宁更是直接地指出："国家是阶级统治的机关。"③ 毋

---

① 中共中央马克思恩格斯列宁斯大林著作编译局．马克思恩格斯选集：第 1 卷［M］．北京：人民出版社，1995：132.
② 中共中央马克思恩格斯列宁斯大林著作编译局．马克思恩格斯选集：第 4 卷［M］．北京：人民出版社，1995：172.
③ 中共中央马克思恩格斯列宁斯大林著作编译局．列宁选集：第 3 卷［M］．北京：人民出版社，1995：114.

庸置疑，从阶级出发揭示国家的实质是深刻的，是真理性的发现，对理解国家的实质意义重大。然而，从政治哲学的视角审视这种国家实质理论模式，我们不难发现，这种国家是不具有道德合理性和正当性的。国家仅仅是维护统治阶级剥夺群体、集体利益的手段和工具，广大被统治阶级被排除在国家之外。不实现和维护被统治阶级的利益反而还要他们服从这样的国家本身就不具有合法性和道义性。所以，这种国家实质理论模式因没有服从的道德义务而得不到道德论证。

（三）契约国家论

这种理论模式认为，国家实质上是用来确保履行契约的，其典型代表是古典自由主义者。以社会契约论的开创者霍布斯为例。霍布斯认为人类在建立国家之前是生活在他所谓的"自然状态"之中的。自然状态中的每一个人都是孤立存在的"原子式个人"，他们只为自己打算，个个自私自利、凶残暴虐、邪恶卑鄙、口是心非、贪生怕死。他们又具有大致平等的自我保护的强力和天赋予的各种自然权利，在"自我保存"的欲望的驱使下他们就必然会自相残杀，人人岌岌可危，于是这种"自然状态"将是持续性的"战争状态"，即霍布斯所谓的"人对人就像狼对狼"。人人普遍感到此种生活状态无法忍受，于是"为了确保和平和实施自然法，人们有必要在他们之间共同达成一项契约，根据这一契约，每个人都同意把其全部的权力和力量转让给一个人或一个议会，而其条件是每个人都必须这样做"①。这样在人类理性的基础之上就创造了霍布斯所谓的"利维坦"，即国家。霍布斯意义上的国家是强有力的国家，国家凭借其强力或者暴力来维持社会生活和确保社会秩序，国家中的每一个成员都必须对国家无条件地绝对服从。一如霍布斯所述，国家是理性的人为了共同的和平、安全和便利通过签订契约的形式建构起来的"利维坦"式的强有力的政治共同体。就是说，国家是建筑在契约的基础之上并且依照契约来运作的。这就

---

① ［英］霍布斯. 论公民：影印版 ［M］. 北京：中国政法大学出版社，2003：89.

是契约论的国家实质观。后来的洛克、卢梭和康德等尽管与霍布斯在论述上有所不同，但在国家是建筑在契约基础之上的观点却是一致的。不可否认，这种观点很具有吸引力，对把握国家的实质也具有较强的解释力和说服力。然而，古典自由主义的契约国家实质理论同样得不到合理的道德论证，难以自圆其说，具体体现在两方面：其一，这种国家实质理论是以形而上学的自然法理论为基础的。这种国家观的批评者质疑这种自然法的客观实在性，即使存在，前人为后人立法也是不道德且不具有道德合理性的。其二，这种国家实质理论的当事人完全是自私的，只知道追求个人的善。这本身就存在很大的问题。怎么能够确保参与制定契约的每一个人都具有平等的自由和权利？这也正是马克思所批判的。约翰·罗尔斯（John Bordley Rawls）正是洞察到了古典自由主义契约论的前述缺陷才进一步加以改造而提出新契约论的。他引进了"无知之幕"的原初状态假设，运用程序正义，使得契约论更完善。尽管如此，新契约论还是受到罗伯特·诺奇克（Robert Nozick）等极端自由主义者的强烈批判和诟病。

二、公意：解读公意国家论的逻辑前提

公意到底是什么？这是透视公意国家论的逻辑前提。公意是"公共意志"的简称，其意蕴是多层的，至少内含着如下四个层次。

（一）公意产生于并决定于公域

公意思想产生于公域，公域是其立论基础。那么，公域到底是什么？笔者认为，完整的人的生活领域内在地包含着私域和公域两个部分。私域（又称"私人生活领域"）是指具有差异性和特殊性的个人确保其独立存在和发展的领域；相反，公域（又称"公共生活领域"）指的是具有统一性和普遍性的共同体成员实现共同生存和发展的领域。公域是区别于私域并且与其一起构成完整的人的生活的领域，是特定的社会共同体得以存在和发展的领域，是一定社会共同体的人们处理公开的公共事务并且实现共存和共享的领域。公域也是具有整体统一性和普遍性的集体存在方式。作

为社会共同体存在和发展的普遍意志的表达，公意便产生于这一领域。这意味着，一方面，公域是公意得以存在的基础，没有公域便不可能存在公意；另一方面，公意又必须在公域的范围和界限内存在和发挥作用，公域决定了公意的主体、对象和范围。具体来说，第一，公域中主体的公共性决定了公意的主体必须是"公共人"。"公共人"是一个更大的整体中的一部分，是公共空间中的共同体成员，是具有整体统一性和普遍性的共同体的人，是在共同体中有统一性的共同的"普遍自我"，正如卢梭强调的那样，"这个有道德的共同体便有了它的统一性，并形成了共同的'我'，有它自己的生命和意志"①。它往往只着眼于公共利益。第二，公域中事务的普遍性决定了公意的对象必须是公共事务。公共事务指的是超越个体差异性和特殊性而具有整体共同性和普遍性的事务。这种事务与一定共同体所有成员的利益都息息相关，因此需要所有成员形成公共意志。相反，如果事务本身不具有公共性，那么处理这种事务的意志就不是公意。第三，对公域的不同解读决定了公意的内容必然具有差异。就是说，不同的人对公意的内容有着不同甚至是截然相反的观点，主要是因为他们对公域有着各自不同的理解，具体来说有两种表现。一是同一学派内部不同的人有不同的理解。比如，在当代功利主义者内部，一些人把公域理解为通过平等分配来实现效用最大化的领域，他们头脑中的公意就是如何实现每个人平等权利的问题，重心是平等；但另一些人却把公域当作通过保障最大程度的自由以创造更多财富的领域来理解，他们头脑中的公意就是如何实现和保障最大程度的自由的问题，重心是自由。二是不同学派之间有不同的理解。比如，自由主义学派把公域当作实现和维护个人权利的领域来理解，在他们眼中，公意的内容便是围绕着如何确保个人权利而展开的。社群主义学派则不同，他们把公域理解为一定共同体得以存在和发展的领域，在他们看来，怎样实现并且维护公共利益就成为公意的核心内容。总之，公

---

① ［法］卢梭. 社会契约论［M］. 李平沤，译. 北京：商务印书馆，2011：20.

域是公意立论的客观基础。公意的对象和范围只限于公域，同时公意的内容也只能被公域所决定。

（二）公共需要是公意得以存在和发展的道德动力

众所周知，卢梭是公意思想的集大成者。他在《社会契约论》中详细论证了公意产生的必要性和可行性。然而，关于隐藏在公意背后推动其产生并支撑其存在的终极动力到底是什么的问题，他虽然没有给出明确的答案，但是在论述中却给出了或明或隐的暗示。在卢梭那里，人们的公共需要是公意得以产生和存在的道德基础与动力。读过《社会契约论》的人知道，"要如何才能既实现人们的共同协作又不会因此而丧失自由"是卢梭思考社会契约论进而提出公意思想的逻辑起点。然而，我们还有必要进一步追问：是什么要求人们共同协作？是人们的公共需要。一切社会及其结构得以存在的前提都是人的生存和发展，但人的生存和发展是有条件的，必须满足人的衣、食、住、用、行等各种需要。正如马克思指出："为了延续自己肉体的生存，就必须获得生存和繁殖所绝对需要的生活必需品。"① 就人的需要来说，它完整地内含着个人需要和公共需要两部分。个人需要是指个人或者家庭感到私人利益的某种缺乏而力求获得个人满足的心理驱动力；公共需要指的是共同体所有成员感到共同利益的某种缺乏而力求获得共同满足的心理驱动力。公共需要区别于个人需要的最大特点就在于它是一种超越了个体差异性和特殊性的具有整体统一性和普遍性的心理驱动力，是人们应对公域中的公共事务（如战争还是和平、秩序还是混乱、自由还是奴役、维持自然生活状态还是进入社会生活状态等）而激发出来的，是人们通过共同协作实现和共享公共利益的道德动力和基础，也是驱使人们达成罗尔斯所谓"重叠共识"进而形成公意的原动力。公共需要具有客观存在性。它的对象中包含着很多物质的东西，如各种公共事务；它的基础是公域，而公域是客观存在着的一个领域；它的实现也需要

---

① 中共中央马克思恩格斯列宁斯大林著作编译局. 马克思恩格斯选集：第 2 卷［M］.
北京：人民出版社，1995：93.

一定的外部物质条件，而这些都是客观存在着的。可见，正是"共同生存"这一具有普遍性的公共需要激发了人们"协作共生"的公意的产生。公共需要也是公意发展的道德动力。公共事务是随着客观物质条件以及外部环境的变化而变化的，新的公共事务又会引发人们形成新的公共需要，因此人们稍低层次的公共需要得到满足之后就会在此基础上形成更高层次的公共需要。

公共需要推动公意发展具体表现在两方面：其一，公意的主体范围逐渐扩大。古希腊时期，只有公民才有表达公意的权利和资格。在亚里士多德看来，公民是除农民、手工业者、商人、妇女、儿童、奴隶、俘虏和外邦人之外的有财产、有智慧、有时间从事政治活动的成年男人。可见，有资格表达公意的公民范围确实非常狭窄。但是后来，特别是近代以来，随着启蒙运动的影响、女权主义者的据理力争以及平等观念的深入人心，手工业者、农民、奴隶、妇女等人群也享受到了表达公意的公民资格。其二，公意的内容不断扩展。人类由自然状态进入社会状态伊始，公意主要是表达对和平、秩序、安全等内容的公共需求，随后，人们对于个人自由、民主、人权、平等和福利为内容的公意要求逐渐增多。比如，霍布斯更加强调秩序和安全，洛克更加强调自由，卢梭则更加强调平等。随着人类工业文明的发展以及生态环境问题的凸显，保护生态环境为内容的公意表达也变得越来越趋于一致。

（三）实现公共利益同时保障个人权利是公意的旨归

公意永远以公共利益为依归，但有不少人把它当作公意的唯一宗旨而不承认甚至否认公意在保障个人权利方面的作用。笔者认为，这是对公意的一种误解，其原因就在于他们没有把个人权利与个人利益区分开来，而是把二者等同起来了。个人权利与个人利益尽管联系密切，但二者毕竟是有所区别的。个人权利是法律赋予个人的要求他人或组织做某事或不做某事的资格，是属于公域范围之内的，是国家给予保障并且可以共享的权利，对个人来讲，他享受也好不享受也好，每个人的权利都是平等的，没有程度之别、多少之分。反之，个人利益则是个人或家庭为了自己的生存和发展而需要自己努力积极争取的东西，是每个人自身生存的条件，是属于私域范围之内的，其实现有多少之分、程度之别，这种分别又主要取决于个人的天然禀赋、家庭出身、努力程度、受教育水平、因缘机遇等很多因素，具有非共享性。可见，二者是截然不同的两个概念，个人权利既然属于公域，公意又是公域的最高指导，那么公意保障个人权利也就是正当的了。前述那些对此观点产生误解的人就是混淆了个人利益与个人权利之间的界限。在他们看来，公意只代表公共利益，不代表个人利益，相应也就不会保障个人权利。事实上，卢梭始终认为公意也是要保障个人权利的。他在探讨人类处于自然状态和社会状态中的得失问题时指出，在公意指导的社会状态中，人类所得到的是"社会的自由和他们对他们拥有的一切东西的所有权……和根据正式的身份而拥有的财产权……"① 这里的财产权难道不是个人权利的一部分？显然是。不少人认为这种财产权已经改变了其个人所有的性质成为共有财产了，其实这也是一种误解。他在"论财产权"时明确指出："共同体的每一个成员，在共同体形成的一刹那间便把他当时所有的一切——他本人和他所有的力量（他的财产是其中的一部分）——都交给共同体了。不过，这并不是说，由于这一行为，在转手的时候所有权便改变了性质而成为主权者手中的财产了。"② 进而又说："共同体在接受个人的财富时，不仅没有真正剥夺个人的财富，反而保证了个人对财富的合法拥有，把占有转化为一种真正的权利，把对财富的享用转化为对财富的所有权。"③ 很明显，这里的财产权仍然是个人权利的一部分，个人所有权的性质并未发生改变。在他看来，个人财产权利也只有在公意的最高指导之下，才能够克服自然状态下的"脆弱"性，才能受社会状态下的人尊重，从而变得更有保障。言外之意，公意是个人财产权利

---

① ［法］卢梭. 社会契约论［M］. 李平沤，译. 北京：商务印书馆，2011：24.
② ［法］卢梭. 社会契约论［M］. 李平沤，译. 北京：商务印书馆，2011：25.
③ ［法］卢梭. 社会契约论［M］. 李平沤，译. 北京：商务印书馆，2011：27.

的强有力的保障者，而非个人财产权利的对立面甚至剥夺者。显然，公意意味着公共利益与个人权利的统一。

（四）"话语"讨论是公意产生的共识基础

卢梭在论述"原始的约定"的重要性时曾指出，人们的"结合"是有条件的，这种"结合"内含着人们对公共事务的知情权以及在此基础上的公共讨论两方面，否则，就不是"结合"而是"聚合"。"聚合"是指彼此之间没有意见交流的分散的人们像麻袋中的土豆一样被外在强力集合在一起的状态。在这种状态中由于人们之间没有丝毫共同的利益，没有公共的"话语"，因此不可能产生公意存在的共识基础。反之，"结合"就是缔结契约，契约本身就意味着签约人之间就公共事务进行陈述、交流、沟通甚至是辩谈的过程。"结合"是平等自由的人基于共同的利益而有着共同的"话语"，通过公共讨论达成共识，建立在这种共识基础之上的意志才是公意。无独有偶，他在"论公意是否会出错误"时明确指出："当人民在充分了解情况的前提下进行讨论时……即使有许许多多小分歧，那也会产生公意的。"[1] 显然，卢梭认为公意产生的条件是"充分了解情况"并"进行讨论"。私意中内含着公意，然而，从前者升华为后者并非一个自发的过程。私意往往是彼此矛盾甚至相互冲突的，这为公意的产生仅仅提供了一种"必需"，只有这些私意"求同存异"并从中找出具有共同性和普遍性的意志来，公意才可能产生。这就要求共同体成员充分了解公共事务并进行公开的讨论。尤尔根·哈贝马斯（Jürgen Habermas）把这一过程称作"实践问题用话语来处理"，他说："经过话语形成的意志，之所以具有'合理性'，原因在于，话语与讨论状况的形式特点足以保证共识只会通过被适当解释的普遍利益而产生。"[2] 由上述卢梭的两段论述不难看出，公意得以产生的共识基础是"话语"讨论，也就是说，它需要通过人们在公域中讨论、沟通和辩谈来达成。社会共同体的成员在公域中会公开辩论"公

---

[1]　[法]卢梭. 社会契约论［M］. 李平沤，译. 北京：商务印书馆，2011：33.
[2]　[德]哈贝马斯. 合法化危机［M］. 上海：上海人民出版社，2000：141.

共性"与"私人性"的内涵及其边界，在此基础上，他们会对公域的范围、公域内应有的规则、公域内应该合理给予定位的公共价值目标及其实现的手段等进行公开讨论甚至辩谈，通过"话语"途径，"求同存异"，最终形成符合道德合理性的公意。

三、"公意国家论"：揭示国家实质的一种全新理论模式

如前所述，对"国家的实质究竟是什么"问题的回应，要么认为国家是建立在神意基础之上依据神意运作并用来执行神意的，要么认为国家是建立在暴力基础之上用来维护统治阶级的阶级统治的，要么认为国家是建立在契约基础之上依据契约运作并用来保障契约的。但其实上述各种解读更多是从形式、抽象的人性论和历史经验视角的表面描述，难以论证伊曼努尔·康德（Immanuel Kant）意义上的"一个正当的国家是如何可能的"道德合理性的追问。

我们认为，把握国家的实质最终还应该从"现实的人"出发才能找到"根"。国家的实质到底是什么？我们认为，国家是建立在公意的基础之上的，国家是依据公意来运作的，国家是用来执行和实现公意的，这就是我们的全部观点。正如人的行动背后受其意志支配一样，国家的行动背后也受某种意志的支配，这种意志就是公意。国家不是僵化不变的实体，而是有生命的有机体，正是公意赋予国家生机和活力。众所周知，人不是抽象的存在物，而是"现实的人"，而"现实的人"就是"从事实际活动的人"。这正是马克思"一切社会关系的总和"[①] 意义上的人的本质。马克思这里的"社会关系"是"以一定的方式进行生产活动的一定的个人，发生一定的社会关系和政治关系"，而"社会结构和国家总是从一定的个人

---

① 中共中央马克思恩格斯列宁斯大林著作编译局. 马克思恩格斯选集：第 1 卷［M］. 北京：人民出版社，1995：56.

的生活过程中产生的"①。这意味着，国家不是建立在洛克所谓受自然法支配的抽象的个人之间的契约基础之上的，更不是建立在所谓神的意旨基础之上的，而是"现实的人"在生活过程中建构的。

人除了是"现实的人"之外，还是有各种"需要"的人。马克思明确指出："在任何情况下，个人总是'从自己出发的'，但由于从他们彼此不需要发生任何联系这个意义上来说他们不是唯一的，由于他们的需要即他们的本性，以及他们求得满足的方式，把他们联系起来（两性关系、交换、分工），所以他们必然要发生相互关系。"② 这不仅说明，满足人的需要是人的本质决定的，现实生活中的包括政治关系在内的社会关系能够生成并且发挥作用的依据和动力就在于人的需要，而且还说明，人的需要内在包含着公共需要，即所有人的某些具有普遍性的需要。换言之，人需要"自我保存"，需要安全，需要秩序，需要自由，这些需要不是某一个人或者某些人所需要的，而是社会共同体中每一个人所共同需要的，正因为如此，这些需要才进一步上升为价值。公共需要一旦进入社会关系中就变成了公共利益。在人们长期的交往实践中形成了关于满足公共利益的公共意志合理表达的形式。

那么如何实现人们普遍的公共利益呢？既然公共利益蕴藏在每个人的个人利益之中，而个人又往往更加倾向于重视其私人利益，那么单靠人与人之间的互助和自治（无政府）几乎不可能实现公共利益。也就是说，这种公共利益的满足不是一个人抑或一个群体所能达到的，因为人是"一切社会关系的总和"，个人在努力实现自己的利益的时候总是受到"'关系'中他者"的制约甚或是阻碍，一个人需要的满足往往需要其他人的同意和帮助。那么，公共意志就吁求建构一种最高的政治共同体，用来实现公共

---

① 中共中央马克思恩格斯列宁斯大林著作编译局．马克思恩格斯选集：第1卷［M］．北京：人民出版社，1995：71.

② 中共中央马克思恩格斯列宁斯大林著作编译局．马克思恩格斯全集：第3卷［M］．北京：人民出版社，1960：514.

利益以惠及每一个人。这种政治共同体就是国家。国家就是用来实现"善业"（公共利益）的政治共同体。国家就是在公共意志的基础之上建立起来的一种公共人格，它依据公共意志来运作，以实现公共意志和公共利益为唯一使命。正如埃德加·博得海默（Edgar Bodenheimer）所说："公意'永远站在正义的一边'，主权就是执行公意。"① 这就是国家的实质。

公意国家理论模式与前述各种国家实质理论模式相比无疑具有无可比拟的优越性。这主要体现在：

首先，国家的正当性问题可以迎刃而解。国家为什么是正当的？国家是我们的唯一选择吗？事实上，国家并非人们的唯一选择，人们完全可以不选择国家而选择一种无政府的互助生活状态。比如，以威廉·葛德文（William Godwin）、米哈伊尔·亚历山大罗维奇·巴枯宁（Mikhail Alexandrovich Bakunin）和皮埃尔-约瑟夫·普鲁东（Pierre-Joseph Proudhon）等为代表的无政府主义者就是把无政府状态作为自己的政治选择。然而，人类理性已经发现，无政府状态不足以确保人们共同的"优良生活"，随着社会的日益复杂，这种可能性几乎为零。于是，威廉·布兰克斯通（William Blackstone）说，无政府状态比暴政更差，任何政府都强于无政府。如此，国家就成为我们的必然选择了。那么我们为什么要选择国家呢？国家的正当性在哪里呢？国家正当与否，关键看这个国家是不是全体人民的并且为全体人民的公共利益服务的。依靠暴力实现统治的国家毕竟不能够涵盖所有人，被统治阶级被排除在国家生活之外，国家只实现和维护统治阶级的利益而不维护和实现被统治阶级的利益，这样的国家不具有正当性。"公意国家论"则不同。它是国家共同体内全体人民所共同拥有的国家，是为了实现和维护全体人民共同利益而存在的，因此，它具有无法比拟的道德合理性。也只有这样的国家，人民才具有服从的普遍道德义务。

其次，"公意国家论"有利于塑造公民的公共道德责任和国家认同感。

① ［美］埃德加·博得海默. 法理学：法哲学与法律方法［M］. 邓正来，译. 北京：中国政法大学出版社，2004：71.

"公意国家论"昭示着国家是全体人民的国家，是不同民族身份、不同性别、不同种族、不同宗教信仰、不同党派、不同政见、不同社会习俗和不同地域的人民共同的国家，国家按照人民的公共意志来运转，人民享受着来自国家的普遍利益和幸福。在这种情况下，人民就会自然而然地不断增强对国家的认同感，国家政治生活的社会纽带就会越来越结实。除此之外，人民意识到自己对公共事务以及公共利益的意志会影响国家的命运从而影响自己的命运，因此，就会树立"天下兴亡匹夫有责"的公共道德责任和参与意识，人民的公共精神才会得以逐渐塑造。

四、对国家与政府同一的谬见的辨正

如前所述，国家实质上是建立在公意基础之上并且依据公意来运作的一种政治共同体，其最终目标是为了表达并实现公意。这意味着：公意是国家产生的基础和依据，国家只对公意负责并受其监督；既然如此，那么国家是全体人民共同之事，绝非一人、一家族甚或一集团之事。国家的道德合理性与正当性正源于此。因此，国家的基础即公意是共同体中每一个人的共同的普遍的意志，同时每一个人的命运都系于国家的命运上，关心国家命运就是关心自己的命运，把自己的命运交给不对自己负责的极少数人，这样的国家是不正当的。

然而，相当一部分人却把国家与政府同一起来了，这不仅是一种误解，而且还会导致严重的后果。一些人被"朕即国家"所迷惑，认为"朕"与国家是高度融合和同一的；一些人被"普天之下，莫非王土；率土之滨，莫非王臣"所诓骗，认为国家是"王"的国家，国家的实质即执行"王"的意志，国家依据"王"的意志来运作，而与国家内部占人口绝大多数的老百姓无涉。类似前述的认识共同蕴含了一个值得思考的问题：朝代和政权更迭是国家消亡吗？是政府消亡而非国家消亡。那种认为是国家消亡的人错就错在他把政府等同于国家，之所以会产生如此的误解，可能主要是因为在漫长的封建社会中，国家和政府常常合二为一，没有区分，统治者

代表国家，政治权力的正统性来源于历史传统和现实力量的对比。换言之，统治阶级的权力合法性来源于马克斯·韦伯（Max Weber）所谓的传统型或者奇理斯玛型权力，统治阶级代表国家，组成政府，似乎国家就是少数统治阶级的，而与人民大众没有丝毫关系。其实政府与国家绝不能相等同，二者之间有着明确的分界。

一方面，国家是原生物，政府是衍生物。国家的内涵和范围要比政府宽泛得多，国家涵盖政府。国家与政府也不是处于同一序列的平等地位的关系，政府比国家更次一级。国家是政府产生的基础和条件，没有国家就没有政府。政府的权力来自国家的赋予与认可。人们表达公意形成国家之后事情远远还没有完，关键是执行并实现公意。国家诞生之后，作为公意体现者的国家不可能各种公共事务事无巨细都亲自处理，必须委托一个组织来执行，它就是政府。国家与政府之间是委托与被委托的关系，国家委托政府并给予政府行政权力处理和执行国家内、外部的具体事务和法律，政府当然也要在法律规定的范围内行动。

另一方面，政府是少数人的事，而国家是全体人民共同的事业。如前所述，"朕""王"等都是政府的代名词，是少数管理者的事情，他们的职责应该是如何更公正、更有效率地执行和实现公意和人民的公共利益。反之，国家是全体人民共同的事业，与每一个人都息息相关，而非政府官员自己的事情。把国家与政府混为一谈的可能后果有三个：

一是容易滋生普遍的政治冷漠。国家与政府不分容易使绝大多数人认为国家之事是"肉食者"之事，与己无关，长期下去会造成对国家的普遍的政治冷漠。人们只关心私人生活领域内的与自己私人利益密切相关的事情，而长期游弋于公共生活领域之外，造成"公共生活的私人化症状"。

二是容易侵蚀国家的政治认同感。政府理应为实现公共利益而行动的形式正义往往被某些人谋私利的腐败行为的实质正义所解构。把政府等同于国家就会给人一种国家在腐败的印象和感受，从而造成人们对国家普遍的不认同，从而可能导致共同生活基础的丧失和失序。

　　三是不利于塑造现代公民。把政府与国家等同起来，以为国家之事与己无关，长期远离于国家政治生活之外，不利于公民"天下兴亡匹夫有责"的责任意识的培养，对于参与意识、主体意识和认同意识的塑造也都非常不利。人们的政治道德责任意识淡薄，对于其共同命运所赖以存在的国家共同体命运的淡漠，对于关怀他人切身利益的公共精神的缺乏，从根本上说都有害于国家共同体的维系和长期健康发展。正因为如此，我们才提出要从根本上澄清上述认识上的误区，坚持国家与政府二分的正确态度和认识。

（原载《武陵学刊》2013 年第 6 期）

国内学术界涉农领域"微腐败"研究述评

　　涉农领域"微腐败"是当代中国基层社会治理的难题之一，能有效防治对于切实保障和改善民生、赢得民心民意、巩固党的基层政权和执政基础以及提升基层政府公信力具有重要意义。党的十八大以来，随着党"打虎""拍蝇""猎狐"等重拳反腐的一体推进，涉农领域"微腐败"问题逐渐引发国内学术界的普遍关注与争相讨论。廖晓明认为，自我国2014年实施精准扶贫政策以来，涉农领域"微腐败"问题成为媒介和学术界关注的热点①，学者对其展开了多角度的初步探究，提出的理论问题值得思考，得出的结论也不乏真知灼见。梳理和审视国内学术界基层扶贫"微腐败"的既有研究成果，是将其研究引向深入的迫切需要。

一、研究现状

　　自从2012年沈凝首次提出"微腐败"② 概念以后，虽然国内学术界关于涉农领域"微腐败"的研究从总体上看才刚刚起步，但既有研究涉及的主题却呈现出"广""博"的突出特点，包括涉农领域"微腐败"的内涵、特点、后果、成因和防治路径。

---

　　① 廖金萍，廖晓明．基层扶贫"微腐败"：生成逻辑与治理路径：基于交易成本政治学分析框架 [J]．求实，2020（2）：37-45，110.
　　② 沈凝．"微"腐败不可不防 [J]．中国检验检疫，2012（11）：60.

（一）涉农领域"微腐败"的内涵

学者指出，涉农领域"微腐败"涉及如下质的规定性：就主体看，涉农领域"微腐败"是"村两委干部"① 的行为。"级别较低"，掌握并行使着小微权力。② 有学者认为，"微腐败"治理应将所有公务人员（包括群众自治组织中从事管理的人员）囊括在内③，但有学者反驳，认为不应盲目扩张"微腐败"的主体范围，否则会导致"监管泛化""口袋罪"④ 的后果。从本质看，有学者认为，涉农领域"微腐败"尽管同其他形式的腐败相比具有特殊性，但本质相同，都是以权谋私的行为。就内容来说，有部分学者没有把不正之风纳入涉农领域"微腐败"范围之内，认为涉农领域"微腐败"主要是指与"大腐败"相对应的腐败现象，是"小腐败"行为，学者也一致认为，涉农领域"微腐败"也包括一些不正之风。从程度上看，卜万红把"小官大贪"视为"微腐败"⑤，但周师表示反对，认为"小官大贪"与"微腐败"不可等同，这是混淆概念的"不当之举"⑥。学者较为普遍地认为涉农领域"微腐败"轻微，不易被人察觉。

（二）涉农领域"微腐败"的特点

不同的学者研究涉农领域"微腐败"的特点，因各自侧重点不同得出的结论也不尽相同。概括起来包括以下几方面：一、小微性。涉农领域"微腐败"所涉及的金额一般较小，一条烟，两瓶酒，几百元、上千元至多几万元，与动辄几百万、上千万甚至以亿元计的"大腐败"形成鲜明对

---

① 胡杨．反腐败导论［M］．北京：中共中央党校出版社，2012：4.
② 联合课题组．规范乡村权力运行是治理"微腐败"的治本之举：河南省淮阳县开展"微权四化"廉政体系建设的调查与思考［J］．中州学刊，2017（5）：21-24.
③ 余雅洁，陈文权．治理"微腐败"的理论逻辑、现实困境与有效路径［J］．中国行政管理，2018（9）：105-110.
④ 刘宁．软法视野下乡村"微腐败"治理研究［J］．廉政文化研究，2019，10（5）：52-61.
⑤ 卜万红．"微腐败"滋生的政治文化根源及治理对策［J］．河南社会科学，2017，25（6）：63-69.
⑥ 周师．"微腐败"概念辨析［J］．湖南工程学院学报：社会科学版，2019，29（2）：75-79.

比，单独一次"微腐败"所得折合钱款一般比较小。二、隐蔽性。涉农领域"微腐败"不是行为主体直接公开地向农民索贿，而是借助诸如截留扶贫资金、侵占危房改造补偿款、侵占房屋和拆迁补偿金等过程实施以权谋私行为，往往不易被发现，具有较强的隐蔽性。三、广泛性。从规划、土地、基建、农林、水利、民政到拆迁，从科技扶贫、低保户认定到农村"三资"，涉农领域"微腐败"可谓无孔不入。四、基层性。涉农领域"微腐败"具有浓厚的基层性特征，就发生在群众身边。习近平总书记在十九届中央纪委五次全会上强调，需要持续整治群众身边腐败和作风问题。五、危险性。习近平总书记把"消极腐败危险"视为需要防范的"四种危险"之一，虽然涉农领域"微腐败"具有涉案金额小和不易被发现等特点，但千里之堤毁于蚁穴，对农民利益、群众获得感以及党和政府的公信力①，都具有极强的渐蚀性，可能会成为大祸害。六、群体性。就近年来的案件来看，涉农领域"微腐败"的"抱团"式腐败窝案居多，涉农领域"微腐败"主体尽管级别低，但却具有明显的群体性特点，往往相互勾结，结党营私，沆瀣一气，结成腐败联盟，利用手中的小微权力谋取私利。七、难治性。正是因为涉农领域"微腐败"具有前述的小微性、隐蔽性和基层性等特点，加上腐败的风险低，"难以入刑"②，所以不仅"易发多发"③，而且因涉及多个领域、抱团腐败、可能证据不足等导致难以根治。

（三）涉农领域"微腐败"的表现

涉农领域"微腐败"的本质是以小微权力谋取私利。根据私利的不同类型，学者主要是从如下维度分析涉农领域"微腐败"的表现：一是以权

---

① 习近平. 在第十八届中央纪律检查委员会第六次全体会议上的讲话［N］. 人民日报，2016-05-03（2）.

② 邬沈青，郭玉梅. 基层"微腐败"的成因及其纠治路径探析［J］. 海军工程大学学报：综合版，2019，16（2）：13-16.

③ 孔继海，刘学军. 新时代乡村"微腐败"及其治理路径研究［J］. 中共天津市委党校学报，2019，21（3）：69-74.

谋钱。主要是通过平分低保金、坐收坐支、假账套取、直接占有、私自挪用、故意流失、公款私存、公款放贷、擅自出租、强制征用、截留钱款等多样化的形式侵占集体"三资",有学者还特别强调要警惕"微信红包""微腐败"这样一种新型的"微腐败"形式①。二是以权谋权。主要是通过伪造选票、拉票贿选、暴力威胁等方式故意干扰、破坏和"扭曲民主选举"②。三是作风问题。包括违规公款消费、庸政懒政和失职渎职、纪律责任意识不强等。

（四）涉农领域"微腐败"的后果

涉农领域"微腐败"会导致党的执政根基不断受到侵蚀,危害党与国家的形象,透支党和政府的公信力,使党和国家的惠民政策落空,"降低行政效率,提高行政成本"③,"恶化了政治生态,造成潜规则盛行"④,使社会不稳定,不利于全面建成小康社会和全面推进乡村振兴,对人民群众特别是农民造成切实利益的侵害,农民的幸福感与获得感被剥夺等。

（五）涉农领域"微腐败"的成因

对于涉农领域"微腐败"的成因,仁者见仁,智者见智,不同的学者有各自不同的看法。总体来说,可归纳为以下几方面。

1. 意识观念层面的成因

一是心理原因导致涉农领域"微腐败"。有学者认为,乡村干部存在侥幸心理和"法不责微"⑤ 的心态,这是导致其"微腐败"行为发生的重

---

① 刘亚萍. 警惕"微信"背后的"微腐败" ［J］. 思想政治工作研究,2014 (3):
53.

② 王建设. 农村"微腐败"问题表象和特征剖析 ［J］. 黄河水利职业技术学院学报,
2020,32 (2):98-100,104.

③ 陈扣礼,姚云霞. 聚力治"蝇贪"严查"微腐败":以扬州市邗江区为例 ［J］. 中
共南京市委党校学报,2017 (6):37-42.

④ 李海涛. "微腐败"易发难治的原因及治理机制构建 ［J］. 领导科学,2020 (10):
23-25.

⑤ 傅思明. 治理"微腐败"必须无"微"不"治"［J］. 人民论坛,2017 (20):39-
41.

要原因。也有学者认为，是精准扶贫干部的"'明面不足暗地补'的补偿心理"① 导致的"微腐败"。在村干部看来，脱贫攻坚任务繁重，自己付出的东西过多而获取的报酬又过少，在社会拜金风气作用下村干部中的少数难免会通过"微腐败"来找补。二是法律意识淡薄导致涉农领域"微腐败"。学者不约而同地认为，涉农领域"微腐败"的行为主体是乡村基层干部，其学历普遍较低，绝大多数人没有接受过高等教育，普遍存在法律知识和法律意识淡薄的问题②。三是错误的权力观导致涉农领域"微腐败"。学者认为，涉农领域"微腐败"实质上是小微权力没有得到正确行使而导致的，根源在于错误的权力观。有些乡村基层干部未能牢固树立"权为民所赋，权为民所用"的正确的权力观，却认可"有权不用，逾期作废""不吃喝不办事"的错误的权力观，"错误的权力观误导行为取向"③，因此，涉农领域"微腐败"的现象才频发易发多发。四是村民维权意识匮乏导致涉农领域"微腐败"。学者强调，涉农领域"微腐败"应归因于小微权力的监督"虚化"，而监督的"虚化"又应归因于村民缺少依法维权的能力及村民"文化和教育的缺失"④。

2. 文化层面的成因

一是盛行的圈子文化导致涉农领域"微腐败"。学者认为，圈子文化污染风清气正的政治生态，要害在于公权私用，这是涉农领域"微腐败"的重要推手，"微腐败"之所以发生，就是因其假借了人情世故和村级社会的圈子文化。二是浓厚的"官本位"价值观导致涉农领域"微腐败"。学者认为，形成于中国封建社会的以官本、官尊、官贵为价值取向的"官

---

① 李剑. 毕节市扶贫攻坚场域基层"微腐败"问题调研 [J]. 贵阳市委党校学报，2019 (4)：31-37.
② 李明. 农村基层"微腐败"，全面小康"大祸害" [J]. 人民论坛，2017 (20)：36-38.
③ 李有林. 从"小事弄权"看"微腐败"的大祸害及防避对策 [J]. 领导科学，2019 (19)：9-11.
④ 庞达，张健彪. "微腐败"的行为本质、产生根源及治理途径 [J]. 临沂大学学报，2019，41 (5)：128-136.

本位"在乡村发展得根深蒂固,在其影响下难以确立以人为本或以人民为中心的政治价值观,"'官本位'思想浓厚"① 成为滋生涉农领域"微腐败"的重要文化酵素。三是邹东升认为"腐败亚文化"② 导致涉农领域"微腐败"。腐败亚文化主要是指容易滋生腐败行为的各类潜规则和一切陈旧腐朽的思想观念,潜规则盛行的腐败亚文化必然滋生涉农领域"微腐败"。封建主义和资本主义糟粕文化也是涉农领域"微腐败"的酵素。

3. 制度层面的成因

有学者指出,在广大乡村,正式制度的权威性被非正式制度侵蚀所导致的制度虚置以及涉农的如管理和考核制度等不完善、不健全,导致了涉农领域"微腐败"的发生。也有学者认为,乡村正式制度式微,难以主导政治秩序,必然依靠非正式制度来维持,而各种非政治制度却又成为涉农领域"微腐败"的重要诱因。③

4. 行为层面的成因

一是胡一凡认为"目标置换与资源依赖关系强化"④ 导致涉农领域"微腐败"。这种观点认为,一旦小微权力与资源配置方式出现失衡,就会强化乡村基层组织和企业之间的资源依赖关系,成为涉农领域"微腐败"的诱因。二是村务公开不够导致涉农领域"微腐败"。有学者强调,村务公开搞选择性公开,公开的内容水分和折扣很大,这种流于形式的村务公开难以让村民有效监督。三是对小微权力的无效监督导致涉农领域"微腐败"。有学者分析指出,乡村的"草根"性浓厚,"原子式"的村民缺乏

---

① 王虹. 基层"微腐败"预防及治理路径研究 [J]. 齐齐哈尔大学学报:哲学社会科学版,2020 (2):53-55,66.

② 邹东升. "微腐败"的治理经验与路径 [J]. 西南政法大学学报,2018,20 (3):127-135.

③ 马华,王红卓. 从礼俗到法治:基层政治生态运行的秩序变迁 [J]. 求实,2018 (1):50-59,110-111.

④ 胡一凡. 我国基层扶贫领域"微腐败"的成因及治理:基于政治生态理论框架的解释 [J]. 河南社会科学,2020,28 (2):105-112.

组织性，难以有效地制约和监督村委会。① 学者认为，一方面，为生活奔波的农村贫困户无暇关注扶贫政策变化；另一方面，涉农领域"微腐败""微"到不可见使其忽略了对小微权力行使者的监督。也有学者强调，对权力的无效监督②必然导致涉农领域"微腐败"的发生。

5. 经济压力层面的成因

有部分学者认为，村干部的薪水普遍较低，甚至比不上同乡或同村的外出务工人员，长此以往很可能会逼迫其利用手中的小微权力谋取私利。无独有偶，有学者认为，村干部甚至连"七品芝麻官"都算不上，俗话说，"上面千条线，下面一根针"，其担负的事务繁杂而琐碎，付出与收获失衡，因此，诱发涉农领域"微腐败"。

（六）关于涉农领域"微腐败"的防治路径

如何防治涉农领域"微腐败"是学者最为关注的问题，研究中所提出的对策观点体现了高度的责任担当、浓厚的为民情怀和鲜明的时代特征。

第一，提高政治站位，充分认识涉农领域"微腐败"的极大危害性及其治理的艰巨性和长期性。学者认为，思想是行动的先导，防治涉农领域"微腐败"首先要提高政治站位，要深入学习贯彻习近平总书记关于"微腐败"及其治理的重要论述，充分认识涉农领域"微腐败"给党、国家和人民带来的"大祸害"。历史、文化、现实等多重因素相互交织决定了"微腐败"的防治绝不是一蹴而就的，也不可能"毕其功于一役"。

第二，根除"微腐败"亚文化，开发和运用传统家族文化中的积极因素。基于潜规则等"微腐败"亚文化是涉农领域"微腐败"的重要文化根源，学者强调，重点破除村干部"微腐败"亚文化思维和村民的"微腐败"亚文化观念，营造风清气正的文化环境。学者们也指出，我国传统家

---

① 何金凤，王晓荣. 农村党组织治理能力提升与基层政治生态优化［J］. 理论学刊，2016（3）：42-47.

② 周师. 精准扶贫中农村基层干部的"微腐败"及其治理路径［J］. 理论导刊，2018（1）：54-58.

族文化并非都是诱发涉农"微腐败"的文化糟粕，其中也蕴含着丰富的廉洁、修身、齐家的家风文化，防治涉农领域"微腐败"也要有效利用优秀传统文化中为民、务实、清廉等积极因素。

第三，以法制的刚性约束防治涉农领域"微腐败"。关于依法防治，学者们提出，要贯彻落实全面依法治国的战略部署，防治涉农领域"微腐败"同样要依照法律。但不同的学者也有不同的理解。有学者指出，防治涉农领域"微腐败"所依据的法有"硬法""软法"之分，只有软硬结合起来才能更加有效。关于以制防治，首先，要"以清单的形式"① 列举、界定和公开村"两委"及其干部的权、责、利，"建好权力清单、责任清单、进程清单"②，从而确保小微权力在其正确的轨道上运行。如浙江省宁海县推出《宁海县村级权力清单 36 条》③，把涉农的 19 项公共权力事项及17 项便民服务事项予以制度化、清单化，收到良好的效果。其次，必须建立健全有效的监督机制和巡察制度，以权力（权利）制约涉农领域的小微权力，形成不敢腐的心理威慑，扎紧织密不能腐的制度笼子。有学者特别强调，要"创新村务监督方式"④，决不能让村务监督流于形式，成为摆设。最后，必须要解决村民和村干部信息不对称的问题，只有严格落实村务公开制度，才能实现信息公开与共享。袁方成认为，建立健全政务和村务公开的联动运行机制⑤，才能有效防治涉农领域"微腐败"。有学者主张必须优化和落实管理监督、监督考核和责任追究制度。还有学者强调，要

---

① 张志胜. 精准扶贫过程中的村官违纪：生成机理与治理路径［J］. 财贸研究，2017，28（6）：58-64.

② 本书编写组. 基层"微腐败"典型案例剖析［M］. 北京：中国方正出版社，2016：2.

③ 杨守涛. 农村基层廉政建设的系统构建与有效运行：宁海县小微权力清单治理"微腐败"机制研究［J］. 中共福建省委党校学报，2019（6）：91-96.

④ 邹木火. 创新村务监督方式，治理农村基层党组织"微腐败"［J］. 黑河学院学报，2019，10（11）：85-86.

⑤ 袁方成，郭易楠. "双务"公开联动与乡村"微腐败"治理［J］. 党政研究，2019（2）：33-42.

建立重大事项集体讨论、集体决策制度①。

第四，依靠科技监督涉农领域"微腐败"行为。学者主张运用大数据技术强化对扶贫资金和项目的追踪、预警和监督，以便精准锁定涉农领域"微腐败"行为。有学者同样主张运用大数据技术，只不过是侧重于构建可共享的大数据信息平台，为举报涉农领域"微腐败"行为搭建平台。

第五，依靠教育防治涉农领域"微腐败"。有学者认为，加强对乡村基层干部的教育是有效防治涉农领域"微腐败"的有效途径。关于开展什么内容的教育，绝大多数学者强调要强化廉政教育；有的主张强化"三个以案"的"警示教育"②，形成震慑；还有的则主张强化"法治教育"③。

第六，激励与惩处相结合防治涉农领域"微腐败"。在激励方面，有学者主张建立"正向激励机制"④，实现乡村基层干部责、权、利的平衡，以克服因责、权、利失衡而导致的"补偿心理"；有学者建议"完善村主职干部工作报酬正常增长机制"⑤，逐步探索并实现农村基层干部的职业化，使其获得固定的养老保险、医疗保险和工薪报酬等物质及精神所得。在惩处方面，学者一致认为，当前对于乡村基层干部"微腐败"行为的惩处力度不够，需要加大"惩处力度"，使其深刻意识到"微腐败"得不偿失。

第七，发挥村民和基层党组织的主体监督作用。学者主张，需增强和提供村民参与涉农领域"微腐败"治理的意识与通道；要想增强村民明辨

---

① 汪燕，桑志强. 农村"微腐败"怎么治 [J]. 人民论坛，2016 (31)：50-51.
② 中共广东省江门市新会区委. 治理基层"微腐败"的新会探索 [J]. 人民论坛，2017 (23)：114-116.
③ 代娟. 治理基层"微腐败"的思考 [J]. 人民论坛，2016 (28)：48-49.
④ 李丹青. 精准扶贫领域干部"微腐败"问题的产生原因及治理机制：基于四川省X县的现实考察 [J]. 廉政文化研究，2019，10 (4)：59-66.
⑤ 李威. 基层"微腐败"的危害及治理 [J]. 天水行政学院学报，2016，17 (6)：38-41.

是非的能力需强化法治宣传，通过"百姓问廉"① 的方式有效防治涉农领域"微腐败"。学者强调，一些乡村基层地区"微腐败"频发多发，与基层党组织软弱涣散和整治不力有关。学者认为防治之道在于高质量地推进基层党组织建设，同时，要压紧压实省委书记、部门主要负责人以及市县纪委、乡镇纪委的监督责任。

此外，还有学者根据无缝隙政府理论，提出防治涉农领域"微腐败"要使"政策、党规与国法衔接配套，党纪、政纪、法纪无缝契合"②，主张运用自治、法治和德治的合力配套治理。

二、研究评价

（一）学术贡献

国内学界已有研究成果具有如下学术贡献。

1. 拓宽了涉农领域"微腐败"问题的研究空间。腐败问题一直备受关注，但国内学术界关注更多的还是侧重于影响巨大的"老虎式"腐败问题，对"微腐败"，特别是对于涉农领域"微腐败"的研究相对不足，直到 2012 年才发表了第一篇专门研究"微腐败"问题的文章，"微腐败"早已客观存在，国内学界却没有给予关注。党的十八大以来，特别是习近平总书记第一次明确使用"微腐败"概念以后，越来越多的学者意识到，"微腐败"并不比"大腐败"的危害小，防治涉农领域"微腐败"对于维护基层群众切身利益、建成全面小康社会以及夯实党在基层的执政根基极其重要，所以，涉农领域"微腐败"研究成了党风廉政建设和反腐败斗争领域的一个新的学术增长点，扩展了涉农领域"微腐败"问题的研究空间。

---

① 杜治洲. 改善基层政治生态必须治理"微腐败"［J］. 中国党政干部论坛，2016（11）：37-38.
② 邹东升，姚靖. 新时代"微腐败"治理的纪法衔接［J］. 理论探讨，2019（1）：128-134.

2. 推进了马克思主义反腐败理论体系的中国化。国内学术界关于涉农领域"微腐败"的研究成果是在马克思主义理论指导下取得的，学者自觉或不自觉地运用马克思主义权力观的相关理论和方法对涉农领域"微腐败"的研究进行理论论证及建构。如"权力异化导致腐败""以权利制约权力""人民是权力的主体""权为民所赋""权为民所用"等思想，推动了国内学术界对马克思主义经典作家权力腐败相关问题的研究。同时，学者结合时代条件和中国国情的研究，也反过来丰富和发展了马克思主义反腐的理论宝库，比如，学者们提出的运用现代网络和大数据技术，根除腐败亚文化等来防治涉农领域"微腐败"做到了与时俱进，体现了中国特色。

3. 为全面从严治党向基层延伸提供了有益参考和理论支撑。党的十八大以来党和国家高度重视全面从严治党，从"打虎"到"拍蝇"，彰显了全面从严治党的基本路线图。党中央还提出精准扶贫和全面推进乡村振兴后，大量扶贫物资向乡村倾斜，涉农领域"微腐败"也随之出现。正是在这一背景下，涉农领域"微腐败"研究才成为学术热点，学者从涉农领域"微腐败"的表现、特征、危害、成因、防治对策等方面进行的研究，无疑对推动全面从严治党向基层延伸和党的建设提供了有益的参考和理论支撑。

（二）不足之处

1. 整体学术研究水平有待提升。首先，学术成果以省级以下报纸文章为主，学术含量高的期刊文章和专著偏少。从成果呈现的载体形式来看，多以省级以下影响力较小的报纸为载体刊载，"三报一刊"和专著形式呈现的成果明显偏少。其次，重视观点呈现，忽视学理探讨。从总体上看，既有研究成果更多的是抛出观点，至于为什么抛出这一观点，或者说抛出特定观点的内在理据是什么则语焉不详，往往缺乏学理性支撑。最后，存在一稿多发和低水平重复的问题。一稿多发、低水平重复前人观点，影响涉农领域"微腐败"研究的深入开展，造成创新性不足，新的学术增长点阙如。

2. 研究内容有待深化、拓展。首先，从内涵上看，"微腐败"到底该如何界定，国内学术界尚无完全一致的意见，有的学者把"小官巨腐"也归入"微腐败"的内涵中来，那么，"微腐败"和"大腐败"的界限到底在哪里？对基本概念认识的不统一甚至泛化，不仅会带来思想上的混乱，而且也不利于涉农领域"微腐败"的有效治理。其次，从基础性研究来看，国内学术界尚未对涉农领域"微腐败"展开学术史的梳理与述评工作。对自2012年至2020年期间涉农领域"微腐败"综述性研究的缺乏直接导致国内学术界难以从整体上把握既有研究现状，也难以明确未来研究的方向，特别是前沿性研究课题，这也是导致前述低水平重复前人观点的重要原因所在。最后，从防治策略研究来看，国内学者提出的防治之策多是原则性的、方向性的、粗线条的，至于如何操作，则语焉不详。众所周知，防治涉农领域"微腐败"应该反特权和根除"官本位"，但在如何反特权和根除官本位上则并未提出有效对策。

3. 研究方法有待创新。已有的研究成果多是采取文献研究方法和案例分析方法，侧重于对党的文献及党和国家领导人重要讲话精神的解读和定性分析，偏重于对精准扶贫和精准脱贫实践中发生的涉农领域"微腐败"典型案例的剖析，并据此分析成因、提出对策。文献研究方法和案例分析方法固然重要，但是，涉农领域"微腐败"不仅是一个理论问题，更是一个实践问题，对其治理是一项系统工程，涉及马克思主义理论、文化学、哲学、政治学、社会学等多个学科，所以系统分析法、多学科综合研究法，特别是实地调查法更为重要，后者对获取涉农领域"微腐败""第一手"资料，增强研究的针对性和说服力，意义更大。

三、深化方向

涉农领域"微腐败"已成为国内学术界关注的焦点问题，明确了进一步深化研究的方向紧要且迫切。

（一）深化涉农领域"微腐败"相关基础性概念的研究

基础性概念是进行学理性探讨的前提，研究中的分歧之所以出现，与基础性概念没有厘清密切相关。为此国内学术界应该集中力量，展开对涉农领域"微腐败"特别是对"微腐败"相关基础性概念的研究，旨在就概念界定达成共识并统一规范。比如说，"微腐败"与"小官巨腐"究竟是不是一回事存在争议，有学者认为二者可以等同，有的则认为不可以等同，"巨腐"已经超越了"微腐败"的界限。又比如，"微腐败"与"亚腐败""灰色腐败""黑色腐败""白色腐败"又有何异同？有的观点认为，"'微腐败'，又称小腐败、亚腐败、非典型性腐败"①，而有的学者则认为它们之间存在着区别，不能简单相等同。到底它们之间有无区别，若有，在哪里？这值得深入研究。

（二）深化涉农领域"微腐败"对策建议研究

研究者要带着明确的问题意识深入探讨三个关键问题：其一是防治涉农领域"微腐败"应当遵循的原则有哪些？防治涉农领域"微腐败"决不能搞"运动式"反腐模式，也不能因噎废食，暂停或者延缓全面推进乡村振兴战略，这就必须有一些恰当的原则。其二是如何通过充分发挥农村基层党组织在党风廉政建设和反腐败斗争中的战斗堡垒作用。中共中央印发《中国共产党农村工作条例》明确提出村支书和村主任一肩挑，这是以全面从严治党引领农村基层反腐倡廉的基本思路的体现。那么，如何强化农村基层党组织建设以来有效防治涉农领域"微腐败"，仍然需要深入思考。其三是如何根除几千年遗留下来的特权和"官本位"思想对农村基层干部的影响；如何破除中国封建社会传统文化的"糟粕"因素对农村基层干部的消极影响；如何发挥中国传统优秀廉政文化作用，涵养农村基层干部为民、清正、廉洁的作风。这些都是值得深入探讨的。

---

① 本书编写组．"微腐败"警示录：违纪违规 100 个典型案例剖析［M］．北京：中国方正出版社，2015：1.

（三）深化习近平总书记关于涉农领域"微腐败"重要论述的研究

自从 2016 年 1 月在中共十八届中纪委第六次全会上首次提出并使用"微腐败"一词以来，习近平总书记又先后在多个场合就涉农领域"微腐败"及其防治提出一系列重要论述，可见习近平总书记对涉农领域"微腐败"的关注程度之高。但国内学术界专门系统研究习近平总书记关于涉农领域"微腐败"重要论述的成果仍十分鲜见。事实上，习近平总书记关于涉农领域"微腐败"重要论述的理论渊源、实践基础、重要意义、精髓要义、基本特征、丰富内容和实践要求等自成体系，对其展开系统研究既是全面深刻理解习近平新时代中国特色社会主义思想的重要条件，也为防范和治理涉农领域"微腐败"提供了指导思想和基本遵循方针。

（原载《黑河学院学报》2022 年第 4 期）

"微腐败"概念辨析

习近平总书记在中央纪委十八届六次会议上明确提出了"微腐败"的概念。"微腐败"是中国共产党在推动全面从严治党向基层延伸、向纵深发展过程中必须直面并亟待解决的重大现实问题。卜万红指出,推动全面从严治党向基层延伸,必须下大力气"治理'微腐败'"①。虽然"微腐败"概念正式提出的时间较短,但是,学术界关于"微腐败"的探究却越发热烈。有学者侧重于"微腐败"的表现、危害、成因,尤其是治理对策方面,其成果不乏真知灼见。然而学者们要么将"微腐败"视为路人皆知、不证自明的,要么想当然地随意界定,导致"微腐败"歧义丛生,在理论层面会把人们的逻辑引向混乱,在实践层面会在应用"微腐败"的治理对策时让人无所适从。究其原因,既有研究的一个具有共性的"硬伤"是缺乏"澄清前提"式的基本概念的探究。本文采用规范研究方法旨在厘清"微腐败"概念的内涵、外延及与其相近概念的差别。

一、"微腐败"概念的内涵

任何一个事物的概念均包含内涵和外延两个维度。一个事物概念的内涵即其含义,是该概念所反映的事物对象所特有的属性。"微腐败"的内涵是反映"微腐败"区别于其他腐败概念的固有属性,所以,厘清"微腐

---

① 卜万红．"微腐败"滋生的政治文化根源及治理对策［J］．河南社会科学,2017,25（6）：63.

败"概念，必须全面准确地把捉其内涵。从逻辑上看，"微腐败"是腐败的一个面相，与后者构成了个性与共性、特殊与一般的关系，其内涵与后者既有相通之处，当然也存在矛盾特殊性的一面。在中国文化语境下，腐败具有泛指意蕴，"以权谋私"与违背道德习俗的行为均被视为腐败。"人们在社会政治生活中使用腐败一词，既可指个人运用公共权力来达到个人目的，也可指个人的各种不符合社会道德规范和习俗的行为和活动，哪怕这些行为并不在公共生活领域内。这是中国文化的特殊性，家国一体，伦理政治，修身养性治国平天下，将个人生活与公共生活融为一体，没有人为的划分，个人在公共领域和私人领域的违背社会道德、法律和传统规范的行为，都会被认为是腐败行为……西方文化对公共领域和私人领域有较为明确的划分，不少行为虽不高尚，但不属于腐败范畴。"① 那么，作为腐败的一个种属，"微腐败"理所应当也包含着"以权谋私"及违背道德习俗的行为双重意蕴。

然而，"微腐败"又有不同于其他形式腐败的固有内涵，具体表现在：

第一，"微腐败"发生在基层。"微腐败"总是与基层联系在一起，"基层"一词是"微腐败"概念的必然要素。"微腐败"概念是习近平总书记在阐述"推动全面从严治党向基层延伸"② 时首次提出的。在我国，基层主要包括"企业、农村、机关、学校、科研院所、街道社区、社会组织、人民解放军连队和其他基层单位"③，还包括"街道、乡、镇党的基层委员会和村、社区党组织"④。"微腐败"的这一规定性将其同发生在中央和地方两级的腐败行为区别开来。

第二，"微腐败"的主体是基层干部。基层干部构成"微腐败"概念的主体要素，包括乡、镇、农村、机关、街道社区、人民解放军连队以及

---

① 王沪宁. 反腐败：中国的实验［M］. 海口：三环出版社，1990：3-4.
② 习近平. 在第十八届中央纪律检查委员会第六次全体会议上的讲话［N］. 人民日报，2016-05-03（2）.
③ 中国共产党章程［M］. 北京：人民出版社，2017：43.
④ 中国共产党章程［M］. 北京：人民出版社，2017：46.

公立的企业、学校、科研院所、社会组织和其他基层单位的干部。"微腐败"的这一质的规定性将其同中央和地方干部的腐败行为相区分。有学者将"微腐败"定义为"由县级及以下基层工作人员滥用公权力所导致的腐败现象"①。我们认为,他们将"县级工作人员"视为"微腐败"主体的做法是值得商榷的。根据我国现行宪法,国家的行政区划分为四级,其中明确规定,县、自治县分为乡、民族乡、镇,就是说,乡、镇一级才是真正意义上的基层,县系乡镇的上一级,不属于基层,县级工作人员不是基层干部,也就不是"微腐败"的主体。

第三,"微腐败"的客体是小微(公共)权力。基层干部手中行使的权力是人民赋予和委托的在基层党、政府和其他社会组织中担任领导职务抑或技术职位的干部履职尽责的公共权力,代表着社会的公共利益。与中央和地方两级干部所管辖的范围及可支配的资源相比,基层干部手中的公共权力往往具有"小""微"的特点。

第四,"微腐败"的目的(或者说"标的物")是谋取涉及财务数额比较小的私利或者基层干部作风问题。习近平总书记指出,"微腐败"行为主要表现为"虚报冒领、克扣甚至侵占惠农专项资金、扶贫资金""在救济、补助上搞优亲厚友、吃拿卡要"。② 与"老虎式""巨贪"不同的是,"微腐败"所"涉及财务数量和金额……一般都比较少,有些是不涉及财物的干部作风问题"③。

第五,"微腐败"的后果是损害基层群众的切身利益。基层群众是基层干部"微腐败"的直接受害者,对其危害感受更深。"微腐败""损害

① 任中平,马忠鹏.从严整治"微腐败",净化基层政治生态:以四川省基层党风廉政建设为例[J].理论与改革,2018(2):49.
② 习近平.在第十八届中央纪律检查委员会第六次全体会议上的讲话[N].人民日报,2016-05-03(2).
③ 卜万红."微腐败"滋生的政治文化根源及治理对策[J].河南社会科学,2017,25(6):63.

的是老百姓切身利益，啃食的是群众获得感，挥霍的是基层群众对党的信任"①，是基层干部利用职权为自己抑或他人谋取涉及财务数额比较小的私利进而损害基层群众切身利益的不正之风和腐化堕落行为。

"微腐败"是与"苍蝇式"腐败（又称"蝇贪"）相等同的一个概念，与"老虎式"腐败相比较，它具有底层性、小微性、直接性和渐蚀性等基本特征。

（1）底层性。从腐败行为发生的层级看，与"老虎式"腐败更多发生在上层不同，"微腐败"发生在基层，即各级组织中最靠下的底层，具有底层属性。

（2）小微性。从实现腐败的手段及涉及的财务数额看，一方面，"微腐败"得以实现的手段是"微权力"，这主要表现在它所管辖的范围和可以支配的资源十分有限，仅限于一个企业、村庄、社区等范围，与全国、省、市等相比，具有"小""微"的属性；另一方面，腐败所涉及的财务数额往往比较小，十几、几十、几百、几千最多上万元，与"老虎式"腐败动辄上百万、上千万甚至上亿元相比，"微腐败"显然"小""微"。

（3）直接性。因为"微腐败"就发生在基层群众的身边，"微腐败"分子近在咫尺，与基层群众直接联系，其"微腐败"行为又直接损害到基层群众的切身利益，与远在天边的"老虎式"贪腐分子间接影响群众利益相比，"微腐败"具有直接性。

（4）渐蚀性。群蚁溃堤，千里之堤毁于蚁穴。"微腐败"的后果不"微"。腐败问题愈演愈烈，最终必然会亡党亡国，这已经成为共识。同"老虎式"腐败一样，"微腐败"任其发展必将导致亡党亡国，只是二者的作用方式不同而已。"微腐败"如蚁穴溃堤般，具有渐蚀性的特征，貌似不起眼，但终将酿成大祸，正如习近平总书记所强调的，"'微腐败'也可

---

① 习近平. 在第十八届中央纪律检查委员会第六次全体会议上的讲话 ［N］. 人民日报，2016-05-03（2）.

能成为'大祸害'"①。

二、"微腐败"概念的外延

概念的外延，即该概念的适用范围。"微腐败"概念的外延，指的是"微腐败"的适用范围，包括人类社会古今中外的一切"微腐败"行为。具体来说，"微腐败"概念的适用范围包括：古时的"微腐败"、今时的"微腐败"；中国的"微腐败"、外国的"微腐败"。以今日中国为例，"微腐败"包括城镇"微腐败"、乡村"微腐败"；党政军机构干部"微腐败"、企业单位干部"微腐败"和事业单位干部"微腐败"；个人"微腐败"和集体"微腐败"；因为谋取财物而发生的腐化行为和因为生活作风问题发生的不正之风与堕落行为等。

（一）城镇"微腐败"和乡村"微腐败"

众所周知，以"我国的行政区划为基础，以民政部门确认的居民委员会和村民委员会辖区为划分对象，以实际建设为划分依据"，我国在地域上有城镇和乡村之别。② 同时基层又有城镇基层和乡村基层之分，所以，"微腐败"也就有城镇"微腐败"和乡村"微腐败"的外延。城镇"微腐败"是指发生在城区和镇区下辖的基层单位的腐败行为。乡村"微腐败"则是指发生在城镇以外区域（主要是农村）企业、党委、自治组织、学校、科研院所、社会组织和其他基层单位的腐败行为。由此可见，从发生的地域上看，"微腐败"并非仅仅局限于乡村，也会滋生于城镇的基层单位。

（二）党政军机构干部"微腐败"、企业单位干部"微腐败"和事业单位干部"微腐败"

按照行为主体的组织类型的差异，"微腐败"概念的外延是党政军机构干部"微腐败"、企业单位干部"微腐败"和事业单位干部"微腐败"。

---

① 习近平. 在第十八届中央纪律检查委员会第六次全体会议上的讲话［N］. 人民日报，2016-05-03（2）.
② 中华人民共和国国务院. 国务院关于统计上划分城乡的批复［Z］. 2008-07-12.

党政军机构干部"微腐败"是指基层党组织和政府机构的公职人员利用其极其微小的职权影响力获取数额较小的利益的不正之风和腐化堕落行为，主要包括在城镇基层党政的干部、在村"两委"任现职的干部以及人民解放军连队干部的腐败行为。企业单位干部"微腐败"是指在公有制企业的干部利用职权获取数额较小的利益的不正之风和腐化堕落行为，主要包括国有企业干部和集体企业干部的"微腐败"。事业单位干部"微腐败"是指由政府利用国有资产设立的社会服务组织的干部利用职权获取数额较小的利益的不正之风和腐化堕落行为，比如，公办学校、医院、科研院所等社会组织的公职人员。

（三）个人"微腐败"和集体"微腐败"

根据行为主体是一人还是多人的标准，"微腐败"概念的外延是个人"微腐败"和集体"微腐败"。个人"微腐败"主要体现在行为主体的数量上，有且只有一个，常见于基层"一把手"抑或"关键个人"的腐败行为。集体"微腐败"是与个人"微腐败"相对应的概念，又称"'微腐败'窝案"或"共谋性'微腐败'"，是指多名基层干部结成同盟、共同密谋进行的"微腐败"行为，从行为主体的数量上看，至少是两个或两个以上基层干部。与个人"微腐败"相比，集体"微腐败"往往具有共谋性、组织性和复杂性等特征，所产生的后果往往更为严重，破坏性更大，影响也更恶劣。

（四）因为谋取财物而发生的腐化行为和因为生活作风问题发生的不正之风与堕落行为

以成因为标准，"微腐败"概念的外延是因为谋取财物而发生的腐化行为和因为生活作风问题发生的不正之风与堕落行为。谋取财物的"微腐败"是指基层干部为了谋取数额较小的财物而发生的腐化行为，常见的包括权钱交易和权物交易，是物质化的"微腐败"现象。生活作风问题的"微腐败"是指基层干部为了获得生理或心理的满足而发生的不正之风和堕落行为，常见的有权色交易以及利用权力刷"存在感"等，是非物质化的"微腐败"现象。

三、"微腐败"相近概念辨析

"小官巨腐""亚腐败""灰色腐败"均是与"微腐败"相近但又极易混淆的概念,事实上它们各自与"微腐败"概念之间存在着或隐或现的差异。

(一)"小官巨腐"

官是行政意义上的概念,官的大小,依行政级别高低来定。所谓小官,是指乡镇科级及以下(如股)的职级处于最底层的官员,主要包括科级公务人员及其股长与科员等下属人员。基层腐败问题研究专家周庆智认为,所谓小官,主要是指公职人员中的"科级"及无职级的"股长、科员"①。"小官巨腐"就是在国家行政体系中职级极其低微的官员利用其职位影响力为自己抑或他人谋取涉及财务数额巨大私利的违法犯罪行为。据此,"小官巨腐"与"微腐败"相比较:

(1)腐败所涉及的财务数额大小不同。如前所述,"微腐败"所涉及的财务数额往往比较小,十几、几十、几百、几千至多上万元,而"小官巨腐"所涉及的数额却极为巨大,动辄千万甚至上亿元。正是这一特征将"小官巨腐"同具有"小微"特征的"微腐败"区分开来。将"小官大贪"②也纳入"微腐败"的范畴,是混淆"小官巨腐"与"微腐败"概念的不当之举。

(2)行为主体的外延不同。虽然"小官巨腐"和"微腐败"的行为主体都具有底层性特征,但是,"微腐败"的行为主体却是基层干部,他们其中很多是没有行政级别的干部,如基层群众自治组织中的城市居民委员会及其街道的干部和农村村民委员会的村干部,而"小官巨腐"的行为主体当然

---

① 周庆智.论"小官贪腐"问题的体制与机制根源:以乡村治理制度为中心 [J].南京大学学报:哲学·人文科学·社会科学,2015 (5):128.

② 卜万红."微腐败"滋生的政治文化根源及治理对策 [J].河南社会科学,2017,25 (6):63.

也是干部，但他们却均具有行政级别，是国家行政体系中的公务人员。

（3）目标指向不同。"微腐败"的目标指向比较复杂，既有物质化的财物（常见于"权钱交易""权物交易"），也有非物质化的权色交易等不正之风。但与此相比，"小官巨腐"的目标指向往往比较单一，通常均为物质化的权钱及权物交易。

（二）"亚腐败"

所谓"亚腐败"，就是权力处于廉洁与腐败两种状态之间虽未触犯刑律却又达不到干净清白的地带。"亚腐败"与"微腐败"是两个既有区别又有联系的概念，其区别在于：（1）性质不同。"亚腐败"实质上并不是腐败，它尚未达到腐败的程度，并未触犯法律法规，表象上貌似合情合理，其行为主体也无须担责，但是，"微腐败"却是一种典型的腐败行为，触犯法律，"微腐败"主体需要为自己的行为负责。（2）行为主体的范围不同。"亚腐败"的行为主体包括所有层级的干部，国家行政体系中的上层、中层和基层干部均有可能成为其行为主体，然而，"微腐败"的行为主体却仅局限于基层干部。（3）危害社会的方式不同。"亚腐败"具有内隐性和潜伏性等特征，它就像在人的肌体中处于潜伏期的病毒一般，虽不至于产生致命性后果，但却始终是一种潜在威胁，一旦它突破了临界点，就会发生质变，演变成腐败，危及社会肌体健康，同时由"亚腐败"所滋生的"亚腐败文化"① 同样不可小觑，它成为腐败得以产生的文化根源。而"微腐败"却已然是"显性病毒"，已经导致社会肌体害病，正侵蚀着社会肌体健康。所以，它们二者之间就如人体内潜伏的癌细胞和癌症一样，每个个体体内多少都会有些许癌细胞，但条件一旦成熟，潜伏的癌细胞就会发生癌变危及人的生命。"亚腐败"与"微腐败"二者之间也存在着明显的因果联系，前者是因，后者是果，"微腐败"往往是由"亚腐败"诱发的，欲有效治理"微腐败"，必先铲除"微腐败"得以滋生的"亚腐

---

① 卢汉桥，胡世慧. 公务员"亚腐败"现象的危害及成因分析述评 [J]. 广州大学学报：社会科学版，2010，9（8）：14.

败文化"。总之,"亚腐败"虽从严格意义上说不属于腐败,同"微腐败"也存在着众多差异,但其所滋生的"亚腐败文化"却成为"微腐败"的重要文化根源。

（三）"灰色腐败"

"灰色腐败"是同"黑色腐败"和"白色腐败"相对应的一个概念。腐败本无颜色之别,均为不正之风和腐化堕落行为,任其发展,必然会亡党亡国。让腐败"着色",或者说把腐败区分为白色、灰色和黑色的学者是阿诺德·J. 海登海默（Arnold J. Heidenheimer）,他依据精英和大众两个群体对待腐败的态度及可容忍的程度把腐败做了上述划分。具体来说,黑色腐败,即超出精英与大众的忍受范围并因此均期望对其进行惩罚的腐化堕落行为;灰色腐败,即虽然精英无法容忍并希望对其进行惩罚,但是大众却对其有较高的容忍度的腐化堕落行为;白色腐败,即无论精英抑或大众均认为可以容忍因此不积极支持对其进行惩罚的腐化堕落行为①。由此可见,"灰色腐败"是侧重于社会公众对其态度和评价的角度而被创制的概念,在此意义上,"微腐败"与之不同,"微腐败"对应"巨腐败",是侧重于腐败行为所涉及赃款数额的大小（及不涉及赃款的作风问题）而定的概念。"灰色腐败"既可以是"微腐败"也可以是"巨腐败",二者之间存在明显的区别,此为其一。其二,从社会公众是否可以容忍以及是否要求对其进行惩罚的态度看,二者也存在着显著的差异性。如前所述,对"灰色腐败"来说,精英的态度是无法容忍,坚决惩罚,但大众的态度却是可以容忍;然而,对"微腐败"来说,精英和大众均无法容忍,主张坚决予以惩处。要"发现和惩治群众身边的'微腐败',不断增强群众的获得感"②。虽然"微腐败"与"灰色腐败"之间存在着"矛盾特殊性"的

---

① ［美］阿诺德·J·海登海默. 对腐败性质的分析［M］. 上海:上海人民出版社,1990:40-41.

② 王岐山. 巡察要聚焦再聚焦,惩治群众身边"微腐败"［EB/OL］. (2017-09-05)［2018-03-31］. http: //hn. people. com. cn/n2/2017/0905/c195194-30696494. html.

一面，但是，从本质上看，它们之间具有"矛盾的普遍性"的一面，即它们均属于腐败行为，既是违背道德的失德行为，同时又是触犯法律的犯罪行为。

四、结语

"微腐败"是习近平总书记近来提出的全新概念，正因为新，人们对它的理解才会歧义丛生，这在理论和实践层面均有害处。"微腐败"自具其固有结构，它是指基层干部利用体制赋予的小微权力为自己抑或他人谋取涉及财务数额比较小的私利进而损害基层群众切身利益的不正之风和腐化堕落行为，具有底层性、小微性、直接性和渐蚀性等基本特征。依据行为发生地域的类型，可以把"微腐败"划分为城镇"微腐败"和乡村"微腐败"；按照行为主体的组织类型差异，可以把"微腐败"划分为党政军机构干部"微腐败"、企业单位干部"微腐败"和事业单位干部"微腐败"；根据行为主体是一人还是多人的标准，可以把"微腐败"划分为个人"微腐败"和集体"微腐败"两种类型；而以成因为标准，又可以把"微腐败"划分为因为谋取财物而发生的腐化行为和因为生活作风问题而发生的不正之风。"小官巨腐""亚腐败""灰色腐败"等概念均是与"微腐败"相近但又极易混淆的概念，事实上它们各自与"微腐败"概念之间存在着较大差异，将它们同"微腐败"辨析开来，唯有如此，才能真正把握"微腐败"概念的本质属性。综上，"微腐败"自具其固有结构，与上述相近概念之间存在着或者显著或者细微的差异性，只有把握住它的"质料"与结构，才能捉住其根本，才能厘清它同其他形形色色的腐败概念在内涵与外延上的差别。

（原载《湖南工程学院学报（社会科学版）2019年第2期》）

精准扶贫中农村基层干部的
"微腐败"及其治理路径

习近平总书记在中国共产党第十八届中央纪律检查委员会第六次全体会议上指出："'微腐败'也可能成为'大祸害'。"① 近年来，党中央大力推进精准扶贫工程，加大对农村贫困地区物资和项目的投入，这是顺应民心的重大部署。但是，少数农村基层干部却利用职权"微腐败"，有的虚报冒领、截留私分、挥霍浪费扶贫资金，侵占农民的救命钱，让党的扶贫政策落了空；有的强占掠夺、贪污挪用集体"三资"、土地征收拆迁款和惠农资金，导致惠农政策执行严重缩水；有的吃拿卡要、优亲厚友、与农民争利，以权谋私。近4年来，全国因此而受到处分的乡科级及以下党员、干部114.3万人，受到处分的农村党员、干部55.4万人。② 精准扶贫中农村基层干部"微腐败"不仅是人们敏感的现实问题，而且是学者们需要给予关注的理论问题。迄今，学界少有农村干部"微腐败"方面的研究，将其置于精准扶贫视野下的研究更是鲜见，从总体上看，既有研究跟不上全面深化改革的全新实践的需要。目前零散的相关研究也多是描述性的，其内涵与外延尚需进一步梳理，其发生机理需要深入探究，其治理路径也需

---

① 习近平.在第十八届中央纪律检查委员会第六次全体会议上的讲话［N］.人民日报，2016-05-03（2）.

② 王岐山.推动全面从严治党向纵深发展以优异成绩迎接党的十九大召开［N］.人民日报，2017-01-20（4）.

结合实际深入再研究。

一、农村基层干部"微腐败"的危害

(一) 侵害贫困农民的切身利益

马克思主义认为,"人们为之奋斗的一切,都同他们的利益有关"①,利益是促使人们结成政治关系并开展政治活动的深层动因。所谓利益,就是"基于一定生产基础上获得了社会内容和特性的需要"②,贫困农民的利益是他们赖以生存和发展的客观需要,这种需要的满足一是靠发挥自己的聪明才智和主观能动性,二是靠党和国家的财政转移支付。党中央推进面向贫困农民"精准扶贫""精准脱贫"的重大工程,即试图通过财政转移支付来满足贫困农民生存与发展的客观需要。这既是社会主义本质的内在要求,也是社会主义人道主义的伦理要求。然而,少数农村基层干部"微腐败"却直接侵害了贫困农民的切身利益,与党中央"精准扶贫"旨在实现贫困群众切身利益的基本精神南辕北辙。相较于"老虎式"腐败动辄上百万、上千万甚至上亿的"巨腐","微腐败"所涉及的腐败数额往往较小,这是"微腐败"的本质特征之一。"微腐败"具有大祸害,特别是关系精准扶贫的"微腐败"更是如此。虽然相对来说其腐败数额不算大,但如果面向亟待精准扶贫的贫困农民,这些数额却具有了绝对意义,对他们来说,那些被农村基层干部腐败掉的无疑是自己的"活命钱""救命钱"。精准扶贫中所涉及的项目众多,比如,面向孤儿及无人抚养的儿童的基本生活费、水库移民款、危房改造款、青苗款、冬春救助款、退耕还林款、土地安置款等,但这些又往往成为农村基层干部"微腐败"易发、高发的领域。一些农村基层干部滥用职权在扶贫资金和项目上"动手脚""搞暗箱操作",从中为己或为他人谋取私利,这必然侵害那些亟待精准扶贫的

---

① 中共中央马克思恩格斯列宁斯大林著作编译局. 马克思恩格斯全集:第1卷 [M]. 北京:人民出版社,1995:187.

② 王浦劬. 政治学基础:第三版 [M]. 北京:北京大学出版社,2014:47.

农民的切身利益。某村党支部书记、村委会主任关某，伙同乡镇驻村干部丁某，在负责某村灾后重建过程中，违规向受到建房补助的农户收取灾后重建好处费及灾后重建补助款 60000 元，关某分得 20000 元，丁某分得 40000 元。关某还伙同村会计赵某某，截留群众粮补资金 28865 元，虚报冒领五保、低保、安居房等民政资金 51857 元作为村级收入，用于请客送礼、招待吃喝。① 关某等农村基层干部的"微腐败"行为侵害了急需灾后重建补助款和粮补资金的农户及五保户、低保户等贫困农民的切身利益，致使其生存之需无法得到满足，精准扶贫的"初心"也落了空。

（二）剥夺贫困农民的获得感

2015 年 2 月 27 日，习近平在全面深化改革领导小组第十次会议上首次提出"使人民群众有更多获得感"②，"获得感"遂成为社会的"网络热词"和"高频词"，意指获取某种利益后所产生的满足感。从政治学的基本原理看，获得感是政治主体对政治组织的政治行为的绩效所形成的自发的心理活动，直接关系政治主体对政治组织的政治认知、政治情感和政治评价。农民的获得感应从共享改革发展成果中来，从改善民生中来，也应从提升治理农村基层干部"微腐败"绩效中来。只有解决好农民反映强烈的农村基层干部"微腐败"问题，使其不断体会到、享受到全面从严治党的硕果，才能"让正风反腐给老百姓带来更多获得感"③。无疑，贫困农民的获得感是建立在利益获取基础上的，农村基层干部"微腐败"既然侵害了他们的切身利益，那么他们的获得感也必然会荡然无存。党和国家为使贫困农民尽早脱贫实施了"精准扶贫""精准脱贫"的民生工程，大量扶贫物资和项目向贫困农村地区倾斜，本可以让贫困农民有更多获得感，然而，少数农村基层干部，特别是掌握着扶贫物资支配权的农村"一把手"

---

① 本书编写组. 基层"微腐败"典型案例剖析 [M]. 北京: 中国方正出版社, 2016: 1.

② 习近平. 科学统筹突出重点对准焦距让人民对改革有更多获得感 [N]. 人民日报, 2015-02-28 (1).

③ 王岐山. 推动全面从严治党向纵深发展以优异成绩迎接党的十九大召开 [N]. 人民日报, 2017-01-20 (4).

滥用职权，或截留私分，或虚报冒领，或欺骗挪用，为自己或亲属牟取好处，致使扶贫物资旁落、真正需要它的贫困农民反倒无法获取。其后果，不仅影响农村社区的公平正义，而且啃食了贫困农民的获得感，贫困农民感到的只是冷冰冰的被剥夺感，会直接或间接地使贫困农民产生对党不良甚至负面的政治认知、政治情感和政治评价。所以，党必须格外重视农村基层干部的"微腐败"问题，并采取有效举措"不断增强人民群众对反腐败的'更多获得感'"①。

（三）引发贫困农民对党的信任危机

2014 年 3 月 18 日，习近平在兰考县委常委扩大会上讲到了"塔西佗陷阱"："当公权力失去公信力时，无论发表什么言论、无论做什么事，社会都会给以负面评价。"并且警示说，"我们当然没有走到这一步，但存在的问题也不可谓不严重"，"如果真的到了那一天，就会危及党的执政基础和执政地位"。"塔西佗陷阱"，其实就是政治主体对政治组织的信任危机。政党和政府组织执政的合法性源自政治主体的普遍信任与理性认同，否则，政治主体一旦丧失了对政治组织的信任，就会出现哈贝马斯所谓的"合法性危机"，甚至会危及政治组织的执政基础。"政府权威与公信力是权力合法性的基础，是政令通行的前提，如果不能有效保持政府公信力，就可能使中国政治陷入'塔西佗陷阱'。"② 农村基层干部的"微腐败"行为极易诱发贫困农民对党的信任危机。农村基层干部与农民接触最多、距离最近，其所作所为造成的影响也最直接。关键是，农村基层干部也是党的干部，其一言一行必然会影响到党的形象，少数农村基层干部"微腐败"对贫困农民切身利益的损害及获得感的啃食必然损害党在贫困农民心目中的良好形象，并进而对党产生信任危机。

---

① 董瑛. 反腐败"压倒性胜利"应致力于"人民更有获得感"［J］. 甘肃社会科学，2016（6）：238-242.

② 马华，王晓宾. 就职宣誓：国家治理现代化的构建［J］. 政治学研究，2016（6）：94-104，127-128.

二、农村基层干部"微腐败"的成因

(一) 纪律意识淡薄

虽然现行的《农村基层干部廉洁履行职责若干规定（试行）》明确规定农村基层干部不准"以虚报、冒领等手段套取、骗取或者截留、私分国家对集体土地的补偿、补助费以及各项强农惠农补助资金、项目扶持资金"，但是，不少农村基层干部仍然利用精准扶贫机会搞"微腐败"，可见纪律意识淡薄是农村基层干部"微腐败"的重要原因。没有规矩，不成方圆。纪律意识是确保党员干部清正廉洁的心理基础。相较之下，农村基层干部任职门槛与标准普遍不高，他们往往依凭资历、威望、宗族势力而成为农村基层干部，文化及党纪国法等方面的知识与素养有所欠缺。虽然农村基层干部队伍主流是好的，但是，相对于中央、省、市（区）和县级干部，一些农村基层干部的纪律意识淡薄既是当代中国基层党政部门的一大特点，也是农村基层干部"微腐败"的重要成因。正如习近平所言："当前，农村基层干部队伍主流是好的，但在一些地方、部门、单位，基层干部不正之风和腐败问题还易发多发、量大面广。有的搞雁过拔毛，挖空心思虚报冒领、克扣甚至侵占惠农专项资金、扶贫资金；有的在救济、补助上搞优亲厚友、吃拿卡要；有的高高在上，漠视群众疾苦，形式主义、官僚主义严重；有的执法不公，甚至成为家族势力、黑恶势力的代言人，横行乡里、欺压百姓。"[①] 农村是传统文化传承比较完整的场域，根深蒂固的"官本位"思想和错误的权力观依然"大有市场"。少数农村基层干部完全没有党纪意识，通过"贿赂""霸选"违纪当选村干部，参选前就抱着"当选后捞取好处"的动机，一旦当选必然变本加厉为自己捞取好处。在他们看来，权力是自己争来的，不是出于组织的信任，更不是由人民赋予的，所以用来为自己牟取利益乃"天经地义"，这种错误权力观之下必然

---

① 习近平. 在第十八届中央纪律检查委员会第六次全体会议上的讲话［N］. 人民日报，2016-05-03（2）.

是对组织纪律和宗旨意识的漠视。这些与党的纪律格格不入的传统意识往往成为"微腐败"的酵素。在错误意识的综合作用下，少数农村基层干部往往把精准扶贫中"虚构信息代领低保""骗取孤儿基本生活费""骗取危房改造补助款""截留退耕还林款"等"微腐败"行为视为"没什么大不了"。这些"乱象"其实又是部分农村基层干部纪律意识淡薄的折射。一些农村基层干部认为，"违纪只是小节，违法才是大事"，完全把党的纪律抛到脑后，甚至为了蝇头小利不惜"以身试纪"，违规违纪侵害农民切身利益。一些农村基层干部特别是"一把手"仅仅把党的纪律作为约束"下属"的工具，"束人不束己"，认为只要上级相关部门不下来执纪监督，自己即使"微腐败"也不会"东窗事发"，长此以往便把党的纪律抛到脑后，逐渐无法无天，"微腐败"也只是迟早的事。

（二）权力过分集中

权力是为了适应人类调节生产生活以及处理公共事务的需要而产生的一种力量。本质上，它是以实现公共利益为目的的特定力量支配关系。权力主体具有二分性：权力所有者和权力行使者，前者是人民群众，后者是领导干部，他们之间本应是委托与被委托的关系，后者应该使用前者赋予的权力为前者服务，但也正是因为权力主体的二分成为诱发腐败的条件。"权力本身作为一种稀缺资源而存在，能给掌权者带来常人难以享有的荣誉和地位，因而对人具有本能的腐蚀和天然的诱惑作用。"[1] 虽然权力适当集中是必要的，这是确保权威性、顺利实现公共利益的条件，但是，物极必反，权力一旦过分集中则会走向反面，导致腐败。阿克顿勋爵（Acton）关于绝对权力与绝对腐败之间联系的重要论述对揭示农村基层干部"微腐败"的成因不无启示。农村基层干部"微腐败"，一个带有普遍性的特点就是集村主任、村委书记于一身的"一把手"腐败，这在一定程度上反映出农村基层干部权力集中是导致农村基层干部"微腐败"的重要原因。在

---

① 王寿林. 权力制约与监督研究［M］. 北京：中共中央党校出版社，2007：65.

我国农村，权力过分集中是普遍存在的问题，因为农村普遍实行的是"一把手"负责制，权力集中于"一把手"手中。加上不少农村的村主任和村委书记都是"一肩挑"，"一把手"往往支配着农村一切资源的分配权和人事裁量权。可以预见，过分集中而又不受监督的权力一旦遭遇个人贪欲，其结果必然是产生形形色色的"微腐败"。

（三）有效监督的缺失

王岐山说："绝对的权力导致绝对的腐败，不受监督的权力是极其危险的，这是一条铁律。"① 权力一旦不受监督，会使权力行使者人性恶及贪婪的一面充分暴露出来，会使"官员利用权力通过牺牲他人利益来谋取其私人利益"②，权力就会异化，会畸变为特定个人牟取特殊利益的工具。对农村基层干部监督的缺失是造成农村基层干部"微腐败"的最为重要的原因之一，但凡农村基层干部"微腐败"，其背后都不同程度地存在监督的缺失。首先，农民监督的缺失导致农村基层干部"微腐败"。农村基层干部"微腐败"就发生在农民的身边，直接损害的是农民的切身利益，所以农民对"微腐败"往往反应最为强烈，也最为深恶痛绝。理论上，农民对农村基层干部的有效监督是治理农村基层干部"微腐败"的一条有效路径。然而，因为种种原因，农民对农村基层干部的监督却无从实现。有的农村基层干部搞"暗箱操作"，欺上瞒下，造成农村基层干部与农民之间的信息不对称，政务及工作不按相关程序推进，农民被"蒙在鼓里"，根本无从进行监督。在贵州省沿河县大榜村原党支部书记刘洪权等三人截留民政部门拨给村里 2 万元的救灾专用款并私分给其亲属的案件中③，刘洪权等对此笔救灾专用款"秘而不宣"，并私自决定分配给并不真正急需这

---

① 王岐山. 全面从严治党承载起党在新时代的使命［N］. 人民日报，2016-11-08（3）.

② 彭定光，周师. 论马克思的权力异化观［J］. 伦理学研究，2015（4）：125-130.

③ 此案例由中央纪委宣传部、中央电视台联合制作的大型电视专题片《永远在路上》（2016 年 10 月）权威发布和真实披露。详见大型电视专题片《永远在路上》第六集《拍蝇惩贪》。

笔救灾款的自己的亲属，村民自始至终不知道有这笔专用款的存在，信息不对称的结果是农民监督的缺位。费孝通"差序格局"理论告诉我们，不像西方讲权利，乡土中国人习惯于"攀关系、讲交情"①。布迪厄（Bourdieu）的场域理论也证明，人的每一个行动均被行动所发生的场域所影响。就场域来说，农村基层干部"微腐败"发生在农村，农村基层干部与农民生活在一起，低头不见抬头见，构成了"熟人社会""人情社会""面子社会"，基于熟人、人情、面子的影响，即使农民发现农村基层干部在搞"微腐败"也不愿监督举报，又或担心遭到有权有势的村干部的打击报复而不敢监督举报，自己的切身利益明明会因农村基层干部"微腐败"而受损，也只会选择隐忍妥协。其次，同级职能部门监督的缺失导致农村基层干部"微腐败"。农村政权中，农村基层干部既当"运动员"又当"裁判员"，特别是一些农村"一把手"集决策权、执行权和监督权于一身，成为说一不二的"家长式"领导，同级职能部门对他们的监督也无从谈起。有的农村"一把手"是村主任又是书记，是校长也是书记，是厂长也是书记，负责财务的出纳和会计也是由"一把手"任人唯亲"精心"安排的，这种横向监督也就成了"水中月""镜中花"。农村"一把手"掌握着农村的资源支配权和人事任免权，在农村一手遮天，下属对"一把手"唯恐讨好不上，又何谈横向监督。最后，上级监督的缺失导致农村基层干部"微腐败"。上级监督是自上而下的纵向监督方式，相较于前两种监督，它理应是最为有效的监督形式。但令人遗憾的是，这种监督方式在农村也不同程度地缺失。几乎所有发生在精准扶贫中农村基层干部"微腐败"的案例都普遍存在着上级监督缺失的问题。监督不到位的直接后果是农村基层干部"微腐败"大行其道，农民的切身利益大受其害。

---

① 费孝通. 乡土中国［M］. 北京：中华书局，2013：30.

三、农村基层干部"微腐败"的治理路径

（一）增强农村基层干部的纪律意识

意识是行动的先导，只有意识到位，才会有行动上的自觉。增强农村基层干部的纪律意识，摆在首位的是开展思想政治教育工作。进行思想政治教育，就要在基层开展形式多样的学习活动，通过参加学习班、不定期的培训、定期的进修等，让农村基层干部把党的纪律和政治规矩融入经常性的学习教育之中，让其认真学习党章党纪及相关的法律法规，让其牢记什么事可为、什么事不可为，从而牢固树立守纪律、讲规矩的纪律意识。要系统学习《中国共产党章程》《中国共产党党内监督条例》《中国共产党廉洁自律准则》《中国共产党纪律处分条例》《中国共产党问责条例》。要重点学习《农村基层干部廉洁履行职责若干规定》，严格按照其五章29条认真履职尽责。通过各种形式和内容的教育活动让农村基层干部常怀对纪律的敬畏之心，心存敬畏才能自觉遵纪守规。要充分发挥好县委党校作为培训农村基层干部基地的重要作用。毋庸讳言，虽然中央党校和省委党校在教育党员干部方面起到了不可替代的积极作用，但是，农村基层干部很少能够利用这些较高规格的平台接受政治教育。相对于中央及省市党校，县乡镇基层党校无论是软件还是硬件都显得比较薄弱，而这恰恰成为其对农村基层干部进行政治教育的瓶颈。必须通过加大教育投资、开展专家巡回讲座等办法充分发挥县委党校的作用。国家要建立健全农村基层干部轮训制度与机制，从制度上严格要求农村基层干部参训，并将其纳入干部考核指标当中，作为选拔、连任、升迁、提拔的重要依据。同时，借鉴西方发达国家关于基层公务员教育培训的先进经验，并与我国基层具体实际相结合，摸索出一套切实可行的农村基层干部教育培训模式。

（二）完善农村基层干部管理制度

农村基层干部"微腐败"之所以易发、多发，与农村基层干部管理制度的不完善和落实不到位有着千丝万缕的联系。在长期的基层管理实践

中，党和国家摸索出了不少卓有成效的针对农村基层干部的管理制度，比如，基层行政审批制度、基层财务管理制度、基层政务公开制度、基层岗位职责制度和农村基层干部问责制度。几乎所有的农村基层干部"微腐败"，都与一些制度存在着漏洞或落实不到位有关。比如，基层财务管理制度，一些农村基层干部，特别是"一把手"，把自己根本不懂财会的亲属安排进来为自己敛财提供方便，就是利用了基层财务管理制度的漏洞。堵住此漏洞就需要任人唯贤制度、政务公开制度和问责机制的协调配套。再比如，政务公开制度，只有阳光行政才能让农村基层干部"微腐败"无处藏匿，但在农村，政务公开制度并没有落实好甚至根本没有落实。为了迎接上级的检查，迫不得已公开一些无关痛痒的事务性工作，而涉及利益纠纷的政务则"躺在暗处"，搞"上有政策，下有对策"。有的甚至公然违背党的政务公开制度，比如，前述刘洪权案件之所以发生，就是因为没有公开救灾款的存在、有没有发放以及发放给了谁。所以，要查补已有制度的漏洞，比如，完善财务审批与监督制度，堵住漏洞，把农村基层干部"微腐败"之路堵死。国家要尽早把新的有效制度建构起来，推广下去，比如，近年来在反腐败实践中摸索出来的基层巡查制度、民生监督组执纪检查制度、村监会和居监会制度，都是行之有效的，应该"试点"后全面推广。同时要协同各项农村基层干部管理制度，让其一环扣一环，形成农村基层干部无法"微腐败"的多层次、闭环式的农村基层干部"微腐败"预防制度体系。

（三）强化对农村基层干部的执纪监督

农村基层干部的权力不受监督必然导致"微腐败"，所以，治理农村基层干部"微腐败"必须强化执纪监督，把执纪监督落到实处。首先，强化农民对农村基层干部的执纪监督。鉴于目前农民不愿、不敢、不能监督的困境，党和国家要改进和完善维权制度、信访制度、实名举报免责制度，给农民提供多条畅通无阻而又无后顾之忧的监督途径。同时，上级纪检等职能部门针对农民的举报要做到有回应、有追踪、有查处，从而充分发挥农民这一监督主体的积极性和主动性。对于对举报人打击报复的农村基层干部要从严从重处罚。其次,强化同级职能部门,特别是纪检部门对农村基层干部的执纪监督。"要解决'一把手'权力过于集中的问题,必须对权力进行科学合理的配置。"① 要通过权力分解、科学配置、定期轮岗等途径解决农村"一把手"权力过分集中而不受监督的问题。要切实落实主体责任和监督责任,有权必有责,用权受监督,各级基层党组织要起到领导主体责任,基层各级纪检部门要起到监督责任,形成决策权、执行权和监督权相互制约的机制。要切实落实政务公开制度,对于精准扶贫中的政务必须严格落实公示制度,否则就对农村"一把手"执纪问责。最后,强化上级职能部门对农村基层干部的执纪监督。相较于前两者监督,上级的监督应该说更有效也更有威慑力。强化上级监督关键是把监督落到实处,而不是形式大于内容、敷衍了事,要在"认真"甚至"较真"上下功夫,一竿子到底,打通执纪监督"最后一公里"。地方各级纪检部门要效仿中央巡视的办法,巡视农村,巡视中要善于"牵牛鼻子",抓重点领域和重点问题。对于涉及精准扶贫和农民切身利益的事务重点查,对于扶贫开发的重点区域重点查,对于农民举报比较集中的事务重点查,对于涉及人事、财务、物资和项目的事务重点查,对于农村基层干部尤其是"一把手"重点查,以"紧紧看住和管好用好扶贫、低保、棚改、医保资金等群众的'生存钱''救命钱',使惠民资金和项目真正发挥效用"②。

综上所述,虽然农村基层干部"微腐败"同"老虎式"腐败有着诸多区别,但它们的本质是一样的,所导致的后果同样不容小觑。它涉及民生、关乎民心,直接关系党的执政根基和全面建成小康社会目标的实现。农村基层干部"微腐败"后果不"微",应成为党、国家和社会的共识。

---

① 黄百炼. 预防"一把手"腐败的若干思考 [J]. 广州大学学报:社会科学版,2006 (10):3-14.

② 李克强. 保持廉洁本色,勤勉尽责干事,推动政府系统党风廉政建设和反腐败工作向纵深发展 [N]. 人民日报,2017-03-22 (1).

要在此共识的基础上认真研究当代中国农村基层干部"微腐败"的生成机理，并有针对性地提出治理的对策。治理农村基层干部"微腐败"不是为了惩治几个"微腐败"分子，其终极目的在于把精准扶贫落到实处，最大限度地实现和发展农民的切身利益。

（原载《理论导刊》2018 年第 1 期）

基于典型案例分析的农村"一把手"
腐败的现实表现、成因与防治对策

农村"一把手"腐败问题是我党必须直面的"四种危险"源之一，是推动全面从严治党向基层延伸中亟待解决的重大现实问题。正像"一把手"腐败问题研究专家黄百炼曾指出的，加强党执政能力使其永葆先进性必须对"一把手"腐败问题进行"预防和研究解决"①。本文从中央纪律检查委员会网、中华人民共和国国家监察委员会网、安徽纪检监察网以及其他各省市纪检监察网等权威平台随机抽取了农村"一把手"腐败的典型案例，运用大数据与案例分析方法对当代中国农村"一把手"腐败的现实表现、生成根源及战略对策展开研究，对推动全面从严治党向基层延伸有重大意义。

一、农村"一把手"腐败的现实表现

农村"一把手"是村党支部②书记和村委会主任，他们分别是农村基层党组织和农村基层群众自治组织中权责最大的政治主体。在中国"家国同构"语境下，腐败具有泛指意蕴，以权谋私与违背道德习俗的行为均被

---

① 黄百炼. 预防"一把手"腐败的若干思考［J］. 广州大学学报：社会科学版，2006（10）：3.

② 基于每个农村基层单位的差异性，农村党的基层组织又有党总支和党支部之别，为了叙述的便宜，文中统一使用"村党支部"的用法，泛指农村党总支委员会和支部委员会两个基层党组织。

视为腐败。"人们在社会政治生活中使用'腐败'一词，既可指个人运用公共权力来达到个人目的，也可指个人的各种不符合社会道德规范和习俗的行为和活动，哪怕这些行为并不在公共生活领域内。"① 因此，所谓农村"一把手"腐败，就是村党支部书记和村委会主任滥用公权进行贪污、受贿、贿选等违法行为以及腐化堕落的违德行为。其现实表现是：

（一）以权牟钱

以权牟钱在农村"一把手"腐败案例中是最普遍的表现形式。首先，虚报冒领困难群众的养老保险金、粮食补贴资金等。2013年至2016年，安徽省滁州市定远县池河镇七里河村原党总支书记张仁传利用职务便利，以其亲属名义，虚报冒领粮食补贴资金1.77万元、政策性农业保险理赔资金3.06万元，合计4.83万元。② 其次，他还套取退耕还林补助金、危房改造补助金、国家扶持项目财政资金、水库移民后期扶持工程项目资金。2012年7月，安徽省黄山市歙县璜田乡沙坦村原党总支书记吴荣辉利用职务上的便利，在不符合危房改造补助条件的情况下，以其儿子名义申报危房改造项目，将套取的危房改造补助资金0.4万元据为己有。③ 再次，他违规收取他人财物、改变民政救灾资金用途、发放津贴补贴、为他人申报危房改造补助款、办理低保、领取补偿款、出借农村集体资金、享受教育扶贫补助金。安徽省蒙城县三义镇彭集村原党总支书记张峰在任职期间，利用协助镇政府从事危房改造工作的职务便利，将公私财物33000元占为己有。④ 再次，骗取、挪用移民补助款、五保户资金、冬令款、扶贫资金、公款。2007年，徐本亮在担任安徽省六安市古碑镇油畈村党总支书记期

① 王沪宁. 反腐败：中国的实验［M］. 海口：三环出版社，1990：3-4.
② 关于三起侵害群众利益的不正之风和腐败问题典型案例的通报［EB/OL］. （2018-04-08）［2018-11-24］. http：//www.czlz.gov.cn/Info/35791.aspx.
③ 黄山. 通报二起扶贫领域腐败和作风问题［EB/OL］. （2018-05-29）［2018-11-24］. http：//www.ahjjjc.gov.cn/qsfplytcwtzxzzdxal/p/58197.html.
④ 安徽省通报9起侵害群众利益的不正之风和腐败问题［EB/OL］. （2016-08-12）［2018-11-24］. http：//www.ccdi.gov.cn/special/jdbg3/ahbgt/sffbwt_jdbg3/201608/t20160808_85062.html.

间，将不符合移民申报登记的其父亲和本组村民共 5 人申报为移民直补人口，截至 2018 年 1 月，他共骗取库区移民直补款 29850 元。① 最后，侵占村集体资金、土地补偿款。2012 年至 2015 年间，安徽省舒城县庐镇乡林河村原党支部书记兼文书汪宗胜侵占村公益林补偿款 7177.5 元。②

（二）以钱谋权

以钱谋权，即农村"一把手"为了连任在党支部和村委会换届中的贿选行为。"拉票贿选、以钱谋权"已经成为农村"一把手"腐败的重要表征。中国青年报社会调查中心的调查显示，"拉票贿选、买官卖官"，在农村受访者看来是目前村干部腐败最为突出的问题，占比高达 44.8%，分别高于玩忽职守、徇私舞弊（42.3%），吃拿卡要、收受财物（41.6%），侵占农村集体资金、资产、资源（40.4%）。③ 其一是村委会主任旨在连任的贿选行为。海南省三亚市北岭村原村委会主任刘卫为了连任村委会主任，委托两位村民到各自村小组为其拉选票，承诺每张选票给村民 100 元，最终共花费贿选资金 7 万余元。④ 其二是村党支部书记为了连任的贿选行为。2010 年 11 月至 2011 年 3 月，欧克明为了在 2011 年村"两委"换届选举中获得连任，利用担任广东省阳江阳春市春城街道七星村党支部书记、村委会主任的职务便利，以村集体名义邀约村民小组长、村代表、党员和部分村民到当地酒店随意公款吃喝，为其本人和其他在职村"两委"干部进

---

① 金寨. 通报三起扶贫领域不正之风和腐败问题［EB/OL］.（2018-04-11）［2018-11-24］. http：//www. ahjjjc. gov. cn/p/56054. html.

② 舒城. 通报一起群众身边的不正之风和腐败问题［EB/OL］.（2018-04-12）［2018-11-24］. http：//www. lajjjc. gov. cn/article. php? MsgId=449514.

③ 周易. 80.9%农村受访者对今年农村反腐工作充满期待：农村受访者眼中村干部腐败最突出的问题是：拉票贿选、玩忽职守、吃拿卡要、侵占农村集体"三资"［N］. 中国青年报，2016-04-15（7）.

④ 詹君峰，王瑜. 明码标价当场兑现三亚一村支书拉票贿选被开除党籍［N］. 中国纪检监察报，2017-05-13（2）.

行拉票贿选，欠下餐费共 34.19 万元。①

（三）作风腐化

少数农村"一把手"违反中央"八项规定"和"反四风"等相关规定，作风腐化，严重影响党群、干群关系，具体表现在：首先，玩弄侮辱女性。据"人民网"披露，江苏省如皋市吴窑镇长西村原党总支副书记、村委会主任陈建明在参加其侄召集的私人聚餐上公然玩弄女性，"不雅照"事件造成恶劣影响，被开除党籍、罢免其一切职务。② 其次，借婚丧嫁娶时机违规收取礼金。安徽省淮南市寿县大顺镇余埠村原党总支书记李孔军违反中央"八项规定"为其子操办喜宴，违规收受礼金 8600 元，受到撤销党内职务处分，违纪款予以收缴。③ 最后，基层干部使用公款吃喝、旅游。2014 年 5 月，安徽省太和县大新镇张路口村委会原主任王士超等 7 人到海南游玩 5 天，共花费 15520 元，其中 8520 元用村集体土地流转费和计生抚养费返成款支付。④

二、农村"一把手"腐败的成因

（一）农村"一把手"的权力过于集中且权责利不对等

阿克顿有言，腐败是由权力所致，"绝对的权力"必致"绝对的腐败"。⑤ 根据马克思的权力本质观，权力是旨在实现社会共同体共同利益的

---

① 赵杨，祁雷. 这 6 个村在"两委"换届选举违纪被省纪委通报 [EB/OL]. （2017-04-11）［2018-11-24］. http：//news. southcn. com/gd/content/2017-04/11/content_ 168628415. htm.

② 江苏吴窑镇"村官不雅视频事件"当事人被开除党籍［EB/OL］. （2015-09-21）［2018-11-24］. http：//society. people. com. cn/n/2015/0921/c1008-27610125. html.

③ 淮南. 通报二起违反中央八项规定精神问题［EB/OL］. （2018-03-28）［2018-11-24］. http：//www. ahjjjc. gov. cn/p/55554. html.

④ 太和. 通报二起违反中央八项规定精神问题［EB/OL］. （2018-05-03）［2018-11-24］. http：//www. ahjjjc. gov. cn/wfzybxgdjswt1188/p/57067. html.

⑤ ［英］阿克顿. 自由与权力：阿克顿勋爵论说文集［M］. 侯健，范亚峰，译. 北京：商务印书馆，2001：342.

特定的力量支配关系。社会共同体离不开权力，否则就会进入霍布斯所说的"在没有一个共同权力使大家慑服的时候，人们便处在所谓"的"每一个人对每个人的战争"① 状态。诚然，社会共同体适度的权力集中是必要的，这是提高公共决策与执行效率所必需的。但权力有其特定的"尺度"，一旦被"超越"必会导致"沉沦和毁灭"②。权力过于集中形成"绝对权力"，最易招致腐败。在农村，权力往往集中在村党支部书记和村委会主任手中，加上在一些地方村党支部书记和村委会主任"一肩挑"，农村"一把手"的权力则更为集中。过于集中的权力一旦同责任、利益不对等就会滋生腐败。本来，"权""责""利"之间应当是对等的关系，就如同等边三角形的三条边，有权必有责，按责赋权，以责给利，三者之间应当存在对等和制约的逻辑。但现实中，少数农村"一把手"在行使权力时"选择性担责"甚至把应承担的责任完全抛诸脑后为己"利益的最大化"，严重违背"权""责""利"对等的原则，没有责任限制的权力必然吞噬基层群众的切身利益。

（二）对农村"一把手"权力的监督弱化、虚化、淡化

"没有监督的权力必然导致腐败，这是一条铁律。"③ 首先，自下而上的群众监督弱化。不同于城市，乡村尤其是农村是"一个'熟悉'的社会，没有陌生人的社会"④。对于农村"一把手"的腐败行为，有的村民碍于面子，往往"睁一只眼闭一只眼"；有的"事不关己高高挂起"；有的认为举报其腐败行为得罪他们"划不来"而选择明哲保身；有的虽然自己的切身利益受损但是因害怕遭打击报复而选择忍气吞声；纵使有极个别"反腐英雄""抗争"，但最终大多还是不了了之。其次，同级相互监督虚化。同级监督最直接，但也最难真正发挥监督效用，因为农村"一把手"

---

① ［英］霍布斯．利维坦［M］．黎思复，黎廷弼，译．北京：商务印书馆，1985：94.
② ［德］黑格尔．小逻辑［M］．贺麟，译．北京：商务印书馆，1997：235.
③ 习近平．习近平谈治国理政［M］．北京：外文出版社，2014：418.
④ 费孝通．乡土中国［M］．北京：中华书局，2013：6.

往往掌握着其他干部能否晋升、连任和发展的主导权,后者会因为"得罪不起"前者而选择沉默。这种"单向度"的监督,难以起到监督作用。最后,对村党支部书记的日常管理监督淡化。现实中或者因为农村干部人手紧缺又要完成大量上级交代的任务而无时间,或者因为上级党组织认识不足、督促不力,农村党组织生活会和每月一次的"两会一课"党员组织活动难以正常开展,即使勉强召开,同级党组织党员也多奉行"好人主义","你好我好大家好"。批评帮助村党支部书记的效用淡化,对村党支部书记的日常管理监督也大多流于形式,同样难以见到实效。

(三)部分农村"一把手"的综合素质偏低

部分农村"一把手"的思想、法治、道德等素质偏低滋生腐败。周少来指出,农村腐败之所以多发易发,与村干部特别是"一把手"的"素质和状况"紧密相关。[①] 首先,思想素质偏低滋生腐败。第一,扭曲的权力思想诱发腐败。"人不为己天诛地灭""权力不用逾期作废""权力是我争来的,是为我服务的"成为部分农村"一把手"的权力观。思想是行动的先导,扭曲的权力思想必然导致腐败。第二,侥幸思想诱发腐败。部分农村"一把手"往往抱有"不会有人知道,不会有人来查"的侥幸思想,不断突破道德和法律的底线,最终走上贪腐迷途。新疆维吾尔自治区则格德恩呼都格村原党支部书记卡木尔·卡生木虚报冒领小麦补贴、截留扶贫羊,东窗事发后接受记者采访时表示自己主观上始终认为"上面不会来复核"[②]。第三,补偿思想诱发腐败。他们有人认为自己"累死累活"为党、国家和群众工作,"没有功劳有苦劳",获得"额外补偿""天经地义",心理失衡的补偿思想导致腐败。其次,法治素质偏低滋生腐败。由于种种原因,部分农村"一把手"仍存在平时不学法、不懂法、不守法的问题。

---

① 周少来. 中国乡村治理结构转型研究:以基层腐败为切入点 [J]. 理论学刊, 2018 (2): 115.

② 彭灵燕. 以零容忍态度查处克扣强占行为 [N]. 中国纪检监察报, 2017-05-23 (4).

法治素养偏低甚至"心中无法",一旦遭遇各种诱惑,农村"一把手"就会因为"无知者无畏"而发生贪污、受贿、贿选等腐败行为。最后,道德素质偏低滋生腐败。道德属于观念上层建筑,是由经济基础决定的。在农村,除了土地公有外,其他生产生活资料均是家庭或个人私有,这种经济基础状况决定了农村"一把手"的自私自利的道德问题依然存在。比如,自私自利,优亲厚友;生活糜烂,作风腐化;无利不办事,办事要好处。个别没有道德底线和道德自律的农村"一把手"难免腐败。

(四)农村"一把手"腐败的代价小

一般地,腐败代价与腐败发生率呈负相关关系,腐败代价越小,腐败发生率越高。农村"一把手"腐败之所以易发、多发,重要的原因之一就是农村"一把手"腐败的代价小。目前,对贪腐的农村"一把手"的处分主要是党的纪律处分,常见的包括留党察看、党内警告、党内严重警告、撤销党内职务、开除党籍,辅以收缴违纪所得,鲜有违纪与违法行为并罚的案例。这些数据表明:首先,目前对农村"一把手"腐败的处分主要是党内纪律处分,其中又以"党内警告"和"党内严重警告"为主,此类处分对农村"一把手"来说震慑力有限,"被警告"后依然在岗位上"恣意妄为"的比较常见。其次,利用国家法律的刚性力量给予处罚的力度不够,腐败行为纳入刑法加以处罚的相关规定不够清晰明确,缺乏可操作性,难以形成法律的震慑作用。"现有刑法对腐败犯罪的惩处明显低于一般的盗窃犯罪,没有贯彻罪刑相适的原则,对腐败的界定还不够明确清晰,许多案件需人民法院的司法解释去说明,难免会使某些腐败现象缺乏打击的依据而任其泛滥。"① 最后,附带民事责任的"并处罚金"类惩罚措施缺位,涉及腐败金额的所有处理结果都是"没收违纪所得"等,却缺少依法并处罚金的处罚,大大降低了农村"一把手"腐败的金钱成本。腐败的代价小,让一些企图"因腐致富"的农村"一把手"跃跃欲试,"最

---

① 乔德福. 一把手腐败治理研究 [M]. 北京:法律出版社,2015:18.

多背个党内处分，没啥大不了"成为部分农村"一把手"普遍的心态，这样难免会使一部分人不计成本搞贿选、不遗余力搞贪污、尽其所能搞受贿。

三、农村"一把手"腐败的防治对策

党的十九大指出："农业农村农民问题是关系国计民生的根本性问题，必须始终把解决好'三农'问题作为全党工作重中之重。"[①] 农村"一把手"腐败危害甚巨，采取有力措施加以防治刻不容缓。

（一）适当分解农村"一把手"的权力同时建构权责利对等关系

第一，健全党纪国法杜绝农村"一把手""一肩二任"。部分农村地区村支部书记和村主任"一肩挑"造成权力过于集中，基于应对腐败之需，必须适当分解。建议中共中央在修订《中国共产党基层组织选举工作暂行条例》时增设"新选举出的村党支部书记不得兼任村主任"的条款。第二，建构农村"一把手"权责对等关系。有权必有责，按责赋权，有限责任赋予有限权力。各区纪委和组织部等职能部门要详尽拟定专门针对农村"一把手"的"权责清单"，让农村"一把手"的"权""责"有边界、可操作、能落实，并同他们签订"权""责""协议书"，不定时进行考评，核实"权责清单"落实情况，督促他们切实履职尽责。第三，将农村"一把手"的工资及其他福利待遇的上浮与其廉政绩效挂钩。有责必有利。适当的利不仅是合情合理的，在一定程度上也具有抑制腐败的积极作用。目前农村"一把手"已经普遍有了工资性收入和养老等福利性保障，如果能够把他们的廉政绩效作为提高其工资待遇的重要指标，就可以有效激励他们廉洁自律，自觉拒腐防变。

（二）建立健全农村"一把手"的权力制约监督制度

邓小平说："制度具有根本性，好的制度会让坏人做不了坏事，坏的

---

① 习近平. 决胜全面建成小康社会夺取新时代中国特色社会主义伟大胜利：在中国共产党第十九次全国代表大会上的报告 [M]. 北京：人民出版社，2017：32.

制度则让好人无法充分做好事。"防治农村"一把手"腐败，关键靠制度。首先，继续完善和用好巡视制度。巡视制度是建党以来，特别是党的十八大以来，党在反腐倡廉实践中摸索出来的打击腐败最为有效的制度之一。面对自下而上的群众监督弱化、同级相互监督虚化和对村党支部书记的日常管理监督淡化的现实困境，自上而下的巡视制度是防治农村"一把手"腐败的最为有效的手段。"考虑中国作为一个中央集权国家，官员主要是'对上负责'，因此自上而下的监督是所有监督方面的最重要力量。"① 党中央和各省、自治区、直辖市委员会的党组织作为巡视工作的责任主体② 要完善"突袭"式的巡视制度，充分发挥巡视的震慑作用；此外还要完善"回头看""全覆盖"式巡视制度，务必打消农村"一把手"心存侥幸的念头。其次，推进网络反腐制度化。网络反腐自具的隐蔽性、虚拟性等特点可以有效解决农村群众监督弱化、同级监督虚化的问题，关键在于制度化。党中央及全国人民代表大会要尽快推动网络反腐建制立法，针对农村"一把手"腐败要特别规定：一是市、区、县三级纪委监察组织要建立权威的反腐举报制度化网络平台，并向农村群众做好宣传与解释工作，使其打消顾虑和掌握操作程序；二是市、区、县三级纪委监察组织要设立专门的机构负责网络反腐工作，做到及时反馈和查处工作；三是网管中使用"前台匿名注册、后台实名登记"制度，并指定专人管理，切实建立对举报人的保护制度。最后，落实村务公开制度。让农村"一把手"的权力在阳光下运行，才能有效防止腐败的发生。《中华人民共和国村民委员会组织法》明确规定村委会实行村务公开制度。问题的关键不在于有无法律依据，而在于是否得到落实。区、县、乡镇等上级组织要指定专人负责村务

---

① 聂辉华，仝志辉. 创新纪检监察体制，遏制"一把手"腐败［M］. 北京：中国社会科学出版社，2015：23.

② 《中国共产党巡视工作条例》（2017 年 7 月 1 日修改）第二条明确规定：党的中央和省、自治区、直辖市委员会实行巡视制度，建立专职巡视机构，对所管理的地方、部门、企事业单位党组织进行巡视监督，实现巡视全覆盖、全国一盘棋。开展巡视工作的党组织承担巡视工作的主体责任。

公开督查工作，要求农村"一把手""及时或至少每六个月"依照上述法律规定逐条落实村务公开制度，对于隐瞒、虚报、搞选择性公开的一律执纪问责，按照党纪国法给予组织处分。

（三）多管齐下提升农村"一把手"的综合素质

提升农村"一把手"的综合素质是增强他们拒腐防变能力的强基固本之策。首先，开展定期培训。各市、区、县、乡镇四级组织部门每年要拟定详尽的可操作性强的培训计划并将参训环节纳入考核农村"一把手"的硬性指标。县委党校作为承办单位要切实组织好培训活动。培训内容除了文化知识外，要增加对农村"一把手"正确权力观的教育；增加法治意识的教育，旨在筑牢他们学法、懂法、用法、守法的思想根基；增加守住道德底线重要性的教育，内化他们的思想和行为。其次，建立并落实农村"两委"的集体学习制度。重点传达与学习反腐倡廉的党纪国法及典型案例，起到提醒、督促、约束作用。集体学习制度由农村"一把手"负责落实，要求做好规范化记录工作。区、县、乡镇等组织部门专人负责赴村监督，并将其纳入考核农村"一把手"的重要指标。最后，推进农村反腐倡廉教育工作落地生根。组织宣传、纪检监察、文化教育、广播影视、新闻出版、青年团等每年制订详尽方案对农村反腐倡廉工作做出部署；将农村反腐倡廉教育工作纳入县、乡党委的年度工作计划，形成由县、乡党委统一领导和纪检机关具体组织落实的工作格局；运用微宣讲等多样性形式实现廉政文化进村入户，提高农村"一把手"的廉政意识与觉悟。

（四）加大对农村"一把手"腐败的惩处力度

让农村"一把手"因腐败而得不偿失，形成不敢腐的震慑力量。全面从严治党需要重视依法治党，运用法律的威慑力量惩治腐败，"在控制权力与保障公民权利的意义上，法治能够带来有序的政治参与和社会多元治理的制度化"①。全国人民代表大会及其常委会要修订《刑法》和《中华

---

① 周庆智.论"小官贪腐"问题的体制与机制根源：以乡村治理制度为中心［J］.南京大学学报（哲学·人文科学·社会科学），2015，52（5）：136.

人民共和国村民委员会组织法》，细化专门针对农村基层干部尤其是"一把手"腐败行为入刑的相关规定，尽量取消"最高法"和"最高检"的司法解释，让法律真正起到震慑作用。农村"一把手"腐败不仅要受到"党纪"的处分，更要受到"国法"的制裁，只有形成党纪国法的"双震慑效应"，才能切实让其意识到腐败行为得不偿失。建议取消按照腐败数额的大小（如不到1万元不入刑）来量罪定刑的做法，因为1万元对一些人来说无关紧要，但对农村困难群众来说却是救命钱，农村"一把手"腐败相对影响恶劣，除生活作风腐化行为外凡是农村"一把手"的贪污腐败行为均应入刑。建议附加罚金性惩罚，按照腐败涉及金额同样的额度并处罚金，在规定的期限内收齐并上交国库。推行农村"一把手"腐败"行为民事赔偿制和腐败罚金制"①，其根本目的还是在于加大对农村"一把手"腐败的惩处力度，让其心存敬畏，从而不敢也不想腐。建议中共中央和国家有关机关建立并落实终身追责制度，对于农村"一把手"的腐败行为不管其是否在岗位上，一律追究行为人责任。

（原载《齐齐哈尔大学学报（哲学社会科学版）2019年第4期》）

---

① 乔德福．现阶段预防村官腐败机制创新探微［J］．理论与改革，2009（1）：57.

新时代"微腐败"观的哲学意蕴

2016 年 1 月 12 日，习近平总书记在中国共产党第十八届中央纪律检查委员会第六次全体会议上指出，"相对于'远在天边'的'老虎'，群众对'近在眼前'嗡嗡乱飞的'蝇贪'感受更为真切。'微腐败'也可能成为'大祸害'"。党的十八大以来，为应对基层干部利用"微权力"谋取私利或腐化堕落，推动全面从严治党向基层延伸，以习近平同志为核心的党中央在中国共产党百年历史上首次提出并阐释了"微腐败"的概念，回答了"什么是'微腐败'""为什么要防治'微腐败'"以及"怎样防治'微腐败'"等带有根本性的理论问题，形成了新时代"微腐败"观，为有效预防和治理"微腐败"提供了思想指引和行动指南。新时代"微腐败"观具有丰富的哲学意蕴，集中显现了辩证唯物主义和历史唯物主义的世界观和方法论。系统梳理与深入挖掘新时代"微腐败"观的哲学意蕴，对于全面深入地理解习近平新时代中国特色社会主义思想和有效推进基层反腐败斗争具有重要的理论与现实意义。

一、本体的追问：对新时代"微腐败"本值的认识

本体论（Ontology）这一概念是个"舶来品"，源自古希腊文 logos（理论）和 ont（是或存在），原初含义为"关于是或存在的科学"，又称"存在论"。因论域的不同，本体论的含义也呈现出差异性，若针对原生—派生，本体论即指关于本原的理论；若针对个别，本体论意指关于存在的

理论；但若针对现象，本体论则是关于本质的理论。本质，与现象相对，是事物本身固有的根本属性。新时代"微腐败"的本质观蕴含着本体论哲学思想。

"微腐败"是腐败的一种样式。理解"微腐败"的本质，首先就要厘清腐败的本质。何谓腐败？其基本含义是"物体腐烂""行为堕落""混乱、黑暗"等。语境不同，意蕴迥异。我国传统文化历来强调"家国同构""修齐治平"，个人、家庭和国家一体化的直接结果是私人领域与公共领域的融合，这与强调私人领域与公共领域相分离的西方国家是完全不同的。在西方文化中，违背道德和习俗的不正之风并不是腐败行为，最多是"不高尚"。我国对腐败的理解则不同于西方国家，它"既可指个人运用公共权力来达到个人目的的，也可指个人的各种不符合社会道德规范和习俗的行为和活动"①。我国对"微腐败"本质的理解同样如此。

党的十八大以来，以习近平同志为核心的党中央不仅超越前人在中国共产党历史上首次提出并阐释"微腐败"这一全新范畴，而且还揭示了它的本质意蕴。相较于判断和推理，概念虽然是理性认识形式的最低层次，但是，新概念的提出对于准确理解和科学把握事物却意义重大。"微腐败"概念的提出，与"大腐败""灰色腐败""白色腐败""小官巨腐"等相近概念划清了界限，不仅在认识上有助于准确理解"微腐败"的本质，而且在实践上也有助于精准治理"微腐败"。

习近平总书记把"微腐败"又称作"发生在群众身边的腐败问题""扶贫领域腐败""蝇贪、蚁贪"。关于"微腐败"的本质，他指出，"微腐败"既指运用小微的公共权力"以权谋私"，又指违背社会伦理道德和公序良俗的"不正之风"，还指充当家族、黑恶势力"保护伞"的行为，"黑恶势力是侵害群众切身利益的'毒瘤'"②，"腐败分子往往集政治脱

---

① 王沪宁. 反腐败：中国的实验［M］. 海口：三环出版社，1990：3-4.
② 田雪梅，张旭. 巡察治理"微腐败"的价值、困境及策略［J］. 中州学刊，2020（10）：16.

变、经济贪婪、生活腐化、作风专横于一身"①。一是以"微权力"谋取私利。"微腐败"行为主体"有的搞雁过拔毛，挖空心思虚报冒领、克扣甚至侵占惠农专项资金、扶贫资金；有的在救济、补助上搞优亲厚友、吃拿卡要"②。二是不正之风。他们"有的高高在上，漠视群众疾苦，形式主义、官僚主义严重"③，他们对人民群众颐指气使、吆五喝六、盛气凌人，一副"官老爷"的做派。三是放纵包庇家族势力，充当黑恶势力的"保护伞"。他们"有的执法不公，甚至成为家族势力、黑恶势力的代言人，横行乡里、欺压百姓"④。虽然这三种类型的"微腐败"侧重点有所不同，但本质上都是"微腐败"。

新时代"微腐败"本质观既继承了历史唯物主义的权力观，又结合了中国文化与实际有所创新和发展，实现了马克思主义反腐倡廉理论的又一次与时俱进，具有重大理论意义。"微腐败"的本质，说到底，即"微权力"的滥用，是一种权力异化⑤行为。历史唯物主义的权力观认为，权力异化，就是人民为了满足自身需要所创造的公共权力反过来侵害自身利益的现象，具体表现在：以权谋"公"变成以权谋私，基于实现共同利益的权力却演变成公共权力行使者谋取私利的工具；承担"公仆"角色的"微权力"的行使者反而变成了对人民颐指气使、盛气凌人、趾高气扬的"官老爷"；保护人民安全的公权力却畸变为对人民的施暴工具。"微腐败"，即"微权力"异化。新时代"微腐败"本质观既继承和发展了马克思主义权力观，又立足中国国情、彰显中国特色，对我们准确全面理解"微腐

---

① 习近平．习近平谈治国理政：第2卷［M］．北京：外文出版社，2017：162.

② 习近平．习近平谈治国理政：第2卷［M］．北京：外文出版社，2017：166.

③ 习近平．习近平谈治国理政：第2卷［M］．北京：外文出版社，2017：166-167.

④ 习近平．习近平谈治国理政：第2卷［M］．北京：外文出版社，2017：167.

⑤ 中国中央马克思恩格斯列宁斯大林著作编译局．马克思恩格斯全集：第3卷［M］．北京：人民出版社，1960：38-39.

中国中央马克思恩格斯列宁斯大林著作编译局．马克思恩格斯全集：第7卷［M］．北京：人民出版社，2009：293-294.

彭定光，周师．论马克思的权力异化观［J］．伦理学研究，2015（4）：125-130.

败"的内涵提供了思想启迪。

二、人民至上:为新时代防治"微腐败"锚定价值取向

价值论(axiology)的词根是希腊语词 axia(价值),原初含义是关于"善"的规范性学说,是研究价值即有用性的理论,是哲学关注和研究的一个重要论域。中国共产党百年任一阶段的反腐败成果都是为了实现和维护党和人民的根本利益,每一阶段,特别是党的十八大以来,反腐败斗争主观能动性的发挥都体现了中国共产党为增强人民群众的获得感、安全感、幸福感和建构美好生活图景而勇于担当。新时代"微腐败"观的哲学价值论,聚焦到"微腐败"为人民根本利益治理"微腐败"和治理效果由人民评价这两个维度,集中回答了中国共产党"为谁治理、让谁满意"这一带有根本性的问题。

党的十八大以来,为实现和维护人民的根本利益而治理"微腐败",是以习近平同志为核心的党中央强调最多的。防范和治理"微腐败"一切工作的出发点和落脚点均在"人民","与人民群众同呼吸共命运的立场不能变,全心全意为人民服务的宗旨不能忘,坚信群众是真正英雄的历史唯物主义观点不能丢"[①]。"三个不能"深刻表达了"我是中国共产党,永远和人民在一起"的马克思主义执政党的基本立场和建党、兴党、强党的初心使命。习近平总书记强调,中国共产党推进反腐败的根本着眼点是为了实现和维护人民的根本利益,既不是"势利店""纸牌屋",也不是"烂尾楼"[②],而是为了人民利益。防治"微腐败"亦是如此,习近平总书记强调,要"着力解决发生在基层和群众身边的不正之风和腐败问题,让正风反腐给老百姓带来更多获得感"[③]。这些重要论述深刻揭示了纠正和惩处

---

① 习近平.习近平谈治国理政:第2卷[M].北京:外文出版社,2017:295.
② 习近平.习近平谈治国理政:第2卷[M].北京:外文出版社,2017:295.
③ 习近平.在第十八届中央纪律检查委员会第六次全体会议上的讲话[N].人民日报,2016-05-03(2).

"微腐败"究竟是"为了谁"这一带有根本性的问题。为了人民惩治"微腐败",是以习近平同志为核心的党中央浓厚的人民情怀和深刻的群众史观的深刻注脚。与"大腐败"不同,"微腐败"往往"近在眼前",是对基层群众利益的直接剥夺与侵害。基层群众对此反映最强烈,利益受损后的被"剥夺感"最深刻,希望党和政府有效防范和解决"微腐败"的愿望也最强烈。

根据马克思主义哲学基本理论,价值评价,是主体对客体价值及其价值大小所做的满意或失望、肯定或否定的评价。正确的价值评价,要以人民群众是否满意为根本,"人民是价值的创造主体,也是价值评价的主体"①。习近平总书记强调:"全党同志要把人民放在心中最高位置,坚持全心全意为人民服务的根本宗旨,实现好、维护好、发展好最广大人民根本利益,把人民拥护不拥护、赞成不赞成、高兴不高兴、答应不答应作为衡量一切工作得失的根本标准。"② 在纪念毛泽东 120 周年诞辰的座谈会上,他特别指出,"党的一切工作,必须以最广大人民根本利益为最高标准。检验我们一切工作的成效,最终都要看人民是否真正得到了实惠,人民生活是否真正得到了改善,人民权益是否真正得到了保障"。治理"微腐败"的成效亦是如此,归根结底还是要接受人民群众的评价与检验,始终把"人民满意"作为最高标准。党的十八大以来,以习近平同志为核心的党中央以"壮士断腕"的决心和"抓铁有痕"的意志"打虎""拍蝇""猎狐",反腐败斗争取得压倒性胜利,全面从严治党取得重大成果,包括反"微腐败"在内的"反腐败增强了人民群众对党的信任和支持,人民群众给予高度评价。2015 年,国家统计局问卷调查结果显示,百分之九十一点五的群众对党风廉政建设和反腐败工作成效表示很满意或比较满意"③。

---

① 王世谊. 论习近平关于全面从严治党重要论述的哲学意蕴 [J]. 广西社会科学,2021 (8):34.

② 习近平. 习近平谈治国理政:第2卷 [M]. 北京:外文出版社,2017:40.

③ 习近平关于全面从严治党论述摘编 [M]. 北京:中央文献出版社,2016:190-191.

这是其一。其二,习近平总书记以强烈的问题意识告诫全党:包括"微腐败"在内的腐败问题若"出现反弹、出现回潮,那人民就失望了"①,绝不容许此种情况发生。

三、科学思维方法:为正确认识和防治新时代"微腐败"提供方法论指导

党的十八大以来,以习近平同志为核心的党中央运用辩证思维方法看待与应对"微腐败",为"微腐败"治理提供了科学的方法论指导。新时代"微腐败"的后果、成因及系统治理观蕴含着辩证法、系统思维方法等丰富的哲学方法论。

（一）新时代"微腐败"的后果观蕴含辩证法

1. "微腐败"带来"大祸害"。党的十八大以来,以习近平同志为核心的党中央运用辩证思维全面认识与积极应对"微腐败",把对"微腐败"的认识及其治理提升到哲学高度,取得积极成效。习近平总书记告诫全党,"'微腐败'也可能成为'大祸害'"②,这一判断言简意赅,但却充满着哲学智慧。"微腐败",看似不起眼,事实上危害甚巨。若不给予高度重视,将"微腐败"消弭于萌芽状态,任其发展,就可能演变为"大祸害"。

首先,"微腐败""损害的是老百姓切身利益"③。"微权力",威力不小。因"微权力"异化导致的"微腐败"或者暗地里侵占冒领截留,或者公开吃拿卡要,直接损害了老百姓的切身利益。"微腐败"发生在基层,其行为主体如苍蝇般在基层群众身边"嗡嗡乱飞",着实令人生厌。"大腐败"远在天边,而"微腐败"近在眼前,虽然二者在层次、程度和数额上有别,但是,本质上并无二致,都是公权私用、以权谋私、中饱私囊、腐

---

① 习近平. 习近平谈治国理政:第2卷 [M]. 北京:外文出版社,2017:162.
② 习近平. 习近平谈治国理政:第2卷 [M]. 北京:外文出版社,2017:167.
③ 习近平. 习近平谈治国理政:第2卷 [M]. 北京:外文出版社,2017:167.

化堕落的行为。在社会资源稀缺（而且社会资源总是稀缺）的情况下，基层社会支配资源的"微权力"一旦遭到滥用、乱用必然直接损害基层群众的切身利益。"微权力"的行使者"虚报""冒领"一分，群众则少得一分；"微腐败"分子"截留""侵占"一厘，群众则少获一厘。

其次，"微腐败""啃食的是群众获得感"①。所谓获得感，就是主体在获得某种或者某些利益后内心油然而生的满足感。马克思曾说，利益是人们奋斗的动力与目标。中国共产党"除了国家、民族、人民的利益，没有任何自己的特殊利益"，其为之努力奋斗的一切都是为了人民群众在求解放和谋幸福中能有源源不断的获得感。毛泽东强调，中国共产党人不是唯个人的利益是图，而是"唯人民的利益是图"。时代在变，形势在变，党的初心与使命不变。但前进道路上仍有不少啃食群众获得感的问题存在，"微腐败"便属其一。精准扶贫、脱贫攻坚是实现全面建成小康社会和提高贫困地区人民群众生活水平的重大战略，对增强人民群众的获得感和实现第一个百年的奋斗目标有着重大意义。但是，形形色色的"微腐败"却成为打断满足群众获得感的"最后一公里"的棘手难题，成为以习近平同志为核心的党中央所担心的"妨碍惠民政策落实的'绊脚石'"②。

最后，"微腐败""挥霍的是基层群众对党的信任"③。孔子曰："信，国之宝也。"信任是获得支持与拥护的社会心理基础，信任危机是最大的危机，因为信任，所以支持，人民信任政府，政府才能获得源源不断的执政资源。但"微腐败"却不断啃食基层群众对党的信任根基，造成基层群众对党和政府的信任危机，成为影响党和政府公信力的罪魁祸首和问题根源之一。习近平总书记强调，任由"微腐败"肆意蔓延，与其说造成基层政治生态的恶化，不如说会对"党心民心"④ 带来严重侵蚀。

---

① 习近平. 习近平谈治国理政：第2卷 [M]. 北京：外文出版社，2017：167.
② 习近平. 习近平谈治国理政：第3卷 [M]. 北京：外文出版社，2020：549.
③ 习近平. 习近平谈治国理政：第2卷 [M]. 北京：外文出版社，2017：167.
④ 习近平. 习近平谈治国理政：第2卷 [M]. 北京：外文出版社，2017：162.

2. "微腐败"酿成"大腐败"。矛盾具有同一性，条件一旦具备，"小"能变成"大"，"微"能变成"巨"，"微腐败"就会变成"巨腐败"。积水成渊，集腋成裘。唯物辩证法的量变与质变规律告诉我们，事物发展是量变与质变的统一，任何"大腐败""老虎"式腐败最初都肇始于"微腐败"。恶虽小，为之必将酿成大错。习近平总书记指出："一些人在腐败泥坑中越陷越深，一个重要原因是对其身上出现的一些违法违纪的小错，党组织提醒不够，批评教育不力，甚至睁一只眼闭一只眼。网开一面，法外施恩，就可能导致要么不暴露，要么就出大问题的现象。"① "违法违纪的小错"即"微腐败"终会酿成大错，出"大问题"。因此，对待"微腐败"，不能"微处理"，养痈成患，甚至视而不见；防微杜渐，抓早抓小，才是哲学智慧。

（二）新时代"微腐败"的成因观蕴含辩证法

原因与结果是唯物辩证法的基本环节之一。唯物辩证法认为，一"果"往往是由多"因"导致的。以习近平同志为核心的党中央从多个维度剖析了"微腐败"的成因，具体来说：

第一，权力观扭曲和权力不受制约监督。权力观错误甚至扭曲成为"微腐败"的重要诱因。习近平总书记曾指出，把权力看成是"上级"赋予的权力主体通常会"逢迎拍马、唯上是从"，而把权力看作自己努力奋斗得来的权力主体就会"滥用权力甚至以权谋私"。② 从近年来中央纪委、国家监委披露的"微腐败"案件发布的行文看，"错误的权力观""权力观扭曲"成为高频词。权力观扭曲为"微腐败"提供了可能，而权力不受制约监督把可能变为现实。阿克顿勋爵有一个判断，权力导致腐败，绝对权力导致绝对腐败。习近平总书记指出："没有监督的权力必然导致腐败，

---

① 中共中央纪律检查委员会 中共中央文献研究室. 习近平关于党风廉政建设和反腐败斗争论述摘编 [M]. 北京：中国方正出版社，2015：98.

② 习近平. 领导干部要树立正确的世界观权力观事业观 [J]. 中国党政干部论坛，2010（9）：5.

这是一条铁律。"① 基层"领导干部特别是'一把手'的权力受不到有效制约监督"② 必然导致"微腐败"。

第二，基层党组织对干部的日常监督管理缺位。基层之所以要抓，是因为基层党组织和干部队伍建设仍不同程度地存在着一些问题，成为滋生"微腐败"的重要诱因。习近平总书记指出，包括"微腐败"在内的腐败行为之所以发生，"有理想信念动摇、外部'围猎'的原因，更有日常管理监督不力的原因"③。一些基层党组织对自身建设的重要性缺乏应有的认识，把党建视作负担，对党员干部有效的日常监督管理缺失，导致一些基层党员干部患上了"软骨病"，理想信念动摇，全心全意为人民服务的宗旨意识淡化，久而久之必然"破纪"甚至"破法"发生"微腐败"。我国基层干部，特别是农村基层干部，综合素质欠缺，法治观念淡薄，知识文化水平低，职业道德失范，"不给好处不办事"，一旦被"围猎"必然"微腐败"。一些基层党组织书记抓全面从严治党不力，党风廉政建设流于形式，"一岗双责"制度落实不到位，难以对基层抓好党风廉政建设起到层层传导作用。

第三，潜规则等腐败亚文化盛行。习近平总书记强调，"'明规矩'名存实亡，'潜规则'大行其道"④ 是滋生"微腐败"的重要文化根源。"明规矩"即党和政府制定的正式的制度规范体系，"潜规则"则是无明文规定的却被广泛认同并执行的非制度性规定。潜规则是一种腐败亚文化，它同传统的"官本位"和形形色色的特权思想一样是"微腐败"的文化土壤。潜规则常常以"礼尚往来""人之常情"为名行"微腐败"之实。表

① 中共中央文献研究室. 十八大以来重要文献选编：上［M］. 北京：中央文献出版社，2014：342.

② 习近平. 在第十八届中央纪律检查委员会第六次全体会议上的讲话［N］. 人民日报，2016-05-03（2）.

③ 习近平. 在第十八届中央纪律检查委员会第六次全体会议上的讲话［N］. 人民日报，2016-05-03（2）.

④ 习近平. 习近平谈治国理政：第2卷［M］. 北京：外文出版社，2017：167.

面上看"微权力"的行使者从其帮助的特定个人那里获取小额的"感谢费"是人之常情,然而,实际上这就是一种公权私用的"微腐败"行为。潜规则通常让"微权力"的行使者打着"入股""理财投资"等旗号为己牟取私利,实则是"微腐败"行为。潜规则也意味着少数基层干部凭借着对"微权力"的掌握和行使,对基层群众漠不关心、不担当、不作为、乱作为,官僚主义、形式主义影响党群、干群关系。

(三) 新时代"微腐败"的系统治理观蕴含系统思维方法

中国特色社会主义进入新时代以来,在治国理政的伟大实践中,以习近平同志为核心的党中央强调要树立系统观念,运用系统思维想问题、办事情。防治"微腐败"是一项系统工程,习近平强调必须"综合施策、协同推进"①,必须增强系统观念,运用系统思维。一是全面深化改革与防范"微腐败"协同推进。"微腐败"与基层党员干部的"官德"失范有关,与个人党性修养缺乏有关,但更与深层次的"政策漏洞"有关。要不断通过增强各领域改革的协同性,把防治"微腐败"纳入全面深化改革之中,突出二者的同步性,才能做到以习近平同志为核心的党中央所要求的"避免出现制度真空,堵塞一切可能出现的腐败漏洞",有效防治"微腐败"。二是教育与惩处协同推进。防治"微腐败"必须两手抓,两手都要硬,一手抓基层干部教育,一手抓惩处"微腐败",只抓惩处不抓教育,解决不了"知"的问题,只抓教育不抓惩处,解决不了"慑"的问题。古希腊哲学家苏格拉底主张"德性即知识"。在他看来,无人有意作恶,人类的恶行源自他们的无知,必须通过教育增强其知识才能引人向善。列宁也强调,正确的意识需要从外面"灌输"。基层党组织要教育党员干部"坚定理想信念",要"正确对待权力",树立"权为民所赋""权为民所用"的正确权力观,"加强基层官员廉政教育"②,运用中华优秀传统文化中"干

---

① 习近平. 习近平谈治国理政:第2卷 [M]. 北京:外文出版社,2017:167.
② 胡一凡. 我国基层扶贫领域"微腐败"的成因及治理:基于政治生态理论框架的解释 [J]. 河南社会科学,2020,28 (2):111.

净为官的传统"① 教育基层干部"为政以德"。同时,"惩治腐败这一手必须紧抓不放、利剑高悬"②,坚持"'老虎''苍蝇'一起打"③,根治"微腐败"。三是各种监督力量协同推进。"微腐败"的根源在于"微权力"的滥用。有效防止"微权力"主体滥用权力以权谋私必须充分发挥各种监督力量的合力作用。党内监督是有力的,但单靠党内监督又不足以对基层干部形成威慑,只有把各种监督力量结合协调起来,才能真正形成监督合力,有效监督"微权力"运行。习近平总书记强调,形成监督合力对于防治"微腐败"在内的腐败行为意义巨大,要将党内监督、社会监督形成合力,国家监督、人民监督形成合力,使"法律监督、民主监督、审计监督、司法监督、舆论监督"④ 协同发力。四是强化明规矩与破除潜规则协同推进。"'明规矩'名存实亡,'潜规则'大行其道"⑤ 是"微腐败"滋生蔓延的土壤。强化明规矩与破除潜规则必须坚持"破"与"立"的辩证要求。只"立"不"破",潜规则的"皮"不除,"微腐败"的"毛"仍会依附其上;只"破"不"立",明规矩缺失,各种潜规则仍会大行其道。只有把二者结合起来、协同推进才能有效防治"微腐败"。习近平总书记指出:"破除潜规则,根本之策是强化明规则。"⑥ 只有扎牢制度的牢笼才能有效监督制约权力,才能克服和破除形形色色的潜规则,才能有效扫除腐败亚文化,净化政治生态。

(四)新时代"微腐败"的重点治理观蕴含矛盾的分析方法

矛盾分析方法是唯物辩证法主张的重要方法论之一,它要求我们看问

---

① 习近平. 在第十八届中央纪律检查委员会第六次全体会议上的讲话 [N]. 人民日报, 2016-05-03 (2).

② 习近平. 习近平谈治国理政:第 2 卷 [M]. 北京:外文出版社, 2017:166.

③ 中共中央文献研究室. 十八大以来重要文献选编:上 [M]. 北京:中央文献出版社, 2014:135.

④ 习近平. 习近平谈治国理政:第二卷 [M]. 北京:外文出版社, 2017:169.

⑤ 习近平. 习近平谈治国理政:第二卷 [M]. 北京:外文出版社, 2017:167.

⑥ 中共中央纪律检查委员会 中共中央文献研究室. 习近平关于党风廉政建设和反腐败斗争论述摘编 [M]. 北京:中国方正出版社, 2015:54.

题、办事情，要坚持重点论与两点论的统一。以习近平同志为核心的党中央强调，治理"微腐败"，要坚持重点论，善于抓主要矛盾和矛盾的主要方面。其一，从治理手段看，把扎紧织密制度的笼子作为治理"微腐败"的重中之重。进入新时代，习近平总书记强调要把权力关进制度的笼子里，强化制度在制约和监督权力上的作用，加强对权力运行的制约和监督，扎实推进"三不"一体的制度安排，而且强调制度牢笼还要扎紧织密，"虎笼关蝇""牛栏关猫"是不行的。权力容易导致腐败，不受监督制约的绝对权力绝对腐败。"微腐败"本质上是"微权力"的滥用行为，治理"微腐败"，最为关键的就是要把"微权力"关进密织、紧扎的制度笼子里，这是治本之策。其二，从行为主体看，把抓好"三个一"作为治理"微腐败"的重点。"第一位"，基层党委监督。习近平总书记指出，党内监督是防范和治理"微腐败"的首要环节，党内监督，摆在首位的是党委监督。基层党委要选拔、任命干部，但更要对干部起到监督作用，不能把监督干部推给纪委部门。"第一责任人"，基层党委书记。包括"微腐败"在内的腐败治理责任能不能担当起来，关键在于主体责任这个"牛鼻子"抓没抓住，要切实落实基层党委书记全面从严治党第一责任人的责任，既要"政治挂帅"，又要亲自"出征"，亲自督办，不当"甩手掌柜"。盯住"一把手"。习近平总书记指出："我们查处的腐败分子中，方方面面的一把手比例不低。这说明，对一把手的监督仍然是一个薄弱环节。"① "一把手""微腐败"是"重灾区"。基层"一把手"是"关键少数"，盯住了"关键少数"，防范与治理"微腐败"就会事半功倍。习近平总书记强调，要加强对基层党政"一把手"的关注、了解与监督；巡视工作要"盯住一把手"，使其"自进入主要领导干部行列起就受到严格管理监督"②。其

---

① 中共中央纪律检查委员会 中共中央文献研究室. 习近平关于党风廉政建设和反腐败斗争论述摘编［M］. 北京：中国方正出版社，2015：122.

② 中共中央纪律检查委员会 中共中央文献研究室. 习近平关于严明党的纪律和规矩论述摘编［M］. 北京：中国方正出版社，2016：124.

三，把"深入整治民生领域的'微腐败'"作为重点。"微腐败"涉及各方面，但民生领域的"微腐败"，就发生在群众身边，因直接侵害群众利益，人民群众反映最强烈。近期热播的《零容忍》披露，自 2017 年 10 月党的十九大至 2021 年 10 月，全国共查处民生领域"微腐败"和作风问题45.1 万起，必须依纪依法重点治理。

四、实践第一：为科学认识新时代"微腐败"观的来源、意义与发展奠定认识论基础

本质上，新时代"微腐败"观是以习近平同志为核心的党中央的一种理性认识，突出反映了党的十八大以来中国共产党对"微腐败"本质、表现、成因及防治路径的深刻思考。马克思主义哲学认识论认为，认识来源于实践，新时代"微腐败"观的形成有其深刻的实践基础，它是在党的十八大以来以习近平同志为核心的党中央领导中国人民在治国理政的伟大实践中形成的。经过中国共产党人的持续努力，我国反腐败工作取得令人民满意的成果，特别是党的十八大以来，以习近平同志为核心的党中央从关系党与国家生死存亡的高度推动重拳反腐的伟大实践，取得了压倒性胜利并全面巩固。在领导全体中国人民精准扶贫、精准脱贫的反贫、治贫实践中，基层特别是农村出现了"微腐败"现象，人民群众反映强烈，以习近平同志为核心的党中央顺应人民期待，满足人民需要，在党的百年历史上第一次提出了"微腐败"这一全新范畴，并在持续研究和防治"微腐败"的反复实践中，不断深化对"微腐败"防治规律的认识与把握，逐渐形成了新时代"微腐败"观的有机思想体系。

实践是认识的目的，从实践中来的认识，只有回到实践中去指导实践，认识才有价值与意义，否则，如毛泽东所说，只把正确的理论"空谈一阵"，即使它再好也没有意义。新时代"微腐败"观用来指导我国基层防治"微腐败"的政治实践，破解了乡村"微腐败"阻滞精准扶贫、精准脱贫和其他基层社区治理的难题，惩治了一大批"微腐败"分子，发生在

群众身边的"微腐败"得到了有效防治,基层的社会风气为之一振,人民群众满意度高,实现了它指导实践的应有意义与价值。从这个角度讲,新时代"微腐败"观经受住了实践的检验,获得了人民的认可,是具有科学性的真理性认识,成为习近平新时代中国特色社会主义思想的重要组成部分,成为指导我国基层反腐的行动指南。当然,实践也是认识发展的动力,新时代"微腐败"观具有开放性与发展性,必然会随着中国特色社会主义伟大实践的发展而不断丰富发展。

五、结语

新时代"微腐败"观,是党的十八大以来以习近平同志为核心的党中央在反腐倡廉和反腐败斗争中形成的思想体系,是习近平新时代中国特色社会主义思想的重要组成部分,是在新发展阶段推进全面从严治党伟大战略的思想指针。党的十八大以来,以习近平同志为核心的党中央自觉运用哲学,特别是辩证唯物主义和历史唯物主义的世界观和方法论,观察与研究"微腐败",从哲学高度提出了新范畴,形成了新观点,提出了新判断,对于新时代深刻认识和有效防治"微腐败"提供了哲学智慧与方法论指导。其中,习近平总书记作出了原创性贡献,实现了中国优秀传统文化中的反腐思想的创造性转化和马克思主义反腐败思想的创新性发展。实践创新与理论创新二者相辅相成,良性互动。可以预见,随着实践的不断发展,新时代"微腐败"观的哲学意蕴会日益丰富,为全面建设社会主义现代化国家和实现第二个百年奋斗目标提供良好的政治基础与深刻的哲学滋养。

(原载《齐齐哈尔大学学报》(哲学社会科学版)2023 年第 3 期)

论经济危机防控中政府履行
道德责任的人为限度

政府履行防控经济危机道德责任的限度问题指的是经济危机防控中政府道德责任的范围、边界或局限性的问题，从学科归属看，它是属于政治伦理、行政伦理或公共伦理中的问题。经济危机防控中政府履行的道德责任不仅有必然意义上的"必然限度"①，而且有人为意义上的"人为限度"。"人为限度"指的是经济危机防控中政府履行道德责任还会受到来自由人造成的种种限制，人的思想观念、理性、行为等都会成为政府履行防控经济危机道德责任的影响和限制因素。它内容丰富，涵盖面颇广，至少内含着经济自由化的限制、经济行为个体化的限制、利润追求最大化的限制以及道德观念多元化的限制四个方面。

一、经济自由化的限制

经济危机防控中政府履行道德责任的人为限度有多种表现，首先表现为经济自由化的限制。经济自由化，是人类自从步入近代以来一直存在着的一种关于经济发展模式的思潮，其核心理念是经济领域的自由放任和自由竞争。它认为二者是经济发展必不可少的前提，虽然市场经济运行中不可避免地会产生些许矛盾，但是，依凭市场经济内在固有的市场机制就可

---

① 彭定光，周师. 论经济危机防控中政府履行道德责任的必然限度 [J]. 湖南师范大学社会科学学报，2015，44（1）：55-60.

以妥善地给予解决。同时它还认为，对微观经济活动任何形式的政府干预与管制不仅是不必要的，而且是有害的。政府越来越多的活动，一般会不可避免地限制经济自由，甚至还可能会威胁政治权利①。换言之，经济自由化与政府干预或管制之间是"水火不容""非此即彼"、矛盾对立的，前者要求排除对微观经济活动的任何形式的政府干预或管制，让市场机制自发地调节一切，政府只需奉行"无为而治"的治理之道。经济自由化思潮源远流长，最早可以追溯到近代英国经济学家亚当·斯密那里。他在其成名作《国富论》中系统而详尽地论证了经济自由主义（也称"古典经济自由主义"）的相关理论。他极力推崇自由放任与自由竞争，在他看来，在市场经济条件下，经济上奉行自由放任和自由竞争是经济健康发展的最佳理念和绝妙法则。对于好政府的评判和衡量标准，斯密主张"管得最少的政府是那些管得最好的政府"。在他看来，微观经济活动本身内在地要求自由放任和自由竞争，对微观经济活动任何形式的政府干预或管制不仅是对经济活动主体自由权利的侵犯，而且也不利于微观经济活动的正常开展，造成对经济活动的损害。斯密自由放任的经济发展理念在其后很长一段时间内在经济学中占据着主导地位，直到 20 世纪 30 年代发生经济危机后才遭到广泛质疑直至动摇，遂逐渐被主张政府应对经济开展全面干预的经济理念也就是"凯恩斯主义"② 所取代。但这绝不是说经济自由化的经济理念就此销声匿迹，恰恰相反，即使在凯恩斯主义一路高歌猛进而"一统天下"的高潮时期，还是有不少人仍然积极主张经济自由化，而且也最终被同样主张经济自由化的新自由主义从古典经济自由主义手中接到"接

---

① FRIEDERICH A. HAYAEK. The Road to Serfdom ［M］. Chicago：University of Chicago Press，1944.

JOHN M. CLARK. Forms of Economic Liberty and What Makes Them Important ［M］. New York：Harcourt，Brace，1940：305-329.

② 凯恩斯主义就是那种主张政府干预经济、扩大有效需求，强化对经济的宏观调控，进而促进充分就业与经济增长的经济学理论。凯恩斯及其追随者基于这些理论进一步提出了相应的税收理论和政策主张。这一理论的主要代表人物包括凯恩斯（Keynes）、J. V. 罗宾逊、H. R. F. 哈罗德、A. H. 汉森以及 P. A. 萨缪尔森等。

力棒"继续"接力"。同古典经济自由主义并无二致，新自由主义者也是经济自由化的极力倡导者和推动者。新自由主义倡导自由放任和自由竞争，反对政府干预或管制经济，新自由主义只不过是在经济全球化等新的时代条件下的产物而已，从这个意义上讲，二者之间是一种既一脉相承又与时俱进的关系，特别是 20 世纪 70 年代"滞胀"① 成为资本主义世界的一个具有普遍性的问题，人们开始广泛质疑政府干预或管制经济的有效性。在这样的历史条件下，世界范围内的所有市场经济国家逐渐开始推行并实践经济自由化。20 世纪 90 年代以后，因为政府遵循新自由主义的主张而"不加考虑地解除管制"②，结果是，"市场失灵"问题纷至沓来，以国际金融危机形式出现的经济危机时而爆发，时至今日世界经济仍然还在经济危机的影响下艰难复苏。尽管如此，推崇自由放任和自由竞争，反对政府干预市场竞争的声音依然"拥之者众"，比如，晚近以来学术界以"政府干预是万恶之源"③ 为由展开了对政府干预或管制经济的口诛笔伐，直接把矛头指向主张政府干预经济和市场的凯恩斯主义，其最终目的就在于"彻底埋葬凯恩斯主义"。

在其本真意义上，自由是标志主体、客体统一的生活状态的一个哲学范畴，是"主体与客体相统一的人类生活状态，是人追求其价值并能够顺利地实现的生活状态"④。"不自由，毋宁死"，自由同平等和民主一样对人类而言都是人类孜孜以求的价值。然而，经济自由化的鼓吹者及其"拥

① 滞胀，是停滞性通货膨胀（stagflation）的简称，在经济学，尤其是宏观经济学中，它是指经济停滞（stagnation），失业及通货膨胀（inflation）同时持续高涨的经济现象。据考证，这一概念最早是 1965 年英国的政治家 Iain Macleod 在国会发表的演说中提出的。

② ［美］保罗·萨缪尔森，威廉·诺德豪斯. 经济学 ［M］. 萧琛，译. 北京：人民邮电出版社，2004：303.

③ 张维迎. 彻底埋葬凯恩斯主义 ［EB/OL］.（2009-02-17）［2017-10-10］. http：//finance. sina. com. cn/20090217/10345864499. shtml.

④ 彭定光. 论政治伦理中的自由理念 ［J］. 广西民族大学学报：哲学社会科学版，2007（1）：131-135.

凒"却使自由偏离了其本意并朝着两个方面发展：其一是自由被个体化了；其二是自由被工具化了，就是说，自由"异化"①了。前者说的是自由专属于个体，而不是主客体相统一的人类的生活状态。对于经济行为来说，自由就意味着个体可以自主支配他的一切生产资料以及自主决定生产什么、生产多少、如何生产而不受其他主体的干涉。后者说的是自由本身是一种价值，却被视作实现利益最大化和保护公民个体政治权利的工具或手段。"自由要么是促使效用最大化的手段，要么是保护政治权利和公民自由权的手段。"② 质言之，这二者的真正目的就是使自由权利化，即使自由成为权利。自由一旦制度化为一种权利，对经济个体而言：其一，他在经济活动中就可以运用这种权利反对甚至抵制各种"外力"（主要是政府）的干预和控制。在经济个体看来，"自由市场是不受政府或个人小团体控制的市场"③，自由市场是完全个体化、自由化的市场。其二，同时他也可以运用这种权利质疑、否定、公然反对甚至抵制政府通过"二次分配"或"再分配"的机制去达成平等目标所做出的努力。马克思对资本主义制度下资产阶级"权利至上"的利己主义做过如下精彩描述："它（指'资产阶级'——引者注）使人和人之间除了赤裸裸的利害关系，除了冷酷无情的'现金交易'，就再也没有任何别的联系了。它把宗教虔诚、骑士热忱、小市民伤感这些情感的神圣发作，淹没在利己主义打算的冰水之中。它把人的尊严变成了交换价值，用一种没有良心的贸易自由代替了无数特许的和自力挣得的自由。"④ 如此一来，权利化以后，自由就成了最高原则和最高权力，成了不受一切社会力量侵犯却又对社会有着这样或者那样要求的

---

① 中共中央马克思恩格斯列宁斯大林著作编译局. 马克思恩格斯文集：第 1 卷 ［J］. 北京：人民出版社，2009：223.

② ［加］威尔·金里卡. 当代政治哲学 ［M］. 刘莘，译. 上海：上海三联书店，2004：189.

③ ［美］理查德·T. 德·乔治. 经济伦理学 ［M］. 李布，译. 北京：北京大学出版社，2002：169.

④ 中共中央马克思恩格斯列宁斯大林著作编译局. 马克思恩格斯文集：第 2 卷 ［M］. 北京：人民出版社，2009：34.

东西。"自由主义的内容往往随着条件的变化而变化。自由主义者可以今天反对教会，明天又拥护教会；在一个时期，他们希望政府对经济事务少干预，在另一个时期又希望政府多过问。"① 西方国家的政府普遍将"自由至上"奉为圭臬，几乎所有的资本主义国家的政府都奉行经济自由主义并将其作为精神支撑，特别是里根政府和撒切尔政府将这一理念提升为所谓的"华盛顿共识"，经济自由化更是得到了西方社会的普遍认同而成为不可移易的金科玉律。

经济自由化理论呼吁充分自由的市场制度，并且要求给予市场主体以全而广的经济自由。经济自由类别多样，内容丰富，主要包括金融自由、投资自由和贸易自由三个方面。

首先，贸易自由。贸易自由内在的要求：其一，一国在反对他国形形色色的贸易保护主义的同时规避贸易中对自身利益的侵害，换言之，在自己奉行贸易保护主义的同时反对他国奉行的贸易保护主义。其二，降低市场准入门槛，不得以任何理由为经济活动主体的市场准入人为设置障碍。其三，拒绝滥用补贴等任何形式的贸易救济举措。其四，降低贸易关税率，不得以任何借口人为提高关税的税率。这些要求实质上是经济发达国家制定并主导的贸易规则，贸易自由成了其向其他国家，尤其是向发展中国家倾销过剩商品的一种有力工具和手段，其结果是国与国之间经济不平衡问题日益加剧。

其次，投资自由。投资自由是"个人的基本自由之一，就是持有并独自使用个人财产的权利"②，其内在的要求：其一，国内外的各类财产持有者均有直接投资的权利，也就是说，在投资活动中各个经济活动主体都享有平等的不受差别对待的权利；其二，私人资本可以投入到经济活动主体

① 中国大百科全书出版社《简明不列颠百科全书》编辑部．简明不列颠百科全书：9[M]．北京：中国大百科全书出版社，1985：581.
② ［美］约翰·罗尔斯．政治自由主义［M］．万俊人，译．南京：译林出版社，2000：316.

认为合适的任何经济领域，也就是说，在投资活动中不同的投资主体可以自由进入任何领域而不受行业或者领域垄断的限制；其三，政府不得干预或者控制资本投入的扩大或者集结；其四，经济活动主体有自主选择资本进入或者退出某经济领域的权利，而不受任何"第三方"的制约。这些要求的初衷在于加快资本的自由流动并据此实现经济资源的优化配置。然而，在实际的经济活动中，在实现利润最大化这根无形的"指挥棒"的作用下，投资自由却往往违背初衷而演变为投机，长期的投资行为变成了"见好就收"的短期牟利行为，资本的自由流动性往往与不负责任性如影随形。在此过程中经济资源优化配置的初衷根本无法实现，反而还会导致经济资源的大量浪费，不利于经济的健康持续发展。

最后，金融自由。金融自由要求：其一，打破国与国之间的金融限制或者壁垒，各国之间可以自由地兑换货币；其二，各国政府降低金融行业准入门槛，同时放松金融管制；其三，准许不断创新金融形式。金融自由的这些要求看上去似乎每一个都是经济自由化的体现，然而，从本质上看，金融自由无非是金融资本的持有者实现利益最大化的诉求；从国家层面上看，"保护和扩张金融资本和跨国公司的利益成为新自由主义经济政策的基本逻辑"[①]。不消说这些要求会扰乱其他国家的金融秩序以及规避国家对金融的合理监管，且说金融自由造成的虚假需求就会导致生产过剩进而引发经济危机。

由上可见，经济自由化本身就是一个与政府干预或管制相对应的概念，无论是奉行经济自由化的古典经济自由主义还是新自由主义都无一例外地推崇经济上的自由放任和自由竞争，反对对经济活动任何形式的政府干预或管制。在奉行经济自由化的人看来，政府干预经济是万恶之渊薮，经济领域中不应当有政府的任何立足之地或发挥作用的"用武之地"，也就是说，政府是被排除在经济活动之外的。经济危机无疑是市场经济运行因其内在

---

① [美]罗伯特·布伦纳，刘卿，胡迎春. 正在显现的世界资本主义经济危机：从新自由主义到经济萧条？[J]. 马克思主义与现实，2003（5）：19-23.

矛盾而出现的恶化状态，政府合理的宏观调控缺位，任由市场发挥作用，对经济活动放任自流，最终必然会导致经济危机的爆发。因此，经济自由化无疑是限制经济危机防控中政府履行道德责任的人为因素。

二、经济行为个体化的限制

经济行为个体化，与经济行为群体化相对应，是指经济活动的行为主体往往是单个的个人、企业或者财团，其中的企业和财团属于一定个人或少数人所有，企业或者财团的生产权、经营权以及管理权等一切权力也因此归他们掌控，企业生产什么、生产多少、如何生产完全由他们自己根据利润率的大小来决定。真正意义上的经济行为个体化肇始于近代。近代以前的人类是生活在马克思所说的"人的依赖关系"①的状态中，因此这时的人类是不具有"个体"性的。究其原因，就在于当时人类的力量还十分单薄，为了维持生命的生产和再生产，他们唯有凭借群体的"合力"向自然索取生产和生活资料而别无他途。所以，群体便是当时人类的必然的和唯一的一种存在方式，他们按照血缘或地缘的关系生活在人群共同体之中。可见，近代以前的人类是"群人"，是"族群主体"，是大写的"人"，而不是小写的"人"，即"个人"。从当时个人与群人的关系看，个人还只是族群的附属单元，族群是个人安身立命之本，通过它，个人才能获得力量和归属，也才能构成人之为人的资格，"人类自然是趋向于城邦生活的动物（人类在本性上，也正是一个政治动物）。凡人由于本性或由于偶然而不归属于任何城邦的，他如果不是一个鄙夫，那就是一位超人"②。直到近代，尤其是文艺复兴和宗教改革以后，随着市场经济的形成和发展，具有独立性、自主性的完整的个人才最终形成。人类社会也由马克思所说的"人的依赖关系"发展到"以物的依赖性为基础的人的独立

① 中共中央马克思恩格斯列宁斯大林著作编译局. 马克思恩格斯文集：第 8 卷 ［M］.
北京：人民出版社，2009：52.
② ［古希腊］亚里士多德. 政治学 ［M］. 吴寿彭，译. 北京：商务印书馆，1965：7.

性"的阶段①,也就是资本主义的发展阶段。

经济行为个体化所形成的个体化的经济行为主体具有以下几个方面的特点:其一,自立性。就是说,个体化的经济行为主体在市场经济条件下不能再依靠以往"族群"的共同能力而存在,而必须凭其能力实现自立。这是因为,面对优胜劣汰的市场竞争法则,每一市场个体都必须提高自己的生产能力、管理能力和竞争能力,否则将面临被淘汰出局的结果。其二,自主性。市场经济条件下,经济行为个体拥有完整的自主经营、自我约束、自负盈亏和自我发展的权利,企业生产与否、生产什么、生产多少、如何生产完全由其自主决定,换言之,经济行为个体能够自主地分析和判断市场行情,在此基础上作出选择与决策,并且必须为自己的行为承担全部责任。其三,平等性。市场经济无疑是发达了的和完善了的商品经济,既然如此,商品交换就是不可或缺的。但是,商品交换并不是无条件的,它需要交换双方在人格与交换规则等方面的平等性。"平等和自由不仅在以交换价值为基础的交换中受到尊重,而且交换价值的交换是一切平等和自由的生产的、现实的基础。"② 即经济行为个体无论在人格上还是在共同遵循的交换规则上都是平等的。当然,这里的平等是人格平等、规则平等、相对平等,而不是起点平等、结果平等、绝对平等。

同时,经济行为个体化既是市场经济的内在要求,也是确保其正常运转的不可或缺的条件。之所以如此,这主要是因为:其一,经济行为个体化为市场的存在提供基础。市场的存在无疑是市场经济得以存在和运行的前提。没有市场的市场经济也就成为人们难以理解的东西。市场与市场经济之间正如"皮"与"毛"的关系,"皮之不存,毛将焉附",市场的存在为市场经济提供了存在的载体和运行的平台。而所谓市场,就是有各自

---

① 中共中央马克思恩格斯列宁斯大林著作编译局. 马克思恩格斯文集:第 8 卷 [M]. 北京:人民出版社,2009:52.

② 中共中央马克思恩格斯列宁斯大林著作编译局. 马克思恩格斯全集:第 30 卷 [M]. 北京:人民出版社,1995:199.

独立需求的个体为了满足这种需求而建立的交易的场所。经济行为个体化为市场的存在提供基础。一方面，个体化的经济行为主体本身就是具有某种特定独立需求的个体，不管这种需求是为了生产之需还是为了生活之需；另一方面，个体化的经济行为主体又要通过市场来满足自己的这种需求。其二，经济行为个体化为市场经济提供市场主体。市场经济是人类创造出来的以市场作为配置资源的基础性手段的经济模式，市场主体的存在无疑是市场经济正常运行的逻辑前提，不用说，没有市场主体的市场经济也就成为不可理解或者不可捉摸的东西了。所谓市场主体就是市场活动的发动者或者推动者，一定的个人、企业、财团和政府往往都是市场主体。只有让上述个人或者组织向个体转化，也就是说，只有经济行为个体化，才能塑造出具有"独立经营、自负盈亏"特性的市场主体。其三，经济行为个体化为市场机制的正常运转提供条件。市场经济是依靠市场机制来正常运转的。然而，市场机制的正常运转也是需要条件的。市场机制就是基于盈利目的的"需求—供给"机制，简言之，就是"市场需要什么，我就提供什么"。不用说，如果没有个体化的经济行为主体，那么，就会造成市场主体中的"我"的缺位，市场机制也会因此"梗阻"而难以正常运转。

经济危机是市场经济运行因其内在矛盾而出现的恶化状态。就是说，经济危机与市场经济之间有着千丝万缕的联系，只要市场经济存在并运行着，经济危机就不可能消失，市场经济内在的矛盾一旦激化，经济危机的爆发也就为期不远了。由以上分析可以看出，经济行为个体化是市场经济存在和运行的前提与基础，那么，经济行为个体化也就成了引发经济危机的人为因素。之所以说经济行为个体化会导致经济危机，这主要是因为：其一，经济行为个体化造成了个别工厂中的生产组织性和整个社会中生产的无政府状态之间的对立。众所周知，经济行为个体化意味着个体化的经济行为主体发生经济行为的动机或者目的在于尽可能地实现利润的最大化，都是为了他们自己，正如马克思所说："各个人的出发点总是他们自己。"① 如此一来，对于单个工厂的工厂主而言，他会引进先进的生产设备，高效组织生产和经营活动，并且不断地扩大再生产，也就是说，单个工厂内部的生产是有组织性的。但是，整个社会的生产却是无组织的，因而处于无政府状态之中。二者之间的矛盾一旦积累到一定程度，生产过剩的问题也就会凸现出来，经济危机的到来也就不远了。其二，个体化经济行为的"合力"作用是诱发经济危机的人为因素。一切经济活动都是人的活动，人是一切经济活动的当然主体，离开了人的推动与实现，经济因素根本运转不起来。这说明，人的经济行为同经济危机二者之间必定存在着紧密的联系。其实，人的经济行为是形成常态的市场经济运行状态或者非常态的市场经济运行状态的重要人为因素。所以，作为非常态的市场经济运行状态，经济危机中必定夹杂着人的主观因素。不用说，在市场经济条件下，个体化的经济行为的共同点在于它们无疑都是理性的，它们都谋求凭其理性盘算过的经济利益最大化，可结果难料，其个体化经济行为的"合力"却带来了非理性的非常态的市场经济运行状态，经济危机由此产生。可见，经济危机爆发的真正的症结就在于个体化的经济行为主体的经济行为，在于一个个个体化经济行为主体的经济关系，当他们互相之间经济矛盾和冲突突破了一定的"度"，依靠市场调节已经无力解决时，经济危机也就到来了。

由此可见，经济行为个体化是导致经济危机这一市场经济运行非常态的重要原因，只要经济行为个体化存在，那么，经济危机就会一轮又一轮地反复爆发，因此，经济危机防控中政府履行的道德责任也就必然会受到经济行为个体化的限制。

---

① 中共中央马克思恩格斯列宁斯大林著作编译局. 马克思恩格斯选集：第 1 卷［M］. 北京：人民出版社，1995：119.

三、利润追求最大化的限制

"天下熙熙皆为利来，天下攘攘皆为利往。"人具有鲜明的趋利本性，正如恩格斯所说："卑劣的贪欲是文明时代从它存在的第一日起直至今日的动力；财富，财富，第三还是财富，——不是社会的财富，而是这个微不足道的单个的个人的财富，这就是文明时代唯一的、具有决定意义的目的。"① 这种本性在市场经济中表现得尤为突出，在市场经济条件下，每一个经济活动个体经济行为的最终目的就在于追求利润的最大化。为达到此目的，经济活动个体通常会围绕着以下三个方面"大做文章"，每一个都会成为经济危机爆发的直接诱因。

第一，占有和控制尽可能多的经济资源。经济资源不仅是任何经济活动得以顺利开展的前提和基础，无经济资源的经济活动个体就如同"无米"之"巧妇"，是无法开展经济活动的，而且也是经济个体实现利润最大化不可或缺的条件，只有占有和控制尽可能多的经济资源才可能实现利润的最大化。然而，这只是问题的一个方面。另一方面，经济资源的多寡也会对经济活动个体趋利的欲望产生不同程度的刺激和影响。控制和占有的经济资源越多，越会刺激经济个体，使其趋利的欲望更加膨胀或者放大，这是其一。其二，经济资源永远都是有限的或者稀缺的，为了争夺尽可能比其他经济活动个体多的稀缺的经济资源，个体化的经济行为主体之间必然会展开激烈的甚至是恶性的竞争，直接的结果便是形成泡沫经济，并且会随着经济活动个体的恶性竞争而不断加重。在这一过程中，普通消费者的购买能力降低了，这样一来，生产呈无限扩大趋势同劳动群众有支付能力的需求相对狭小之间的矛盾便会逐渐加重，成为爆发经济危机的诱因。

第二，扩大再生产。只有在生产中才能实现利润，然而，只有在扩大再生产中才能实现利润最大化，扩大再生产是实现利润最大化的有效途

---

① 中共中央马克思恩格斯列宁斯大林著作编译局. 马克思恩格斯选集：第4卷［M］. 北京：人民出版社，1972：173.

径。众所周知，在市场经济条件下，个体化的经济行为个体扩大再生产目的不在于满足自己及其家庭的消费需求，也不在于满足消费群众的日常之需，而只在于资本及其增值，也就是"资本及其自行增殖，表现为生产的起点和终点，表现为生产的动机和目的"①，长此下去，就会导致全社会相对的生产过剩，生产无限扩大趋势同劳动群众有支付能力的需求相对狭小之间的矛盾便会出现，生产出来的产品远远超出大众消费需求，经济危机迟早会爆发。

第三，经济决策依据预期利润率作出。经济决策正确与否往往决定着经济活动的成败，其衡量标准就在于是否实现利润以及是否实现了利润的最大化。追逐利润最大化乃是经济主体的本性，那么，其经济决策也必定会根据市场的预期利润率做出相应计划。所谓预期利润率，就是一定时期内经济主体根据对经济形势和市场状况等综合因素的考量而形成的可以预见并期待的投入与产出的比率。但是，依据预期利润率来做出经济决策会对市场经济中的投资者投资的方向和领域带来"扎堆"的问题。比如，一旦一个时期内从事房地产业所能带来的预期利润率很高，那么，在追求利润最大化的支配下，绝大多数的投资者都会向房地产业"集结"，甚至从未涉足房地产的投资者也将对其趋之若鹜。这就是说，经济决策依据预期利润率的结果，投资者必然会将自己的资本从"不看好"的行业或领域中抽出之后再"倾其所有"地投至"看好"的行业或领域中去，这不仅必然会带来资本过多"扎堆"或"集结"的问题，而且也会导致投机，最终导致经济危机的爆发。

总之，在市场经济中，经济活动个体为了追求利润的最大化而采取的占有和控制尽可能多的经济资源、扩大再生产以及经济决策依据预期利润率作出等措施无一不是引发经济危机的重要因素。只要经济个体追求利润最大化的现象存在，经济危机就有爆发的可能性，而只要市场经济存在，

---

① 中共中央马克思恩格斯列宁斯大林著作编译局．马克思恩格斯全集：第46卷 [M]．北京：人民出版社，2003：278.

经济个体追求利润最大化的现象就会存在，这是市场经济运行的必然结果。所以，利润追求最大化就会成为限制政府防控经济危机的人为因素。

四、道德观念多元化的限制

道德观念多元化是与道德观念一元化相对应的一个概念，它是指不同的道德观念主体所具有的道德观念各不相同甚至截然对立的状态。道德观念多元化是现代社会的突出特点。不同的人基于各自不同的利益要求、文化传统、阶级或阶层立场和制度认同会形成相互区别的甚至是截然对立的道德观念。市场经济与道德观念多元化有着千丝万缕的联系，市场经济所造就的市场主体多元化本身就为道德观念多元化提供了主体基础，因为道德观念归根结底离不开人，是人的道德观念多元化，不同的市场主体当然会有着不同的道德观念。同时，利益也是形成道德观念的基础，不同的道德观念事实上是对不同的利益诉求在观念上的反映。市场经济中的利益分化和多元化也为市场主体道德观念多元化的形成奠定了物质基础。

经济危机固然与市场经济运行有关，但同时也与道德观念多元化有关。道德观念多元化虽不是经济危机爆发的直接原因，但却会对经济危机起到推波助澜的作用。多元的道德观念对经济危机爆发的推动作用集中体现在以下几个方面：

首先，对资本主义制度的道德辩护使得经济危机的总"病根"难以科学"诊断"。马克思主义者与西方自由主义者对资本主义制度所持有的道德观念迥然对立。马克思主义认为，资本主义制度是不道德的制度，其与生俱来的基本矛盾即生产的社会化同生产资料的私人所有制之间的矛盾是引发经济危机的总"病根"。然而，马克思主义经典作家对经济危机根源的科学"诊断"却遭到了来自西方自由主义者的强烈反对和驳斥，他们不仅否认资本主义制度的非道德性，而且还对其提供道德辩护，同时还为资本主义经济制度及其运行形成了理论化、系统化的道德观念。道德观念作为上层建筑，归根结底是由其赖以存在的经济基础决定的。这套为资本主义经济制度进行道德辩护的道德观念从根本上说无非是对生产资料的资本主义私人占有制这一经济基础在观念上的反映，同时又服从并服务于这一经济基础。所以，西方自由主义关于资本主义制度的道德观念不可能从根本上解决资本主义固有的基本矛盾，经济危机也不可能消失。

其次，对政府介入或干预市场的道德批判造成经济危机防控主体的丧失。即使在一致认同资本主义制度的资产阶级经济学家内部对于政府是否应该介入或干预市场也是"公说公有理，婆说婆有理"，大致形成了两大派别。其一是自由主义（包括古典自由主义和新自由主义）。它坚决反对政府对市场采取任何形式的干预和管控，在其看来，经济活动中出现的矛盾和问题完全可以靠市场自身的调节机制给予缓解或者解决。自由主义认为，政府本性是恶的，只不过是"必要的恶"。政府对市场活动的任何介入和干预都是对经济活动主体自由或者权利的侵犯，本身就是不道德的。自由主义还认为，管得越少的政府越是好政府，政府只应充当"守夜人"，从而把政府的职能限定在防止盗窃、维持治安和保障个人权利等几项。其二是凯恩斯主义。它认为市场自身存在着"失灵"的先天缺陷，市场机制不可能解决市场经济运动中所出现的一切矛盾，经济危机正是市场"失灵"的最终结果，只依靠市场根本无力解决经济危机，所以经济危机防控中政府就应该履行相应的道德责任，依靠政府积极而有效的防控经济危机的措施就可以使经济危机得到彻底解决。在他们看来，政府介入或干预市场本身就是弥补市场"失灵"问题的关键，是合乎道德的。凯恩斯主义无非是资本主义调节或缓和经济危机在道德观念上的反映。它是在不触动资本主义制度的前提下的"小修小补"，换汤不换药，所以它也无力从根本上解决经济危机。随着"滞胀"问题的日益加剧和普遍蔓延，奉行政府调控道德观念的凯恩斯主义最终被否定和反对政府调控的新自由主义所取代，新自由主义经过"华盛顿共识"成为资本主义世界占主导地位的道德观念。如此一来，政府因得不到防控经济危机这一道德观念的辩护与支持而处于缺位状态，经济危机防控中政府履行道德责任因此受到限制。

　　最后，认识经济危机所形成的不同的甚至对立的道德观念使政府在防控经济危机时无所适从。"到底什么是经济危机"的问题是思考经济危机中政府履行道德责任问题的逻辑前提。只有把这个问题搞清楚了，政府防控经济危机采取的措施才能持久而有效。但不无遗憾的是，至今对这个问题的看法依然是见仁见智，并因此而形成了不同的道德观念。在西斯蒙第（Sismondi）看来，经济危机是消费不足；在凯恩斯看来，经济危机是有效需求不足；在哈耶克（Hayek）看来，经济危机是投资过度；在弗里德曼（Friedman）看来，经济危机是货币信用过分扩张；在林毅夫看来，经济危机是产能过剩；在有些人看来，经济危机是世界经济不断收缩的结果；在另一些人看来，经济危机是"市场失灵"特别是经济自由化造成的；还有人将经济危机归因于政府对市场经济的干预；而大多数人认为是生产相对过剩。这些见仁见智的道德观念带来了两个问题：其一是这些道德观念相互区别和对立，都难以站得住脚，解释力和说服力不足。其二是这些道德观念在防控经济危机上都开出了彼此区别甚至根本对立的"药方"，这就会导致政府在防控经济危机中对究竟应该履行什么样的道德责任而感到无所适从，政府更多的是"病急乱投医"，其结果，防控经济危机的对策何其多也，而防控经济危机的效果何其差也。可见，既然多元的道德观念对经济危机爆发具有推波助澜的推动作用，那么，道德观念多元化也就成了经济危机中政府履行道德责任的人为限制因素。它从思想观念或者道德观念上影响和制约政府防控经济危机的效果，对于政府来说，经济危机中能够做什么，不能够做什么，应该这样做还是那样做，又可以做到何种程度，时刻都受到来自多样和多元的道德观念的限制。

　　综上所述，经济活动说到底还是人的活动，政府履行防控经济危机的道德责任也必定受着人的价值观念、行为、理性和思想观念等人为因素的影响，并就此形成经济危机防控中政府履行道德责任的"人为限度"，上述四种"限制"共同作用和影响着政府防控经济危机道德责任的履行。其中，经济自由化的限制是人的价值观念对政府履行防控经济危机的道德责任形成限度的表现，经济行为个体化的限制是人的经济行为对政府履行防控经济危机的道德责任形成限度的表现，利润追求最大化的限制是人的理性对政府履行防控经济危机的道德责任形成限度的表现，而道德观念多元化则是人的思想观念对政府履行防控经济危机的道德责任形成限度的表现。

（原载《新乡学院学报》2018 年第 2 期）

永远牢记"为什么出发"

习近平总书记指出："一切向前走，都不能忘记走过的路；走得再远、走到再光辉的未来，也不能忘记走过的过去，不能忘记为什么出发。"过去的一百年，我们党牢记"为什么出发"，绘就了波澜壮阔的历史画卷；今天，站在"两个一百年"奋斗目标的历史交汇点，牢记"为什么出发"，以昂扬的姿态奋力开启全面建设社会主义现代化国家新征程。

一百年前，中国共产党从成立之日起就把"一切为了人民"作为出发的原点，义无反顾肩负起实现中华民族伟大复兴的历史使命，领导中国人民取得了一个又一个伟大的胜利。一百年来，中国共产党始终把人民放在最高位置，为中国人民谋幸福，为中华民族谋复兴，接续奋斗、砥砺前行。

牢记"为什么出发"就要守护好党的根基和血脉。习近平总书记强调："我们党来自于人民，党的根基和血脉在人民。"牢记我们为什么出发，就要树牢人民至上的理念，把人民拥护不拥护、赞成不赞成、高兴不高兴、答应不答应作为衡量一切工作得失的根本标准。牢记我们为什么出发，就要坚持为人民利益而奋斗，坚定全心全意为人民服务的宗旨意识，始终把人民放在心中最高位置，时刻把群众安危冷暖放在心间，扑下身子开展调查和研究人民群众所需、所急、所难、所愁、所盼，用真实行动为民解难题、办实事，不断满足人民群众对美好生活的需要。牢记我们为什么出发，就要坚信人民群众是社会物质财富、精神财富的创造者，是社会变革的决定力量。人民是我们党执政的最大底气，我们要紧紧依靠人民，深深扎根人民，始终做到永不脱离群众，与群众有福同享、有难同当，有盐同咸、无盐同淡。

牢记"为什么出发"就要永远保持建党时中国共产党人的奋斗精神。习近平总书记指出："我们必须清醒认识到，中华民族伟大复兴绝不是轻轻松松、敲锣打鼓就能实现的。我们面临着难得机遇，也面临着严峻挑战。在这个关键当口，容不得任何停留、迟疑、观望，必须不忘初心、牢记使命，一鼓作气、继续奋斗。"牢记我们为什么出发，要大力弘扬坚定理想、百折不挠的奋斗精神。一方面，我们要坚定共产主义远大理想，深入学习马克思列宁主义、毛泽东思想、邓小平理论、"三个代表"重要思想、科学发展观和习近平新时代中国特色社会主义思想，保持对远大理想和奋斗目标的清醒认知和执着追求；要坚定中国特色社会主义共同理想，坚持为崇高理想奋斗和为最广大人民谋利益的一致性，不断把为崇高理想奋斗的伟大实践推向前进。另一方面，我们要弘扬百折不挠的奋斗精神，要在尊重共产党执政规律、社会主义建设规律、人类社会发展规律的基础上充分发挥主观能动性，在任何时候都把群众利益摆在首位，敢于啃硬骨头、涉险滩，敢于直面风险挑战，以坚韧不拔的意志和无私无畏的勇气战胜前进道路上的一切艰难险阻。

牢记"为什么出发"就要建立健全不忘初心、牢记使命的制度。习近平总书记强调，"通过健全制度、完善机制，使'不忘初心、牢记使命'这个党的建设的永恒课题、党员干部的终身课题常抓常新"。制度具有根本性、全局性、稳定性和长期性的特点，要依靠制度保障党员干部牢记为什么出发。一方面，我们要建立健全学习教育的各项制度：完善学习贯彻习近平总书记重要讲话、重要指示批示的工作机制，特别是学习贯彻落实习近平新时代中国特色社会主义思想的工作机制；健全党委（党组）理论学习中心组学习、专题培训、集中轮训等制度，把"不忘初心、牢记使命"主题教育纳入其中；健全党章学习教育制度，把党章规定落实到党的全部活动中；完善经常性党性教育机制，落实主题党日制度，完善重温入党誓词、党员过"政治生日"等政治仪式；持续深入开展以党史为重点的"四史"教育，开展革命传统教育和形势政策教育；建立完善学习教育督导制度，把党员自学与集中研讨相结合，务求实效。另一方面，我们要建立健全组织生活制度：强化党的政治建设，建立"政治体检"制度，落实民主生活会、组织生活会和谈心谈话等制度；完善遵规守纪、廉洁从政的制度，落实调查研究制度，完善党员、干部联系群众的制度，健全解决群众急、难、愁、盼问题的工作机制，把党的初心和使命落实到党的一切工作之中，脚踏实地把党的行动纲领、战略目标、工作蓝图变成美好的现实。

牢记"为什么出发"就要不断推进党的自我革命。习近平总书记指出："勇于自我革命，是我们党最鲜明的品格，也是我们党最大的优势。"牢记我们为什么出发，就必须在自我革命中"抛掉自己身上一切陈旧的肮脏东西"。一是要以刀刃向内的勇气改造主观世界。党员干部要开展经常性的"思想体检"，自觉打扫思想灰尘，不断强化宗旨意识，及时检视纠正违背初心使命的各种问题，永葆先进性和纯洁性。二是坚持系统观念，系统集成、协同高效，推进全面深化改革。忘记为什么出发，不单纯是一个思想认识问题，更是体制机制、既得利益藩篱等深层次问题，必须增强顶层设计，在全面深化改革中加强系统集成，铲除忘记为什么出发的现实土壤。三是要深入推进反腐败斗争。要扎牢织密不能腐的制度笼子，充分发挥巡视利剑作用，运用好监督执纪"四种形态"，坚持惩戒与教育相结合，使不敢腐、不能腐、不想腐一体化推进有更多的制度性成果和更大的治理成效，保证人民赋予的权力始终为人民谋利益、谋幸福。

[原载《安徽日报》（理论版）2021 年 6 月 29 日]

后 记

2000年我考取了淮北煤炭师范学院（现淮北师范大学），就读政治法律系思想政治教育专业。那么我为什么选择思想政治教育专业呢？是因为高中时的一位政治教师。他渊博的学识、深邃的思想、儒雅的谈吐和严谨的逻辑深深影响了我，我憧憬着将来要成为他那样的人。现在看来，所有学科专业都有存在的意义，高考填报专业不能简单以能否就业作为唯一标准。什么是教育？不同的人会给出不同的答案，甚至有人会直接引用教育学课本上的标准定义。其实，我体会，教育没有那么复杂，教育就是关键的一位老师、一本书、一堂课、一个故事。对我而言，是一位老师让我选择了思想政治教育专业，这也决定了我终身的职业志向。考取大学就意味着今后可以吃上"公粮"，用我老父亲的话说，就成了"公家人"，就走出了大山，就告别了面朝黄土背朝天的日子。我也因此成了我们家族第一个考取本科院校的大学生（我的一个堂叔和我同年考取），从一个三面环山的闭塞山村走出去，的确值得面朝黄土背朝天的家人们兴奋。

大学四年，曾记得系里为我们开了很多课，哲学（中国哲学、马克思主义哲学、伦理学等）、政治学、经济学、社会学、教育学、数学、外语、心理学、体育、科学社会主义、政治经济学、中华人民共和国史……感觉把能开的课全开了，不能开的创造条件也开了，反正是开了一大堆。我对为我们上课的老师至今记忆犹新，特别是其中那些特点鲜明的，比如讲《社会学概论》的老师声如洪钟，且夫妻恩爱，经常在校园里手挽着手散步，好似神仙眷侣；教《逻辑学概论》的老师课堂讲课总是习惯性地把左手插在裤子口袋，右手则倚着黑板，但他学问做得好……所有老师都给了我思想政治教育这个专业基本的知识体系和结构认知，他们是我专业上的引路人、燃灯者。除上课外，我大一、大二的主要精力还放在了校学生会的工作上，从文体部干事一直干到文体部部长，因表现突出，也赢得了不少荣誉。回顾那段岁月，至今难以忘怀，迎新、开展趣味运动会、组织元旦晚会、撰写活动策划书……干了很多同班同学没做过的工作，很累，但却很充实，很快乐，收获也很多。来到大三下学期，我辞去了校学生会的所有工作，开始把时间和精力转移到备考研究生上来。现在看来，大学生活有着明晰的规划是多么重要，大学四年没有虚度，这是值得我骄傲的事。

李小雨学长是我考研路上的"贵人"。他为我进入下一个人生入口打开了一扇窗，为我提供了不少考研的信息，甚至为我买到了备考用的一门专业课程的指定书目。学长比我高两届，先行考取了湖南师范大学公共管理学院科学社会主义和国际共产主义运动专业的研究生。榜样的力量是无穷的，李小雨学长就是我的榜样，是他激励着我不断前行，他的恩情我将永志不忘。备考的过程虽然艰辛，但却是充实的，有成就感的。回想起来，阶梯教室103的吊扇因摇晃发出的响声、躺在地板上摇着蒲扇休息的门卫大爷、学习之余考友之间的交流、学到半夜跑到操场边锻炼边喊"我一定会成功"……让我深刻体会到"奋斗本身就是幸福"、有明确目标的幸福和为梦想而拼搏的幸福。努力就有收获。两本指定的专业课参考书目，即北京大学王浦劬老师的《政治学基础》和湖南师范大学吴家庆老师的《科学社会主义的理论与实践》，我当时甚至可以正背如流。

功夫不负有心人。电话查分时，我激动得心都提到了嗓子眼，甚至可以清晰地听到自己的心跳声。话筒那边传来："政治82，英语59，业务课1 143，业务课2 134，总分418分，重听请按1，返回请按井号键……"总分500，考了418分，成绩最低的英语，当年A类地区的国家线是54分，我还超了5分。我对自己的公共政治的分数还是很得意的。后来被录取后，学科点的李屏南老师在一次专业课上，特别问到谁的公共政治考了82分，我举手示意，他点头表示肯定，当时我的心里还有些小激动呢。复试当天，才知道一个考同一专业的同学总分考了423分，比我还高了5分，我对他佩服得五体投地。后来才知道，他学英语自考出身，英语考了七十多分，和我一样，他出身寒门，中专毕业后来到长沙自考英语，一步步靠自己的努力考取研究生，以总分第一的成绩考取研究生，真的很励志，我们也成了最好的朋友！他的励志故事，我经常拿到课堂上讲给我的学生听，激励了很多寒门子弟。是的，贫穷不可怕，可怕的是不努力、不够努力。

对于我考研究生这件事，我的老父亲最初是不太同意的，他希望我能早点工作。考完研究生，我是找到了工作的。经过选拔，我被江苏省仪征市某中学录用。得到消息后，老父亲激动得热泪盈眶。可后来，我以总分第二名的成绩考取了湖南师范大学的公费研究生，经过激烈的思想斗争，我还是放弃了工作，选择了继续深造。好在当时没有正式签约，不存在违约一说，而且该中学十分开明，鼓励我好好读书，并希望我研究生毕业后到他们单位工作。我对该中学的校领导和年级组主任是心存感激的，他们的善良、包容与豁达让我消除了内疚感。老父亲为我放弃难得的工作机会而惋惜，但我知道他还是支持我继续读书求学的。记得考研究生的当天中午，考完第一门公共政治出考场大门时竟意外地看到了来看望我的老父亲。在我的记忆中，这是他为数不多地专门来校看我。我幸福的眼泪夺眶而出。2004年9月正式入学。初次来到长沙，出了火车站，给我印象最深的是满城的香味，这种味道是我以前从未闻到过的，后来才知道，这是香樟树的特殊香味，因为长沙满城都是香樟树。研究生生活让我充满期待，长沙令我神往，一切都是新的，充满着无限可能，我浑身充满着奋斗的能量。

入学后，我被分给了杨小云老师，我成了他带的第三个学生。我的学术生涯也从此开始。杨老师的学术旨趣偏向于政治学，因此我也跟着他研究政治学。在图书馆读文献时，读到了一篇名为《中国私营企业主政治参与的形式、意义和限度》的学术论文，我非常感兴趣，反复研读了多遍，并从那时起就决定研究中国私营企业主的政治参与问题。研究生二年级自己撰写的《论我国私营企业主政治参与的理论根据、意义与限度》一文被《沙洋师范高等专科学校学报》（现更名为《荆楚学刊》）刊用，并于2005年第5期发表。这是我发表的第一篇学术论文，记得拿到刊物的那一刻，我的手是颤抖的。没有想到我这样一个从农村出来的娃娃，也可以凭自己的努力独立写发文章。记得当时这是我们年级中发的第一篇学术论文。后来又先后发表了《国内学术界关于私营企业主政治参与研究综述》《新开放观初论》《开发社会能量是中国民主政治建设的有效途径》（该文发表于《云南行政学院学报》，当年是北大中文核心期刊，这也是我发表的第一篇核心论文)、《私营企业主非制度性政治参与原因探析》（该文发表于《求实》，当年是北大中文核心期刊，这是我发表的第二篇核心论文)。其间，也与其他同学一同发了两篇论文，均为第二作者。2007年6月，我以"论我国私营企业主非制度性政治参与及其防范"为题完成了自己的硕士论文答辩，顺利拿到了硕士研究生毕业证和学位证。

毕业时，就业压力"山大"，曾应聘位于湖北荆州的长江大学马克思主义学院败北。杨小云老师为我撰写了一封推荐信，推荐我到离老家不远的江苏省徐州市某高校做辅导员，我十分珍惜此次机会。杨老师爱生如子，非常重感情，对杨老师我十分感激。在等待该高校通知面试前，我在浏览网页时偶然间发现位于安徽合肥的某军事院校明确表示招聘科学社会主义专业的人员，我随即投了简历。后来通过层层考核，过五关斩六将，我"杀出"重围，最终被录用。职后我才知道这个岗位竞聘的激烈程度。到了试讲环节，有12人入围，但只要一个。

从2007年7月到2015年7月，我整整在此单位工作了8年时间。因为当年的"文职人员条例"有一条规定，到了45周岁上不了副教授职称就不再续签协议，而且他们也是这样执行的，45岁再找工作恐怕是毫无优势可言，这让很多人看不到希望。于是到了2015年7月正好协议到期，我主动提出了辞职。8年间，我从该单位学到了很多，尤其是服从命令听指挥的工作作风和教学能力的提升，真的很感恩该单位给予我的一切，感恩李强、赵林捷这两任教研室主任和李孝阳等同仁给予我的支持与帮助。

2011年，还在该单位时，我又考回了湖南师范大学读博士，当时单位是鼓励我们读博深造的，也为我们提供了很多便利条件，比如每年可有半年集中学习的时间等。备考要比参加工作、成家立业前要更加艰辛。遇到志同道合的朋友是人生最大的幸事。考博时经由刘灵介绍认识了涂江波，我们一见如故。记得考博当天是他"收留"了我，容我住在他寝室，还为我买来中午饭，那餐饭真香啊，直到现在我都难以忘怀。初试结果出来后，我得知自己考了总分第一名。但还有一个"对手"也上线入围了，而且听说他已经考了彭定光老师4~5年了。我感觉彭老师从感情上应该是更加倾向于他的。复试结束后，彭老师告诉我，我被录取了。后来我了解到，彭老师是一个公平公正、刚正不阿的人，他对我复试时的表现还是非常满意的，因为我关注的东西与其学术旨趣更为一致。

读博后，在彭老师的指导下，我把学术方向转向马克思权力观的研究。在确定该研究方向前，也有一段迷茫期，这段时间想做公意国家方面的研究，读了不少卢梭、密尔等人的著作，也撰写发表了像《约翰·密尔论民主的教育功能》《政治哲学视野内的卢梭公意思想辨析》（该文曾被人大复印资料《政治学文摘》摘录)、《约翰·密尔对民主价值的伦理考量》《政治哲学视野下国家的实质探源——基于公意视角的尝试性分析》，也跟着导师做他主持的国家社会科学基金项目，发表了与导师合著的《论经济危机防控中政府履行道德责任的必然限度》《论经济危机防控中政府履行道德责任的人为限度》（均为CSSCI期刊论文）等论文。但总体来说，这些成果同权力问题有着直接或者间接的联系，对马克思权力观研究有所裨益。

确立了选题后，我先后发表了一系列的学术文章，比如《马克思的权力结构思想论析》（载于《求实》，北大核心期刊，CSSCI扩展版期刊，该文被《中国社会科学文摘》论点摘编)、《论马克思的权力异化观》（与导师合著，第二作者，该文引发强烈反响，先后被人大复印资料，被中国社会科学网、爱思想网等刊物和权威平台全文转载）。2015 年 6 月撰写的博士论文《马克思的权力观研究》通过答辩，顺利毕业，获得了博士学位。

博士毕业后，我辞去了原单位的工作，重新在位于广州的华南农业大学找到了工作，在马克思主义学院做思想政治理论课教师。其间，继续沿着马克思权力观方向做后续研究，先后发表了《论马克思的权力观及其时代价值》《马克思权力观的鲜明特征论析》（该文载于《理论月刊》，北大核心期刊，CSSCI 扩展版期刊）、《现状与图景：国内马克思权力观研究》（载于《科学社会主义》，CSSCI 来源期刊，该文被《中国社会科学文摘》2016 年第 8 期作为"马克思主义理论"栏目的推荐论文）、《协商民主视阈下私营企业主有序政治参与的路径选择》等论文。

来广州工作前，我已成家，两地分居，孩子幼小，爱人一个人带着孩子，生活过得相当艰难。爱人也曾准备来广州发展，但一直没有机会。尽管华南农业大学（现在已经是"双一流"高校）和广州的平台和城市更具吸引力，但我还是作出了艰难的选择，回合肥。当我把这个想法向院领导汇报后，他们表示理解。于是，2016 年 10 月，我正式入职位于安徽合肥的安徽医科大学，在马克思主义学院做思想政治理论课教师。

来到该单位后，我除了继续深入研究马克思主义权力观问题，发表了《马克思的权力观及其现实意义》（载于《理论月刊》，北大核心期刊，CSSCI 扩展版期刊）、《论马克思权力观的人民性特征》《马克思权力观的演进逻辑与现实启迪》《习近平以人民为中心权力观的形成依据、内涵维度和实现路径》（该文载于《理论导刊》，北大核心期刊）等，还开始关注农村"微腐败"问题的研究，作为马克思主义权力观问题的逻辑延伸，并先后于 2017 年 7 月和 2018 年 10 月成功获批安徽省哲学社会科学规划项目"当代中国乡村干部'微腐败'的防治研究"（AHSKY2017D54）和安徽省社会科学创新发展研究课题攻关研究项目"全面从严治党向基层延伸中农村'一把手'腐败的治理路径研究"（2018CX003）两项课题，围绕课题先后发表了《精准扶贫中农村基层干部的"微腐败"及其治理路径》

（载于《理论导刊》，北大核心期刊，截至我撰写该后记时，该文已下载2220 次，被引 83 次，2023 年被中国知网评为"三高"论文，引发强烈反响）、《基于典型案例分析的农村"一把手"腐败的现实表现、成因与防治对策》《"微腐败"概念辨析》《国内学术界涉农领域"微腐败"研究述评》等系列学术文章。我也于入职后的第二年即 2017 年年底顺利晋升了副教授，并于 2018 年遴选为硕士研究生导师。

　　同老师和同学的交流中，他们建议我把所发表的论文结集出版，理由是我的研究方向和所发表的论文主题一致，即马克思主义权力观及其作为逻辑延伸的农村"微腐败"问题。当时我想着自己所发论文水平有限，一直没有放在心上，更没有付诸行动。直到我爱人为我过 40 周岁生日时，我才意识到自己学术生涯的前 20 年已经过去，距离我退休还有后一个 20 年，今年对我来说是具有里程碑意义的一年，为什么不对自己的学术生涯做一个总结呢？于是我决定把自己前 20 年的学术论文结集出版，作为对我前20 年学术生涯的一个总结，这也正是我出版这本书的动机。

　　于是，我把前期的马克思主义权力观研究和农村"微腐败"研究的成果纳入我的这本著作中，便有了这部学术专著。这部专著具有多重意义：一来感恩给予我生命的父亲母亲大人，二来感恩授予我学业的授业恩师杨小云教授和彭定光教授，三来感恩在我求学道路上遇到的李小雨、刘灵、涂江波等良师益友，四来感恩在工作上给予我帮助的领导、同事，五来感恩爱人对我学业、工作上的理解与帮助。他们的恩情将化为我下一个 20 年继续奋斗的动力，希望下一个 20 年我能够为你们带来更多更好的作品。

　　感恩期刊杂志社的编辑的辛勤付出，有了你们的辛苦劳动才让我的学术作品得以呈现。

周　师

2022 年 8 月 1 日